남북조시대

|일러두기

• 본문의 인명과 지명은 모두 한자의 우리말 발음으로 표기했다.

• 본문의 일본어 인명이나 지명은 일본어 발음으로 적고, 한자를 병기했다.

• '원서에 나오는 漢人과 寒人을 우리말로는 모두 한인으로 번역했기 때문에
  이를 구분하기 위해 寒人을 번역한 한인 부분은 굵은 글씨로 표기하여 구별했다.

南北朝時代―五胡十六国から隋の統一まで

남북조시대

오호십육국부터 수나라의 통일까지

.... 아이다 다이스케 지음 | 권용철 옮김

마르코폴로

머리말

서장

제1장 북위의 화북 지배

목차

종장

머리말

새로운 중화세계의 탄생

"어느 시대를 연구하고 있으십니까?"

처음 대면한 상대방에게 "중국사를 연구하고 있습니다"라고 자기소개를 하면, 곧잘 받게 되는 질문이다. 이때 "5~6세기의 남북조시대를 연구하고 있습니다"라고 정직하게 답변하면, 거의 틀림없이 멀뚱멀뚱하니 멍해져 버린다. 그래서 언제나 『삼국지』와 수, 당 사이이고, 일본에서 말하는 왜의 오왕(五王)에서부터 쇼토쿠 태자 정도의 시기입니다"라는 말을 덧붙이고 있다.

하라 야스히사(原泰久)의 인기 만화 『킹덤』의 무대인 진(秦), 시바 료타로(司馬遼太郞)의 『항우와 유방』과 나카지마 아츠시(中島敦)의 『이릉(李陵)』 등으로 유명해진 한(漢), 『삼국지』로 인해 친밀해진 삼국시대, 견수사 및 견당사를 통해 고대 일본과 밀접한 관계에 있었던 수, 당과 비교하면 남북조시대의 지명도는 낮다고 하지 않을 수 없다.

그렇다면, 실제로 남북조시대란 어떠한 시대였던 것일까? 시기상으로는 북위가 화북 통일을 사실상 달성했던 439년부터 수가 중화를 재통일하는 589년까지를 지칭한다. 북조(북위, 동위, 서위, 북제, 북주), 남조(송, 제, 양, 진) 모두 왕조가 빠르게 교체되었기 때문에 싸움터의 먼지투성이인 불안정한 시대라고 하는 인상을 주고 말았다.

실제로 북위와 남조(송, 제, 양)의 전쟁, 북위 후기 육진(六鎭)의 난, 동위의 고환(高歡)과 서위의 우문태(宇文泰) 사이의 사투, 남조의 양에 큰 타격을 주었던 후경(侯景)의 난, 『삼국지』를 방불케 하는 북주, 북제, 진 세 국가의 소용돌이치는 전란 이외에도 불교 탄압(북위의 태무제와 북주의 무제)과 남북조 양쪽에서 등장한 '폭군'의 전제(專制) 등 편안함과는 거리가 먼 에피소드는 부족하지 않다.

그러나 세계사의 관점에서 보면, 또 다른 측면이 떠오르게 된다. 먼저 남북조시대와 같은 시기 유라시아 대륙 서부로 눈을 돌려보자면, 4세기 유럽에서는 동방으로부터 이동해 왔던 유목민인 훈족의 영향으로 게르만 민족의 대이동이 시작되어 게르만계 왕국이 각지에 성립되었다. 395년에는 로마 제국이 동서로 분열되었고, 476년에는 서로마 제국이 붕괴했다. 그리고 5세기 이후 서서히 프랑크 왕국이 강대해져 갔다.

유라시아 대륙 중앙부에서도 4세기 중엽부터 에프탈, 키다라 등의 유목집단이 밀려들면서 5~6세기에는 박트리아(현재 이란 북동부, 아프가니스탄, 우즈베키스탄 등의 일부)와 소그디아나(현재 우즈베키스탄의 동부)를 지배했다. 이 중에서 에프탈은 이란의 사산조로 침공하여 큰 타격을 주었다. 사산조는 6세기에 부흥을 이룩했지만, 뒤이어 7세기에 아라비아 반도에서 발흥한 이슬람 세력에게 패배하면서 멸망했다.

유라시아 대륙 동부에서는 후한이 붕괴한 이후, 삼국시대를 거쳐 서진(265~316)이 중국 통일을 달성했다. 그러나 4세기 초에 흉노, 선비, 저(氐), 강(羌) 등의 유목, 목축민이 거병하여 서진을 붕괴시키기에 이른 결과, 이른바 5호 16국이 황하 유역을 지배했고 장강 유역으로 망명한 정권인 동진(317~420)이 성립했다. 이어서 5~6세기에는 유목민(주로 선비족) 정권인 북조와 한인 정권인 남조가 병립하는 남북조시대를 맞이했다. 이 중에서 북조로부터 수당제국이 탄생하게 되는 것이다.

유라시아 대륙 각지에서 유사한 현상이 일어났던 것은 우연이 아니다. 주코쿠(中央)대학의 세오 타츠히코(妹尾達彦)에 따르면, 2세기 후반 흉노의 서방 이동과 2~3세기 무렵에 시작되었던 지구 전체의 한랭화(연평균 기온의 하락과 건조화)를 계기로 유목, 목축민(서쪽의 훈족과 게르만 민족, 중앙의 에프탈, 동쪽의 흉노와 선비 등 5호)이 대이동을 시작했고, 4세기에는 기존의 고전문화권(서쪽의 로마 제국, 중앙의 사산조, 동쪽의 한의 문화를 계승한 진)에 큰 타격을 주었다. 그 결과로 유목, 목축민과 농경민이 충돌하고 융합하는 과정을 반복했고, 유목지역과 농경지역을 포함하는 새로운 농목복합

국가가 탄생했다고 설명하고 있다(妹尾達彦, 2001). 최근에는 미나미카와 타카시(南川高志)가 편집하여 2018년에 출간된 성과에서처럼, 고대 제국(로마와 한)의 질서 붕괴를 역사의 전환기로 서술하는 개설서도 간행되고 있다. 즉, 남북조시대란 세계사의 획기에 해당했던 것이다.

다음으로 중국사의 관점에서 보면, 남북조시대는 유목민과 한인의 충돌과 융합을 거쳐 새로운 제도, 사회, 문화가 생겨나는 시대로서의 위상이 부여되고 있다. 북조에서는 본래 유목적 제도가 시행되고 있었지만, 5세기 말 북위의 효문제 시기에 이른바 중국화 정책이 단행되었다. 그러나 유목민이 일방적으로 중국화되었던 것은 아니었고, 이때 이미 한인과 유목민의 문화는 계속 융합되고 있었다. 일상생활을 예로 들면, 선비족의 복장이 유행하여 중국적 복식에 영향을 끼쳤던 이외에 식생활에서도 유목민에서 유래한 양 요리나 유제품 등이 보급되었다. 여성의 행동이 활발했던 것도 유목민의 영향이라고 지적되고 있다.

한편, 남조는 한 문화를 그대로 계승했다고 지금까지 여겨져 왔다. 그러나 실제로는 서진 붕괴 이후의 전란에서 다수의 문화가 상실되었기 때문에 남조에서의 국가의례와 그때 활용된 음악 등이 '전통' 문화로서 창출되고 있다.

그 이외에 남북조시대에는 소그드인 등 무역상인에 의해 서방의 문화(향신료, 복식, 악기 등)도 유입되었다. 이렇게 남북조시대에 새로운 관제, 병제(兵制), 법제, 세제(稅制), 도성, 예악, 학술, 예술, 종교, 복식, 풍습 등이 생겨나면서 수당제국에 발전적으로 계승되었다. 그리고 한반도와 일본열도 등에도 전파되어 큰 영향을 끼쳤다. 이 점에서도 남북조시대의 의의는 크다고 할 수 있다.

한편, 많은 국가가 흥망을 거듭했던 남북조시대에는 북위 전기의 '자귀모사'(子貴母死) 제도, 북주 선제(宣帝)가 창시했던 천원황제(天元皇帝), 후경이 칭했던 우주대장군(宇宙大將軍)처럼, 일시적으로 실시되었던 것에 불과한 제도도 다수 존재했다. 이러한 것들은 후세에 끼친 영향이 적었다는 이유로 등한시되는 경향이 있었다. 그러나 이러한 제도나 정책도 유목민과 한인의 충돌 및 융합 속에서 탄생한 시행착오의 표현으로 평가할 수도 있다. 또한 이러한 '발견되지 않은 가능성'에 주목하여 있을지도 모르는 다른 세계로 생각을 돌려보면서 개개인의 행동과 선택의 축적이 역사를 움직이게 한다는 것을 실감할 수 있지는 않을까? 이 책에서는 되도록 그 시대 사람들의 시점에 서서 다양한 선택지 가운데에서 길을 선택해 가는 과정을 살펴보려고 한다.

이 책은 세계사의 획기, 새로운 문화의 형성, 발견되지 않은 가능성이라는 세 가지 관점을 기초로 삼고, 최신 연구 성과를 계속 받아들이면서 남북조시대에 대해 소개한다. 그 주요 무대가 되는 공간은 다음 네 곳이다. 첫 번째는 유사 이래 왕조가 계속 존재했던 황하 유역(화북)이다. 두 번째는 위진 시기 이래로 생산력이 확대되었던 장강 유역(강남)이다. 건조한 황하 유역의 주요 작물은 밀과 좁쌀 등이었고, 습윤한 장강 유역은 벼농사 중심이었다는 차이가 있지만 두 지역 모두 농경사회였다는 것은 공통점이다. 그리고 세 번째는 유목민이 지배하는 초원 지대(주로 북위 40도 이북의 몽골 고원)이다. 마지막 네 번째는 화북과 초원 지대의 경계 지대이다. 이 지역은 농경사회와 유목사회가 혼재하고, 최근에는 농목접양지대나 농목경계지대라고도 불리는데 역사를 여러 차례 움직이게 했던 중요한 지역으로서 주목을 받고 있다.

　종래의 개설서는 서술이 복잡해지는 것을 피하기 위해 남조 전체를 다루고, 북조 전체를 소개하는 경향이 있었다. 그러나 이 책은 동시대성의 느낌을 주기 위해 서장에서 서진의 붕괴와 북위의 전신인 대국(代國)의 흥망을 소개한 후에 남북조시대가 시작되었던 5세기, 남북조 양쪽에서 개혁이 행해졌던 6세기 전반, 남북조 양쪽이 혼란 상태에 빠졌던 6세기 중반, 삼국이 정립했던 6세기 후반으로 나누어 북조(1장, 3장, 4장, 6장)와 남조(2장, 5장, 6장)를 번갈아가면서 다룰 것이다. 그리고 종장에서는 본론의 서술을 바탕으로 남북조시대의 역동성에 대해서 서술한다.

　최근에 묘지(墓誌, 사망한 자의 사적을 돌에 새긴 것)나 조상(造像)하면서 지은 명문(銘文)과 같은 출토 사료의 증가와 문헌 사료 검토(사료비판)의 심화, 연구 분야의 다양화 등으로 인해 남북조시대의 새로운 모습이 점점 명확하게 드러나고 있다. 이 책을 통해 남북조시대가 지닌 매력의 일단을 느끼실 수 있다면 다행이겠다.

　그리고 책의 끝에 주요 인물 소개를 정리했다. 이 책을 읽는 도중에 인명에 혼란이 생길 때에는 이 부분을 살펴보시면 되겠다.

서장

서진(西晉)의 붕괴와 대(代)의 흥망: 오호의 여러 정권들

남북조시대는 5세기 전반 북위(北魏)의 화북 통일에 의해 시작되었다. 그러나 남북조시대를 이해하기 위해서는 중국은 왜 남북으로 분열되었는가, 도대체 북위를 건국한 탁발씨(拓跋氏)는 누구인가를 살펴볼 필요가 있다. 그래서 서장에서는 3세기 후반에 중국 통일을 이룩했던 서진이 황족들에 의한 격렬한 권력 투쟁과 유목민의 거병에 의해 4세기 초에 붕괴하고, 중국이 남북으로 분열하는 과정부터 살펴보고자 한다. 그리고 서진이 붕괴한 이후에 화북을 지배했던 오호의 여러 정권들(유목, 목축민의 정권) 중에서 북위의 전신이었던 대(代)의 흥망에 대해서 개략적으로 살펴보겠다.

1. 서진의 붕괴와 한(漢)의 발흥

팔왕(八王)의 난

　3세기의 중국은 화북을 지배했던 위(魏), 사천을 지배했던 촉한(蜀漢), 장강 하류 유역을 지배했던 오(吳)가 격렬하게 다투었던 삼국시대였다. 그 중에서 위는 서서히 사마의(司馬懿)와 그 아들인 사마사(司馬師), 사마소(司馬昭)에게 실권을 빼앗겼다. 특히 사마소는 263년(경원景元 4년)에 촉한을 멸망시키면서 제위에 가깝게 다가섰지만, 한 걸음 더 나아가지 못하고 265년(함희咸熙 2년)에 병으로 사망했다. 그를 대신해 제위에 오른 사람은 사마소의 아들 사마염(司馬炎, 무제)이었다. 265년 12월 17일, 그는 위의 원제(元帝, 이름은 조환曹奐)로부터 선양을 받아 진(晋)을 건국하였고 낙양을 수도로 정했다. 이 왕조는 이후에 건강(建康, 현재의 남경)을 수도로 삼은 동진(東晋)과 구별하기 위해 서진이라고 부른다. 서진은 280년(함녕咸寧 6년) 3월에 오를 멸망시키면서 대략 90년 만에 천하 통일을 이룩했다. 그러나 그 평화는 길지 않았다.

　무제는 서진의 안정을 계획하면서 황족을 각지에 왕으로 분봉하여 군사력을 갖추어 요지에 파견했다. 그러나 290년(태희太熙 원년) 4월에 무제가 55세의 나이로 사망하고 황태자인 사마충(司馬衷, 혜제)이 즉위하면서 그 의도는 완전히 다른 방향으로 틀어져 버렸다. 혜제는 어리석은 사람이라고 알려져 있었는데, 이후에 기근으로 인해 굶어 죽는 사람들이 속출할 때에는 "(곡물이 없으면) 왜 고기죽을 먹지 않는가?"(『진서』 권4, 혜제기)라고 순진하게 물어

보았다는 인물이었다고 전해지고 있다. 당연히 그의 정무 능력은 떨어졌고, 즉위 이후 곧바로 서진의 실권을 둘러싼 분쟁이 발생했다. 이것이 황족의 제왕(諸王)에 의한 권력 투쟁, 이른바 팔왕의 난 (291~306)이다. 그들은 서진의 영토 내에 거주하는 유목민(흉노, 선비, 오환 등)을 병력으로 이용하여 격렬하게 싸웠다. 최종적으로 팔왕의 난은 306년(영흥永興 3년)에 종식되었지만, 난이 한창 진행 중이던 때에 흉노의 유연(劉淵)이 한(漢)을 건국하고 자립한 것 이 외에도 한인, 비한인을 불문하고 크고 작은 다양한 반란이 각지 에서 발생하여 서진은 급속하게 기울어져 갔다.

영가(永嘉)의 난

306년(영흥 3년) 11월, 혜제가 48세로 사망하고 황태제 사마치 (司馬熾, 회제懷帝)가 즉위했다. 그러나 서진의 쇠퇴는 그치지 않았고, 311년(영가 5년) 6월, 한에 의해 낙양이 함락되고 말았다. 납치되었던 회제도 313년(영가 7년) 2월에 살해되어 버렸다. 향년 30세였다. 이 사건을 당시의 연호를 따서 영가의 난이라 부른다.

낙양 함락은 소그드 상인인 나나이반다크가 사마르칸드(현재 우즈베키스탄 동부의 도시)에 있는 협동 사업자인 나나이스바르 등에게 보낸 서신(소그드어 문서 『고대서간』(古代書簡)의 제2서간)에도 기록되어 있다.

주인님, 최후의 천자는 - 사람들이 말하기로는 - 기근 때문에 낙양에서 도망쳤고 궁전과 (낙양)성에는 불이 나서 궁전도 성도 불에 탔습니다. 낙양도 업(鄴)도 다 끝났습니다. (중략) 주인님, 저희들은 남은 진인(秦人, 중국인)이 장안에서부터, 진(秦)의 지역(중국)에서부터 훈(흉노)을 쫓아낼 수 있을지, 혹은 남아 있는 국가들을 되찾게 될지를 모르겠습니다. (이하 생략) (影山悦子, 2019의 번역을 참조)

서신에는 천자가 도망쳤다고 하는 잘못된 정보도 포함되어 있지만, 낙양이 흉노(훈이라고 표기됨)에 의해 괴멸 상태에 빠졌다는 것은 생생하게 묘사되어 있다. 실크로드를 통해 활발하게 교역 활동을 행하고 있었던 소그드인에게도 영가의 난은 커다란 충격이었던 것이다.

회제가 사망한 이후, 장안에서 사마업(司馬鄴, 민제愍帝)이 황제로 즉위했지만, 서진의 쇠락을 돌이킬 수는 없었다. 316년(건흥建興 4년) 11월, 장안에서 포위된 민제는 한에 투항했고, 이듬해 12월에 살해되었다. 향년 18세였다. 명실상부하게 서진이 멸망한 것이다. 진의 잔존 세력이었던 사마예(司馬睿, 사마의의 증손)는 317년(건무建武 원년)에 장강 하류 유역에 있는 건강에서 진왕(晉王)을 칭했고, 318년(태흥太興 원년)에 황제(원제元帝)로 즉위했다. 이후의 진은 동진이라 불리고, 장강 유역에서 420년(원희元熙 2년)까지 존속했다. 이러한 일련의 동란이 발생한 결과, 황하 유역은 유목민이 지배하고 장강 유역은 한인이 지배하는 남북 분단의 상황이 탄생했다. 한편, 동진의 흥망에 대해서는 제2장에서 소개하겠다.

한의 건국

이렇게 서진은 흉노가 건국했던 한에 의해 멸망되었다. 그렇다면, 왜 유목민인 흉노가 서진의 영역 내에 거주하고 있었던 것일까? 진한시대(기원전 3세기~서기 1세기)에 몽골 고원, 중국 북변에서 활동하고 있었던 유목민인 흉노는 48년(후한 건무建武 24년)에 남북으로 분열되었다. 이 중에서 북흉노는 서방으로 이동했고, 2세기 중반을 마지막으로 중국 측의 사료에서 모습을 감추게 된다. 이 북흉노와 4세기에 유럽에 나타난 훈족을 동족으로 보는 학설이 있다. 결정적인 증거는 없지만, 영향 관계가 있다고 간주되고 있다.

한편 남흉노는 후한에 복속하여 현재의 산서, 하북성 북변에서 유목 생활을 계속 유지하면서 한인과 섞여 거주했다. 위진시대(3세기)에는 분할 통치를 받아 정치적 중심을 상실한 상태에서 100만 명 이상이 산서의 각지에서 반농반목의 생활을 영위하고 있었다. 이때에 유목민의 이동이 잇달아 이루어지면서 관중(關中, 현재 섬서성의 중부)에는 강(羌), 저(氐)가 살았고, 중국 북변(요서, 산서 북변, 하서, 농서)에는 선비(鮮卑)가 거주하게 되었다.

3세기 후반, 흉노의 일부는 한인에게 영향력을 유지하기 위해 전한(前漢)의 공주(황제의 딸. 실제로 시집을 왔던 사람은 황족의 딸 등이었다)가 흉노의 선우(單于, 흉노 군주의 칭호)에게 시집을 왔다는 이유로 성을 유씨(劉氏)로 바꾸었다. 이때 남흉노의 일부를 통괄했던 사람은 유표(劉豹)였다. 그의 아들인 유연(劉淵)은 『춘추좌씨전』, 『손자』와 같은 중국의 고전을 습득했고, 또한 문과 무를 겸

비하는 것을 목표로 삼으면서 무예도 체득했다. 유표가 사망한 이후에 지위를 계승한 유연은 흉노 내에서 존재감을 높이기 위해 남흉노 선우의 손자라고 칭했다.

　팔왕의 난을 직접 목격했던 그는 자립을 생각했고, 304년(영흥 원년) 8월에 산서에서 대선우를 칭하고 무리 5만 명을 모았다. 10월에는 "흉노는 한 황제의 사위이고, 형제의 인연도 맺었다. 형이 멸망을 했다면, 동생이 계승하는 것은 당연하지 않은가?"(『진서』 권101, 유원해재기劉元海載記)라고 말하면서 흉노와 한의 관계를 강조했고, 한 왕조를 계승해야 한다고 했다. 그리고 이때에 황제에 즉위할 것을 권유받은 유연은 이렇게 말했다.

> 지금 진이 존재하고 있고, 사방도 아직 안정되지 않았기 때문에 고조의 초기 칭호에 따라 한왕(漢王)의 이름을 취하고, 일단 황 제의 호칭은 취하지 않겠다. 천하를 통일한 이후에 다시 논의해 야 할 것이다.(『태평어람』 권119에 인용된 『십육국춘추』의 전 조록前趙錄)

유연은 자신을 항우와 패권을 다투었을 때에 한왕을 칭했던 고조 유방에 비교하면서 천하를 통일한 이후에 황제를 칭해야 한 다고 했던 것이다. 그래서 한왕을 칭하면서 한을 건국했다. 이때 전한의 초대 황제인 유방과 후한을 건국한 유수(광무제) 등을 제 사지냈고, 촉한의 유선(후주)을 효회제(孝懷帝)로 추존했다. 즉, 유연은 한(전한, 후한, 촉한)의 후계자임을 표방했고 흉노를 중심으로 하는 유목국가가 아닌 한인과 흉노 쌍방을 통할하는 왕조의 수립을 목표로 삼았던 것이다.

한의 흥망

세력 확대를 도모했던 유연은 당시 노예 출신으로 출세하여 하남, 산동 부근을 황폐화시키고 있었던 갈족(羯族) 사람인 석륵(石勒)을 휘하에 거두어들였다. 그리고 권위를 높이기 위해서 308년(영봉永鳳 원년) 10월에 황제로 즉위했고, 중국적 관료제를 정비했다. 그러나 그는 낙양을 함락시키지 못한 채 310년(하서河瑞 2년) 7월에 60세를 전후한 나이에 병으로 사망하고 말았다.

후계자 다툼에서 승리를 거두고 즉위한 유총(劉聰, 유연의 아들)은 하북, 산동으로 영토를 확대했다. 그리고 311년(한의 광흥光興 2년) 6월에 낙양을 함락시키고 회제를 사로잡았으며, 316년(한의 건원 2년) 11월에는 장안의 민제를 항복시켜 서진을 멸망시켰다. 이로 인해 한은 화북의 주요 지역을 지배하게 되었다. 그러나 318년(한의 인가麟嘉 3년) 7월에 유총이 사망하자 다시 후계자 분쟁이 일어났다. 그 결과 즉위한 유요(劉曜, 유연의 먼 친척)는 장안으로 천도하여 국호를 조(趙, 전조前趙)로 변경했지만, 그 사이에 석륵도 대선우, 조왕(趙王)을 칭하면서(이 정권을 후조後趙라고 한다) 자립했기 때문에 화북은 전조와 후조의 대립 상태로 빠져들게 되었다.

이상으로 서진을 멸망시킨 한에 대해서 살펴보았는데, 한과 그 이후에 계속 생겨난 오호의 여러 정권들에는 많은 공통점이 있다. 그 중에서도 중요한 제도는 한인과 유목민을 나누어 통치하는 이

원통치체제이다. 유연은 서진과 똑같이 지방행정을 관장하는 주, 군, 현을 설치하여 한인을 통치하는 한편, 유목민 고유의 부족을 통솔하기 위해서 선우대(單于臺)를 설치했다. 즉, 생업도 문화도 역사도 다른 한인과 유목민에 대해 개별적인 통치체제를 시행했던 것이다. 이러한 이원적 통치체제는 그때까지의 중국 여러 왕조와 유목 국가들에서 존재하지 않았던 것이었다. 흉노와 한인 양쪽의 지배를 목표로 삼은 한이었기 때문에 만들어질 수 있었던 것이다.

또한 유목민의 세계에서 군주의 지위는 세습되는 것이면서 동시에 실력을 따졌기 때문에 후계자 분쟁이 빈번하게 발생했고, 한 및 전조에서도 카리스마 있는 군주가 사망한 이후에는 격렬한 후계자 분쟁이 발생했다. 그 이후 오호의 여러 정권들에서도 똑같은 사태가 확인된다. 그 이외에 화북의 통치를 안정화시키기 위해서 중국적 관제를 정비하고 한인의 등용에 힘썼던 것도 공통점으로 언급할 수 있다. 한, 후조에서 적극적으로 사환(仕宦)했던 사람들은 한문층(寒門層, 중하급 관료를 배출했던 호족층)이었고, 위진시대에 고관을 배출했던 한인 귀족들은 관직을 맡는 것에 소극적이었다. 그러나 중국적 관제의 정비가 진전되었던 오호의 여러 정권들에서는 한인 귀족도 관직을 맡았다. 말하자면, 한은 오호 여러 정권들의 본보기가 되었던 왕조였다.

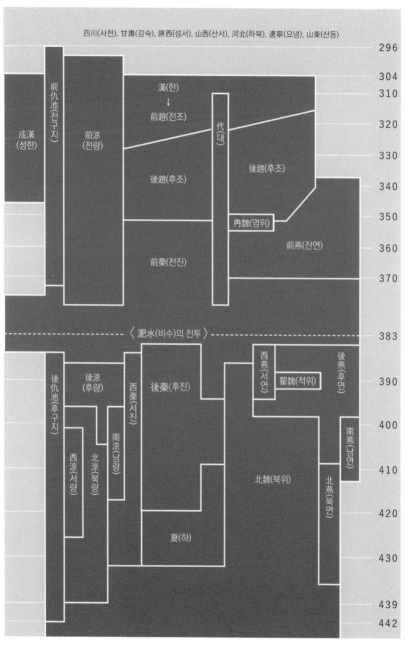

四川(사천), 甘肅(감숙), 陝西(섬서), 山西(산서), 河北(하북), 遼寧(요녕), 山東(산동)

296
304
310
320
330
340
350
360
370

成漢
(성한)

前仇池(전구지)

前涼
(전량)

漢(한)
↓
前趙(전조)

代대

後趙(후조)

後趙(후조)

冉魏(염위)

前燕(전연)

前秦(전진)

⟨ 淝水(비수)의 전투 ⟩ 383

後仇池(후구지)

後涼
(후량)

西秦
(서진)

南涼(남량)

西涼(서량)

北涼(북량)

後秦(후진)

夏(하)

西燕(서연)

翟魏(적위)

後燕(후연)

北魏(북위)

南燕(남연)

北燕(북연)

390
400
410
420
430
439
442

(그림 0-1) 오호 여러 정권들의 흥망 개념도
출전: 三﨑良章 2012, 51쪽을 토대로 작성

25

2. 대국(代國)의 성립과 멸망

'오호', '십육국'이란 무엇인가?

304년(영흥 원년)에 유연이 한왕을 칭했던 순간부터 그 이후 약 140년 동안 지속되는 '오호십육국' 시대가 시작되었다고 일컬어진다. 이 '오호'는 일반적으로 흉노, 갈, 선비, 저, 강을 가리킨다. 그러나 이 시기에는 정령(丁零), 오환(烏桓), 파(巴), 만(蠻) 등도 활동하고 있어서 민족 상황은 보다 복잡했다. 본래 '오호'는 4세기 중반에 등장했던 용어인데, 구체적인 민족 명칭은 정해지지 않았고 3~5세기에 활동했던 비한인의 총칭으로서 사용되었다. 그래서 이 책에서도 '오호'를 비한인의 총칭으로 사용한다.

그리고 '십육국'이란 성한(成漢), 전조(한을 포함), 후조, 전연(前燕), 전량(前涼), 전진(前秦), 후진(後秦), 서진(西秦), 후연(後燕), 남연(南燕), 북연(北燕), 하(夏), 후량(後涼), 남량(南涼), 북량(北涼), 서량(西涼)을 가리킨다. 그러나 이 시대에는 그 이외에도 염위(冉魏), 서연(西燕), 적위(翟魏) 및 북위의 전신인 대(代) 등이 존재했고, 독자적인 연호를 세운 세력은 이른바 '십육국'을 포함하여 31개에 달한다. 이렇게 '십육국'이라는 용어는 당시의 실태에 들어맞는 것이 아니다. 따라서 이 책에서는 4~5세기에 주로 '오호'가 여러 정권들을 세웠다는 것에 입각하여 '오호의 여러 정권들'(편의상 한인 정권도 포함)이라는 용어를 사용하고자 한다. 그러나 오호의 여러 정권들을 하나하나 상세하게 소개하려면 그것만으로도 새로운 1권의 책이 되어 버릴 것이다. 그래서 그림 0-1에 개요를 표시해놓

기만 하고, 탁발씨가 건국했던 대에 초점을 맞추고자 한다. 바로
이 대국(代國)이 북위와 연관된 정권이기 때문이다.

탁발선비의 남하

대를 건국했던 탁발씨는 기마유목민인 선비의 한 부족이었다.
본래 선비는 전한시대에는 시라무렌강(요동반도의 북방, 내몽골자치
구의 동부) 이북에 거주하고 있었지만, 후한시대에 요동으로 남하
했다. 그리고 몽골 고원의 패자였던 흉노가 1세기 중반에 분열되
자 그 틈을 기회로 삼아 선비는 서서히 세력을 확대하여 몽골 고
원 남부 일대에도 진출했다.

선비족 중에 탁발부는 본래 대흥안령(흑룡강성 북부에서부터 내
몽골자치구 북동부로 뻗어 있는 산맥) 북부에 거주하고 있었다고 알려
져 있다. 북위의 태무제(太武帝)가 조상들이 원래 살던 거주지 부
근의 동굴에 적어놓은 석각문이 1980년에 대흥안령 북부의 알
선동(嘎仙洞)에서 발견되었기 때문이다(제1장 참조). 그러나 원래
의 거주지 및 남하 과정에 대해서는 여러 학설이 있어서 명확한 것
은 알 수 없다. 다만, 적어도 후한 후기(2세기 후반)에는 흉노를 대
신하여 몽골 고원에서 대규모 부족연합을 형성했던 선비의 단석
괴(檀石槐)와 가비능(軻比能)의 휘하에 들어와서 '흉노의 옛 땅', 즉
음산(陰山) 지방(내몽골자치구 남부)으로 이주했다고 생각된다.

탁발부도 포함된 선비의 남하에는 몽골 고원의 패자가 교체
(흉노에서 선비로)된 것뿐만 아니라 기후 변동도 관련되어 있다. 유
목 생활을 지탱하는 가축은 기온의 변화에 취약하기 때문에 한랭

화의 피해를 받기 쉽다. 그래서 지구 전체가 한랭화되기 시작했던 2세기에 선비는 더욱 남쪽으로 내려오기 시작했던 것이다. 머리말에서 서술했듯이 이러한 유목민의 이동에 의해 유라시아 대륙 전체가 격동의 시대를 맞이하게 된다.

한편, 필자는 2018년 8월 말에 알선동이 있는 훌룬부이르 시(내몽골자치구 동부의 거리)를 방문했는데 그때에 역대 탁발부의 수장이 라벨로 그려져 있었던 선비원(鮮卑源) 맥주라고 하는 지역 맥주가 여기저기에서 판매되고 있다는 것을 발견했다(그림 0-2). 술을 잘 못하는 필자도 포함하여 조사단 일동이 술을 많이 마셨던 일은 말할 것도 없다.

선비의 풍습

그렇다면, 이 시기의 선비는 어떠한 풍습을 가지고 있었을까? 일상적인 측면에서는 유목 생활을 영위하면서 고기와 유제품을 즐겼고, 모피를 이용하여 의복을 만들었다. 전투 능력은 일족의 성쇠와 관련되었기 때문에 노인보다도 젊은이를 우대했고, 아버지와 형조차 살해하는 경우도 있었다. 그러나 어머니 쪽의 친족을 생각하여 어머니를 살해하는 경우는 없었다.

그리고 수백 명에서부터 1천 명 단위로 한 부족을 정리했다. 이 책에서 □□부(예를 들면 탁발부)라고 하는 표기는 이 부족을 가리킬 때에 사용하는 것이고, 수장의 일족을 가리킬 때에는 □□씨(예를 들면 탁발씨)라고 표기한다. 원래 선비족에서는 소송을 잘 처리할 수 있는 용감한 사람이 부족장(대인大人)이 되었고, 세습제는 받아들이지 않았다. 그러나 2세기 후반의 단석괴 이후 서서히 대인의 세습이 확대되었다. 그러나 그 이후에도 수장에게는 능력과 카리스마가 요구되었다.

혼인은 우선 연애관계를 거친 이후에 약탈의 절차를 거쳐 동거했고, 반년 정도가 지나면 중매인을 세우고 소, 말, 양 등을 예물로 교환한 다음에 부인의 집에서 2년 정도 일을 한 이후에 부부로서 독립하게 된다. 부부가 거처하는 곳과 재물은 부인의 집에서 마련했고, 전투 이외에는 부인의 계획에 따랐다. 그렇기 때문에 여성의 발언권이 컸고, 그 지위도 낮지 않았던 것이다. 한편, 아버지나 형이 사망하면 그 부인(생모는 제외)을 처로 맞이하는 관습도 있었다(이를 수계혼이라 한다). 종교는 북아시아에 널리 유포되어 있었던 샤머니즘이어서 귀신을 숭배하고, 천지·일월·성신(星辰)·산천과 함께 용맹한 명성을 휘날렸던 선조 대인(大人)에게도 제사를 지냈다.

이러한 풍습들은 농경민인 한인과는 크게 다른 것이었다. 그 풍습의 대부분은 엄혹한 유목 생활에서 살아남기 위해 만들어진 것이었고, 흉노 등의 유목민과도 공통된 풍습이었다. 선비족과 중국 여러 왕조와의 교류가 긴밀하게 이루어지면서 서서히 풍습은 변화해 갔다. 그러나 대부분은 남북조시대에 이르기까지도 뿌리깊게 남아 있었다. 이에 대해서는 각 장에서 언급할 것이다.

탁발역미(拓跋力微)에 의한 부족 연합

탁발부의 이야기로 돌아가보겠다. 235년(삼국시대 위의 청룡靑龍 3년)에 위에서 파견했던 자객에 의해 가비능이 살해되자 각지에서 선비의 여러 부족들이 자립했다. 탁발부도 음산(陰山)의 북쪽에서 세력을 확대했다. 이때 지도자였다고 일컬어지는 사람이 탁발역미(시조신원황제始祖神元皇帝)이다. 그는 대(代), 북위(北魏)의 시조로 그 위상이 부여되었는데, 탁발부의 수장이었던 부친이 사냥 도중에 천녀(天女)와 만났고 그 사이에서 태어난 아들이었다고 한다. 북아시아의 여러 민족들 중에는 신 혹은 짐승과 사람의 교합(交合) 전설이 종종 보이는데, 탁발역미의 출생도 그 일종으로 포함할 수 있을 것이다.

북위의 역사를 정리한 『위서』(魏書) 권1의 서기(序紀)에는 탁발역미가 수장이 되었던 해를 '경자'(220년), 즉 후한이 멸망하고 위가 성립했던 해로 기록했고, 그 치세는 58년이었으며 사망했을 때의 나이가 104세였다고 한다. 이는 사실이 아니고, 즉위한 연도를 후한의 멸망과 위의 건국 연도와 맞추기 위해서 수치를 조작한 것으로 여겨지고 있다. 왜 위나라의 건국과 맞추려고 했는가에 대해서는 1장에서 논하게 될 것이다. 그리고 이때에는 카간(한자로는 가한可汗)을 수장의 칭호로서 사용했을 가능성이 지적되고 있다.

탁발역미는 서서히 세력을 확대했고, 258년(삼국시대 위의 감로甘露 3년)에 여러 부락을 규합하여 부족연합을 확립했다. 그러나 277년(서진의 함녕咸寧 3년)에 탁발역미가 사망하면서 탁발부는 약체화되었고, 3세기 말에는 사실상 세 개의 세력(동부, 중부, 서부)으로 분열되고 말았다.

대(代)의 성립

중부(산서성 북부)를 지배하고 있었던 탁발의이(拓跋猗㐌, 환선제桓宣帝, 탁발역미의 손자)는 팔왕의 난과 유연의 거병에 의해 서진이 혼란에 빠지자 다수의 한인들을 받아들였다. 또한 서진의 구원 요청을 받아 유연의 군대 세력을 격파했다. 그래서 서진은 탁발의이를 대선우(大單于)로 임시 임명했지만, 305년(영흥 2년)에 탁발의이는 39세의 나이로 사망하고 말았다. 뒤이어 307년(영가 원년)에는 동부(하북성 동북부)를 지배하던 탁발녹관(拓跋祿官, 소황제昭皇帝, 탁발역미의 손자)도 사망하면서 서부(내몽골자치구 남부의 성락盛樂 주변)를 지배하고 있었던 탁발의로(拓跋猗盧, 목황제穆皇帝, 탁발역미의 손자)가 탁발부의 재통일을 달성했다. 탁발의로는 서진의 병주자사(幷州刺史, 현재 산서성 태원 주변의 지방장관) 유곤(劉琨)과 의형제의 맹세를 맺고 한과 싸워서 그 공적으로 인해 310년(영가 4년) 10월에 서진의 회제로부터 대선우 겸 대공(代公)에 봉해졌다. 즉, 대가 성립한 것이다. 그 이후에도 그는 유곤과 함께 한과 싸웠고, 315년(건흥 3년) 2월에는 민제로부터 대왕(代王)으로 봉해졌다.

대왕의 봉건은 당시로서는 파격적인 대우였다. 같은 시기에 요동을 지배하고 있었던 선비족 모용외(慕容廆)는 진을 지원하고 있었음에도 불구하고, 창려(昌黎) 및 요동(遼東)의 두 국공(國公)에 머물렀고 왕은 아니었다. 본래 중국의 관직과 작위는 영역 외의 여러 민족에게 수여되는 외신(外臣)과 영역 내부(군현제의 범위 내부)의 관료에게 수여되는 내신(內臣)으로 분류할 수 있다. 예를 들면, 야마타이국(邪馬台國)의 히미코(卑彌呼)에 부여되었던 친위왜왕(親魏倭王)은 외신에 해당되었고 영역 내부의 지역 명칭을 붙인 왕작(서진의 동해왕 등)은 내신의 위상을 부여하는 것이었다. 그러나 위진시대부터 왕조의 간섭을 받지 않는 지방정권의 수장(한인)에게도 내신 지위가 부여되었다.

그럼에도 탁발의로가 대왕으로 봉건되기 이전의 서진은 유목민의 수장에게 내신의 왕작을 수여한 적은 없었다. 탁발의로를 대공으로 봉건했을 때조차도 유곤은 "융적(戎狄)을 화군(華郡, 중국의 군)에 봉하는 것은 진실로 예의에 어긋나는 것이지만, 궁지에서 구원해주었기 때문이다."(『자치통감고이資治通鑑考異』 권4에 인용된 유곤의 '여승상전與丞相牋')이라고 말하고 있다. 그러나 막다른 곳에 놓여 있었던 서진은 서서히 형세가 걱정하지 않을 상황이 되자 한을 타도할 수 있다는 기대를 가졌고, 탁발의로를 대왕에 봉건했던 것이

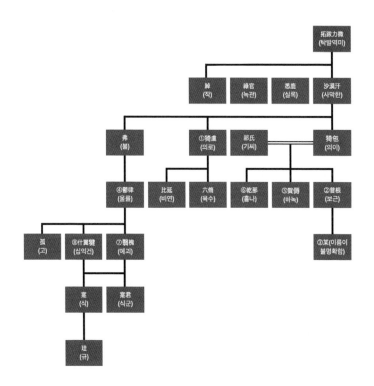

(그림 0-3) 탁발씨 계보도(대왕)
출전: 필자 작성

다. 이후로 오호의 여러 정권들과 남북조에서 비한인 정권에 내신의 왕작이 증여되었다.

이후 대는 서진이 붕괴하자 강남에서 성립했던 동진에 의한 책봉을 거부하고, 독자적인 연호를 세워 명실상부하게 독립하게 되었다. 그런데도 앞서 서진으로부터 봉해졌던 '대왕'을 칭했고, '황제'의 호칭을 쓰지 않았다. 오호의 여러 정권들 중에서 왕에만 머물렀던 정권은 모두 중원(황하의 중류, 하류 유역)을 지배하지 못하고 종속적인 입장에 있었던 주변 정권이었다. 대는 탁발의로가 사망한 이후에 후조에 종속했던 시기도 있었고, 중원에 진출하지 못한 단계에서는 황제라는 호칭을 취하지 않아야 한다고 판단했던 것으로 보인다. 그들의 복잡한 국가의식을 살펴볼 수 있다.

대(代)의 혼란

그렇게 대왕에 봉해졌던 탁발의로였지만, 막내아들 탁발비연(拓跋比延)을 후계자로 삼으려고 했기 때문에 장남인 탁발육수(拓跋六脩)와 대립하게 되었다. 316년(건흥 4년)에 탁발육수에게 패배한 탁발의로는 한창 달아나던 도중에 사망했다. 탁발육수도 사촌인 탁발보근(拓跋普根, 탁발의이의 아들)에 의해 살해되었고, 이후 단기간에 군주 교체가 계속되었다(그림 0-3). 그리고 내란이 발생한 이후 구인(舊人)이라 불리면서 탁발역미 시대부터 탁발부를 섬겼던 여러 부족 대인(大人)과 신인(新人)이라 불리면서 탁발의이의 시대에 탁발부를 섬겼던 한인들과의 대립이 표면화했다. 그 결과 한인의 다수는 유곤의 휘하로 옮겨가 버렸다.

탁발육수를 타도한 탁발보근과 그의 아들이 1년 내에 연이어 사망했기 때문에 317년에는 탁발의이와 탁발의로의 조카인 탁발울률(拓跋鬱律, 평문제平文帝)이 즉위했다. 그는 전조, 후조가 화친을 요구해 왔을 때에도 거절했고, 동진에 의한 책봉도 거부했다. 그리고 화북으로의 침공을 시도했지만, 321년에 탁발의이의 부인 기씨(祁氏)에 의해 암살되고 말았다. 기씨는 자신의 아들을 옹립하고 실권을 장악했는데, 당시의 사람들은 대를 여국(女國)이라 불렀다고 한다. 이후 탁발의이의 아들(혜제惠帝 탁발하녹拓跋賀傉, 양제煬帝 탁발흘나拓跋紇那)과 탁발울률의 아들(열제烈帝 탁발예괴拓跋翳槐)이 격렬하게 분쟁했다. 탁발예괴는 전조를 멸망시킨 후조에 인질로 동생인 탁발십익건(拓跋什翼犍)을 보냈고, 이후 탁발흘나가 복권했을 때에는 후조로 망명하여 그 지원을 받아 복위를 달성했다.

이렇게 대에도 카리스마 있는 군주인 탁발의로가 사망한 이후, 후계자 분쟁이 발생하면서 후조에 종속할 정도로 약체화되고 말았다. 그 한 가지 원인은 세습이 정착했음에도 용감한 사람이 군주가 되어야 한다는 의식이 탁발씨에게 남아 있었던 것을 언급할 수 있다.

탁발십익건의 즉위와 그의 기괴한 용모

338년에 탁발예괴가 사망하자 탁발십익건(소성제昭成帝)이 후조로부터 귀국하여 같은 해 11월에 즉위했다. 이후, 대는 정치적 안정을 찾게 되어 세력을 확대하게 된다. 대의 안정을 불러온 탁발십익건의 용모에 대해서『위서』권1의 서기(序紀)는 다음과 같이 기록하고 있다.

키는 8척(약 192cm)이고, 콧날이 높으며 눈썹의 뼈가 솟아올라 있다(융준용안隆準龍顏). 서 있는데도 머리카락이 땅에 이르고, 옆으로 누워있을 때에는 유방(乳房)이 늘어져 깔개가 될 정도였다.

너무나도 이상한 모습인데, 중국에서는 창업의 군주가 보통 사람과는 다르다는 것을 표시하기 위해 기표(奇表, 기괴한 용모)를 묘사하는 경우가 많다.

예를 들면 오호 여러 정권들 군주의 키는 전조의 유요가 9척 3촌(대략 223cm), 후조의 요양(姚襄)과 하(夏)의 혁련발발(赫連勃勃)이 8척 5촌(대략 204cm), 한의 유연과 후량의 여광(呂光)이 8척 4촌(대략 2m)이었다. 사실이라고 한다면, 놀랄 정도로 키만 큰 사람이라는 이야기가 되어 버린다. 그러나 이는 중국의 성군(요, 주의 문왕 등)이 키가 컸다고 하는 전설에서 유래한 것으로, 사실이 아니다. 그리고 유요, 전진의 부견(苻堅), 후연의 모용수(慕容垂) 등은 팔을 내리면 무릎을 넘어간다(수수과슬垂手過膝)고 기록되어 있다. 이렇게 기괴한 용모는 촉한의 유비, 서진의 무제에게서도 보이니 위진 시대에는 제왕의 모습이라고 여겨지고 있었다. 마찬가지로 탁발십익건의 '융준용안'도 전한의 초대 황제 유방의 용모로 알려져 있다. 그리고 땅까지 닿는 머리카락도 삼국시대 위의 명제(明帝, 즉 조예曹叡) 및 서진 무제의 모습과 일치한다. 다만 늘어져 있는

(그림 0-4) 4세기 후반의 개략적 지도
출전: 佐川英治 2018, 89쪽을 토대로 작성

유방에 대해서는 출전이 보이지 않아서 그 의미를 알 수가 없다.

오호의 여러 정권들과 마찬가지로 탁발씨도 제왕으로서의 정통성을 확보하기 위해 중국의 전통적 역사 서술을 답습하면서 과거의 기록을 참고하여 탁발십익건의 기괴한 용모를 묘사했던 것이다. 아마 기록한 시기는 북위 건국 이후였을 것이다. 이렇게 기괴한 용모는 탁발십익건 이전의 대의 군주에서는 보이지 않으니 북위에서 탁발십익건이 중요한 인물이었다는 점을 알 수 있다. 이는 오호의 여러 정권(북위를 포함)이 중국 지배의 정당성을 얻기 위해 중국의 정치 문화를 적극적으로 수용했다는 것을 보여주고 있다(胡鴻, 2017).

탁발십익건의 지배체제

탁발십익건은 건국(建國)으로 연호를 제정하고, 독립을 명확히 했다. 후조와 친교를 유지하는 한편, 전연의 군주인 모용씨와도 통혼하여 관계를 심화시켰다. 탁발십익건은 모용황(慕容皝)의 여동생을 왕후로 맞이했고, 그녀가 사망하자 이번에는 모용황의 딸을 왕후로 맞이했다. 후조가 약체화하자 저족의 부씨(苻氏)가 건국한 전진과도 통교했다(그림 0-4). 또한 몽골 고원에 할거하고 있었던 유목민인 고차(高車)를 격파하여 세력을 확대했다.

다음으로 탁발십익건의 지배체제를 살펴보겠다. 대에서는 부족체제를 유지하고 있었다. 그 핵심은 십성(十姓)이라 불리는 사람들이었다. 그 내역은 탁발부를 필두로, 탁발부의 수장으로부터 갈라져 나왔다고 여겨지는 구성(발발拔拔, 달해達奚 등)이 뒤를 이었다. 그리고 탁발역미 시기에 복속했던 여러 부족(내입제성內入諸姓), 동맹관계에 있는 여러 부족(사방제성四方諸姓)이 존재했고, 각 부족은 여러 부족의 대인이 지배하고 있었다. 부족제의 가장 큰 결점은 여러 부족 대인의 권한이 강하여 군주권을 강화할 수가 없었다는 것이다. 그리고 중국 문화의 수용 및 군주권 강화를 둘러싸고 보수적인 여러 부족 대인과의 대립도 발생했다.

그래서 탁발십익건은 군주권 강화를 계획하고 제도 정비를 추진했다. 서진의 관제 일부를 채용하고, 대단히 수는 적지만 한인을 참모로 등용했다. 그러는 한편으로 여러 부족 대인과 유력자의 자제로부터 유능한 인물을 뽑아 근시(近侍)로 등용했다. 그들은 궁중에서 일을 했고, 조칙(詔勅)과 명령을 전달했다. 근시에는 정해진 인원수가 없었고, 100명 이상 존재했다. 또한 새롭게 복속시킨 세력을 통괄하는 남부, 북부의 대인을 설치하여 동생인 탁발고(拓跋孤)를 북부대인에, 아들 탁발식군(拓跋寔君)을 남부대인으로 삼았다. 이러한 부족 통치기관은 오호의 여러 정권들(한, 전연, 후연 등)에도 설치되어 있었다. 탁발십익건은 그때까지의 느슨한 부족연합체로부터 벗어나 대왕에 의한 지배를 강화하기 위해 근시의 제도와 남북 두 부족 대인제도를 채용했던 것이다. 그러나 남북 두 부족 대인제도는 새로 들어온 세력을 통괄하는 조직이었고, 이전에 있었던 부족체제는 여전히 존재하고 있었다.

대의 멸망

탁발십익건이 세력을 확대시켰지만, 대에 복속하고 있었던 흉노 철불부(鐵弗部)의 유위진(劉衛辰)이 전진에게 망명하여 그 지원을 얻었던 것을 계기로 서서히 국세가 기울어지게 되었다. 전진은 3대 군주인 부견과 명재상 왕맹(王猛)의 치하에서 적극적인 확대정책을 전개하여 370년(전진의 건원 6년)에 전연을 멸망시켜 요동에서부터 관중(關中)까지 지배했다. 그리고 371년(건원 7년)에는 전구지(前仇池, 저족의 양씨)를 복속시켰고, 376년(건원 12년)에는 전량(한인 장씨)을 멸망시켰다.

기세를 탄 전진은 유위진의 요청을 받아들여 같은 해 10월에 북벌을 개시하여 30만의 대군을 파견했다. 초기 전투에서 패배하여 퇴각하다 병으로 쓰러진 탁발십익건은 후계자 후보로부터 배제시켜 숙청하려고 마음을 먹었던 장남 탁발식군에 의해 살해되고 말았다. 향년 57세. 그의 죽음을 알게 된 전진의 군대는 곧바로 공격을 개시하여 대를 멸망시켰다. 그 결과 전진은 화북 통일을 달성했다.

부견은 탁발식군을 불효자로 여겨 증오했고, 전진의 수도 장안으로 연행하여 거열형에 처했다. 그리고 대의 옛 영역을 분할하여 황하 서쪽을 흉노 철불부의 유위진에게, 황하 동쪽을 흉노 독고부(獨孤部)의 유고인(劉庫仁)에게, 더욱 동쪽은 선비 하란부(賀蘭部)의 하란눌(賀蘭訥, 『위서』에서는 하눌賀訥로 기록)에게 맡겼다.

탁발부는 북방에서부터 음산 주변으로 남하하여 3세기 후반 탁발역미의 시대에 부족연합을 결성하여 팔왕의 난, 유연의 거병으로 서진이 혼란해진 와중인 310년에 탁발의로가 서진으로부터 대왕으로 봉건되었다. 대는 4세기 중반 탁발십익건 시대에 이르러 전성기를 맞이했지만, 전진의 부견에 의해 멸망되었다. 유목세계에 66년 동안 계속 중점을 두었던 대는 단명한 정권이 많은 오호의 여러 정권들 중에서는 장기간 지속되었다고 할 수 있다. 그러나 군주 계승의 안정화 및 여러 부족 대인의 억제를 달성하지 못한 채 멸망하고 말았다. 이러한 과제들은 북위에게 넘어가게 된다. 다음 장에서는 북위의 건국과 화북 통일에 대해서 살펴보려한다.

제1장 북위의 화북 지배

서진의 붕괴로 인해 중국은 분열상태에 빠졌고, 화북에서는 유목, 목축민이 지배하는 오호의 여러 정권들이 성립했다. 그리고 장강 유역에서는 한인이 지배하는 동진(이어서 남조)이 성립했다. 탁발씨가 건국했던 대는 오호 여러 정권 중 전진에 의해 멸망했다. 그러나 전진이 붕괴된 이후, 탁발십익건의 손자인 탁발규(拓跋珪)가 북위를 건국하여 화북으로 침범하여 세력을 넓혔다. 3대 황제인 태무제(太武帝) 시기에 이르러 화북 통일을 달성하여 장강 유역을 지배하는 남조와 대치하게 되었다. 그렇다면, 탁발씨는 한인 그리고 선비, 흉노 등의 유목민이 섞여 살고 있는 화북을 어떻게 통합하게 되었던 것일까? 1장에서는 북위에 의한 화북 통일의 과정과 그 국가체제에 대해서 살펴보고자 한다.

1. 탁발규의 북위 건국

북위의 건국

376년(전진의 건원 12년)에 대국이 멸망할 때에 탁발십익건의 손자 탁발규(선비식 이름은 섭규涉珪)는 불과 6세였다. 그래서 모친 하란씨와 함께 움직여 하란부로 몸을 의탁했다가 뒤이어 옛 대국의 동반부를 맡게 된 흉노 독고부의 유고인(탁발십익건의 인척, 그림 1-1 참고)의 휘하로 이동했다. 383년(건원 18년) 11월, 중국의 통일을 노리고 동진으로 침공했던 전진의 부견은 비수(淝水)의 전투에서 동진에게 큰 패배를 당했다. 그 결과, 전진에 복속하고 있었던 여러 민족들이 점차 자립을 목표로 삼았고 화북은 분열 상태에 빠졌다. 그 여파를 받게 된 384년(건원 19년)에 유고인이 살해되고 말았다. 후계자인 유현(劉顯)은 탁발규의 목숨을 노렸고, 이에 탁발규는 다시 하란부로 몸을 의탁했다.

부견이 385년(건원 20년) 8월에 강족(羌族) 요장(姚萇)에 의해 살해되자 본래 대에 복속했던 여러 부족 대인들은 탁발규를 왕으로 추대하게 되었다. 탁발규는 탁발십익건의 손자이므로 대를 부흥시키는 선두가 되기에 적합했기 때문이다. 386년 정월, 16세의 탁발규가 대왕으로 즉위했고 선비족 고유의 제천의례를 행하였으며 연호는 등국(登國)으로 정했다. 그리고 4월에 위왕(魏王)으로 칭호를 바꾸었다. 즉, 북위가 건국된 것이다.

위왕으로의 칭호 변동에 대해서는 삼국시대의 위를 계승하는 것으로 서진, 동진의 정통성을 부정하는 것이라는 주장이 있다.

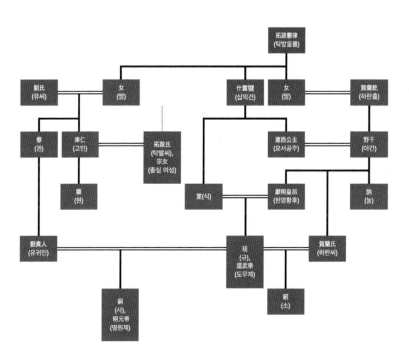

(그림 1-1) 탁발, 하란, 독고부 관계 계보도
출전: 필자 작성

그러나 서장에서 살펴보았던 한의 유연과는 달리 탁발규는 위의 황제를 존숭(제사, 추존 등)하지 않았다. 그래서 사토 마사루(佐藤賢)는 2007년의 연구에서 북위 건국 초기 흉노와의 대립 상황을 근거로 삼아서 한과의 연결을 의식했던 흉노 유씨로부터 선비 탁발씨로 정권이 옮겨졌다는 것을 명시하기 위해서 후한의 다음 왕조인 위를 칭했던 것이라고 주장했다. 흥미로운 가설이다. 어쨌든, 탁발규에게는 서진으로부터 봉해졌던 '대'를 부정하는 의식이 있었다는 것은 틀림이 없다.

참합피(參合陂)의 전투

탁발규가 북위를 건국했지만, 옛 대국의 서반부를 지배하고 있었던 흉노 철불부 그리고 인연이 깊은 흉노 독고부로부터 압박을 받아 그 영역은 수도 성락(현재 내몽골자치구 화림격이현和林格爾縣 토성자土城子 유적) 주변에 한정되어 있었다. 게다가 탁발부의 내분도 지속되었다. 그래서 그는 오호 여러 정권들 중 하나인, 하북을 지배하는 후연의 초대 황제 모용수에게 사신을 보내고 지원을 받았다. 강력한 후원을 얻은 탁발규는 독고부와 철불부를 격파했을 뿐만 아니라 몽골 고원에서 위세를 떨치고 있던 유목민인 고차, 유연(柔然) 등도 격파했다.

그러나 북위의 세력 확대에 수반하여 후연과의 관계는 서서히 악화되었고, 결국 충돌하는 날이 오고 말았다. 이것이 참합피의 전투였다. 이 전투는 지명도 자체가 낮지만, 북위의 화북 침공과 진출의 계기가 된 중요한 전투이다.

395년(등국 10년) 7월, 후연의 모용수는 태자 모용보(慕容寶)를 파견하여 10만의 병력으로 북위에 침공했다. 탁발규는 오르도스로 물러나서 황하를 끼고 후연의 군대와 대치하는 한편으로, 별동대를 파견하여 모용수와 모용보의 연락 경로를 차단했다. 그래서 모용보는 10월에 참합피(성락의 동쪽)로 철수했다. 병으로 쓰러진 모용수가 사망한 것은 아닌지 불안감에 휩싸였기 때문이다. 탁발규는 추격을 시도했지만, 강을 건너기 위한 선박이 부족하여 실행하지는 못했다. 그러나 이 상황은 11월에 황하가 얼게 되면서 완전히 달라졌다. 탁발규는 정예 2만의 기병을 이끌고 얼어버린 황하를 건너 참합피로 향했다. 11월 10일 이른 아침, 참합피의 동쪽 산기슭에서 야영하고 있었던 후연 군대를 향해 탁발규는 산의 위에서부터 급습했다. 그 결과, 후연은 황족과 장군을 포함한 6만 명을 잃었고 북위와 후연의 역관계(力關係)는 역전되었다.

이듬해 3월, 모용수는 병을 무릅쓰고 직접 북위를 공격하여 승리를 거두었다. 그러나 참합피에서 유골이 가득한 산을 향해 조의(弔意)를 표할 때에 죽은 사람들의 부친과 형제가 소리를 지르며 우는 것을 듣더니 피를 토했고, 병으로 사망하고 말았다. 향년 71세. 후연은 모용보가 계승했지만, 내분이 발생하면서 그 세력은 급속하게 쇠퇴하였다. 이 틈을 이용해 탁발규는 화북으로의 침공을 개시했고, 398년(황시皇始 3년)까지 산서와 하북의 중요 거점을 차례차례 함락하여 후연을 사실상 붕괴로 몰아갔다. 이때 탁발규는 모용보의 딸을 후궁으로 맞아들여 400년(천흥天興 3년)에 황후로 세웠다. 그 이후 요서, 요동만을 영유했던 후연은 한반도 북부를 지배한 고구려의 침공과 내분으로 인해 407년(천사天賜 4년)에 멸망했다.

탁발규의 황제 즉위

화북 지배로의 길을 밟아 나갔던 탁발규는 398년(황시 3년) 6월에 국호를 정식으로 위(魏)로 결정했고, 7월에는 평성(平城, 현재 산서성 대동시)으로 천도했다. 그리고 12월 2일에 황제로 즉위했고, 천흥(天興)이라고 연호를 바꾸었다. 시호(諡號, 사망한 이후에 붙이는 칭호)로는 도무제(道武帝)라고 불리고 있다. 도무제는 역대 수장들의 시호를 정했고, 직계 조상인 탁발역미, 탁발울률, 탁발십익건에게는 묘호(廟號, 사망 이후에 제사를 올릴 때에 쓰는 칭호)를 증여했다. 탁발역미는 시조(始祖), 탁발울률은 태조(太祖), 탁발십익건은 고조(高祖)였다.

북위의 덕운(德運)도 결정했다. 덕운이란, 왕조와 오행(목, 화, 토, 금, 수)이 대응하여 오행상생(五行相生)의 순서(목 → 화 → 토 → 금 → 수)에 의해 순환한다는 사고방식이다. 한은 화덕(火德), 위는 토덕(土德), 서진은 금덕(金德)이었다. 언뜻 보면, 사소한 것처럼 보이지만 북위라고 하는 왕조가 서진을 계승한 것인지, 오호의 여러 정권들을 계승한 것인지 왕조의 정통성과 깊이 관련된 중대한 문제였다. 서진을 계승한 경우에는 진(금덕)에 이어서 수덕(水德)을 채용하면 되는 것이고, 오호 여러 정권들을 계승했다고 한다면 진(금덕) → 전조와 후조(수덕) → 전진 또는 전연과 후연(목덕)에 이은 화덕을 채용해야 한다.

그런데 도무제는 그 어느 것도 아닌 토덕을 채용했다. 도대체 왜 그랬던 것일까? 그 이유에 대해서 서진과 동진의 정통성을 부정하기 위해서 삼국시대 위에 연결됨을 주장하여 위를 국호로 삼았고, 토덕을 채용했다고 하는 주장이 제시되어 있다. 즉, 한(화덕) → 위(토덕) = 북위(토덕)라는 것이다. 그러나 앞서 서술했듯이 도무제는 삼국시대 위의 황제를 존숭하지 않았고, 성을 조(曹)씨로 바꾸지도 않았다. 여기에서부터 위 = 북위라고 하는 도식은 성립하지 않는다.

이 수수께끼를 해결하는 열쇠는 도무제가 탁발역미(시조), 탁발울률(태조), 탁발십익건(고조)에게 묘호를 증여했던 것에 있다. 사토 마사루는 2007년의 연구에서 탁발역미가 후한이 멸망한 해(220년)에 즉위했고, 탁발울률이 동진이 성립한 해(317년)에 즉위했다고 한 것을 근거로 다음과 같은 새로운 학설을 제창했다. 후한이 멸망한 후, 정통성은 삼국시대 위와 탁발씨(탁발역미) 쌍방에 계승되었는데, 위를 계승한 서진이 붕괴했기 때문에 탁발씨(탁발울률)만이 유일한 정통 정권이 되었고 탁발십익건에 의해 건국이 진행되었으며 그 기반을 계승하는 것으로 북위는 화북으로 침입해 나아갈 수 있었다고 하는 역사관이 형성되었다. 즉, 도무제는 정통성을 확보하기 위해 한(화덕) → 북위(토덕)라고 하는 정통 관념을 만들어냈던 것이다. 이를 사토 마사루는 '또 하나의 한-위 교체'라고 부른다. 당시에는 화북에 오호의 여러 정권들, 장강 유역에는 동진이 존재하고 있었다. 서진도 아니고, 오호의 여러 정권들도 아닌 한에서부터 정통성을 계승하는 것이라고 한다면, 정통성의 측면에서 다른 국가들을 초월할 수 있었던 것이다.

도무제 시기의 정책들

도무제는 황제에 즉위한 이후, 서서히 중국적 제도(관제, 작제, 의례, 율령 등)를 도입하고 화북의 일부에 주, 군, 현을 설치했다. 이러한 제도들의 정비에서 활약했던 자들은 후연에서부터 항복했던 한인들이었다. 그 중에서도 위진 시대 이래의 명문이었던 한인 최굉(崔宏)이 중용(重用)되었다. 그러나 중앙의 고관과 작위(특히 왕, 공)는 선비를 중심으로 하는 유목계(이제부터 북족北族이라고 서술)가 다수를 점했고, 한인의 지위는 낮았다. 또한, 유목민에서 유래한 제도를 폐지하지 않았다. 오히려 유목적 제도가 북위를 지탱했다고도 할 수 있다. 이 점은 제4절에서 상세하게 서술하려고 한다.

도무제는 수도 평성의 인구를 늘리기 위해 여러 차례 사민(徙民, 강제 이주)을 시행했다. 예를 들면, 옛 후연 영역의 한인을 평성 부근으로 사민시켰고 호구를 파악한 이후에 토지를 지급하여 농경에 종사하게 했다. 이를 계구수전(計口受田)이라고 부른다. 그리고 도무제는 북족 여러 부족의 힘을 약화시키기 위해 부족 해산을 단행했다. 여러 부족은 평성 근교로 이주되었고, 목축을 계속행하면서 북위의 군사력을 담당했다. 도무제는 대국 시대에 이룩하지 못했던 군주권 강화의 단서를 열었던 것이다(자세한 내용은 4절에서 서술).

특이한 제도로는 '자귀모사' 제도를 언급할 수 있다. 서장에서 서술했듯이 선비족 사이에서는 부인이나 모친의 발언권이 컸고, 대국 시대에는 기씨처럼 권력을 장악한 여성도 있었다. 그래서 도무제는 황제의 친모와 외척에 의한 권력 장악을 막기 위해서 후계자가 결정된 이후에는 그의 생모를 죽이는 '자귀모사' 제도를 만들었던 것이다. 이러한 제도는 유목민에게서도, 중국의 여러 왕조들에서도 보이지 않지만 선례가 없었던 것은 아니다. 전한의 무제가 행했던 황태자 불릉(弗陵, 훗날의 소제)의 생모(구익부인鉤弋夫人) 살해가 있다. 도무제는 전대미문의 제도를 만드는 것에 있어서 전한의 고사(故事)를 전거로 삼았던 것이다. 409년(천사 6년) 7월에 탁발사(拓跋嗣, 선비식 이름은 목말木末)가 황태자로 선택되자 이 정책이 실행되었다. 생모인 유씨(독고부 출신)가 살해되자 탁발사는 크게 애통해하며 밤낮으로 소리를 내며 울었고, 이것이 도무제의 분노를 사고 말았으며 일시적으로 평성에서부터 도망쳐야 하는 곤경에 빠졌다.

도무제의 죽음

군사와 내정에 힘썼던 도무제였지만, 한식산(寒食散)을 항상 복용했기 때문에 서서히 정신적 균형이 무너지고 말았다. 한식산이란, 다섯 종류의 광물을 사용해 만든 약으로, 불로장생을 일으킨다고 여겨졌다. 그러나 실제로는 중독되어 죽는 사람이 끊이지 않았던 독약이었다. 도무제는 409년(천사 6년)에는 하루 종일 혼잣말을 중얼거렸고, 감정도 불안정해지면서 신하에게 불신감을 품었다. 그리고 안색과 언동이 평상시와 다르다는 것만으로 불만을 품고 있다고 간주하여 직접 신하를 구타하는 지경이었다.

같은 해 10월에는 도무제의 비(妃) 하란씨(『위서』에서는 하씨로 기록)도 유폐되어 살해될 기미가 보였다. 도망쳤던 탁발사 대신에 하란씨의 아들인 탁발소(拓跋紹, 선비식 이름은 수락발受洛拔)를 황태자로 삼았기 때문에 '자귀모사'를 실행하려 했던 것은 아닌가라고 주장하는 학설도 있다. 그러나 하란씨가 구출을 요청하니 탁발소는 밤에 궁전으로 잠입하여 도무제가 잠든 때를 노려서 습격했다. 도무제는 '도적이 들어왔다'라는 소리를 듣고 눈을 떴지만, 무기를 손에 쥘 틈도 없이 탁발소에 의해 살해되고 말았다. 향년 39세.

하란씨는 도무제의 숙모(모친의 여동생)였고, 도무제가 하란부에 이르렀을 때에 첫눈에 반하여 그녀의 남편을 살해하고 부인으로 맞이했다고 전해지고 있다. 북위 성립 전후의 상황을 근거로 삼는다면, 단순한 호색(好色)은 아니고 하란부와의 관계를 심화시키기 위해 통혼했던 것으로 보이는데 역사서는 인과응보의 이야기로 서술했던 것이다.

2. 태무제(太武帝)의 화북 통일과 최호(崔浩)의 차질

명원제(明元帝)와 혁련발발

부친을 살해한 탁발소는 다음 날 신하들을 모이게 하여 "나에게는 숙부도 있고 형도 있는데, 공경(公卿)들은 누구에게 복종하기를 바라는가?"(『위서』 권16, 청하왕淸河王 열전)라고 물었다. 탁발소를 따르라는 언질을 주면서 황제에 즉위하려고 계획했던 것이다. 베이징 대학의 뤄신(羅新)은 2019년의 연구에서 똑같은 문답이 이후 거란, 몽골에서도 보이고 있다는 것으로부터 유목민의 즉위의례의 자취가 아닐까라고 보고 있다. 일시적으로 실권을 장악했던 것으로 보였던 탁발소였지만, 탁발사가 되돌아오니 곧바로 북족의 중신들이 탁발사에게 복종했고 결국 위사(衛士)에 의해 탁발소는 체포되고 말았다. 탁발사는 탁발소와 그의 모친 하란씨에게 죽음을 내렸고, 황제(명원제)로 즉위했다. 이때 북위의 주위에는 요동과 요서를 지배했던 북연(선비화한 한인이라고 여겨지는 풍씨馮氏 정권), 산동을 점유했던 남연(선비족 모용씨 정권), 관중의 후진(강족의 요씨), 그리고 혁련발발이 건국했던 하(夏)가 존재하고 있었다(그림 1-2). 이 중에서 명원제는 후진 요흥(姚興)의 딸을 비로 맞아들이고 동맹을 맺었다.

북위에게 있어서 최대의 경쟁자는 혁련발발이었다. 그는 대국 멸망(서장 참조)의 계기를 만들었던 흉노 철불부 유위진의 아들이었다. 유위진 자신은 북위 초기에 도무제를 괴롭혔지만, 391년(등국 6년)에 도무제에게 패배하여 사망했다. 그러나 그의 아들 혁련발발은 후진으로 도망쳤고, 407년(하의 용승龍昇 원년)에 오르도스에서 자립해 하를 건국했던 것이다. 413년(용승 7년)에 혁련발발은 흉노라는 것을 강조하기 위해서 유씨에서 혁련씨(혁련은 흉노어로 하늘이라는 의미)로 성을 바꾸었고, 418년(하의 봉상鳳翔 6년)에는 동진으로부터 장안을 빼앗고 황제로 즉위했다. 흉노를 주된 군사력으로 삼은 하는 명원제 시기에 급성장을 이룩했던 것이다.

그리고 장강 유역에서는 동진의 실권을 장악했던 유유(劉裕)가 남연, 후진을 멸망시키고 420년(송의 영초永初 원년)에 송(宋)을 건국했다. 남조의 시작이다(제2장 참조). 북위는 한인 왕조인 남조와도 국경을 접하게 된 것이다.

그래서 명원제는 세력을 갖춘 하, 동진-송과의 본격적인 충돌은 피했고, 북방의 고차와 유연 토벌에 힘을 쏟아 주변 여러 부족의 흡수에 진력했다. 또한, 평성의 본격적인 건축 및 한인의 등용에도 힘을 써서 화북의 새로운 영토 경영에도 신경을 썼다.

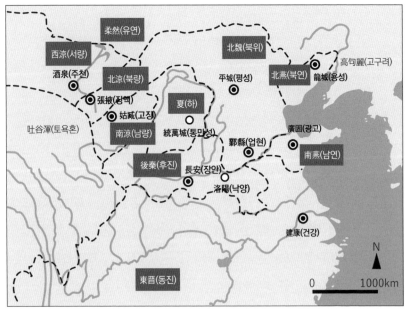

(그림 1-2) 명원제 시기의 세력도
출전: 佐川英治 2018, 203쪽을 토대로 작성

태무제의 화북 통일

420년(태상泰常 5년), 명원제는 장남 탁발도(拓跋燾, 선비식 이름은 불리벌佛狸伐)를 후계자로 결정하고, 그의 생모인 두씨(杜氏, 한인)를 죽였다. '자귀모사'를 실행한 것이다. 그리고 422년(태상 7년) 5월, 정식으로 황태자에게 내정을 위임했다. 이를 태자감국(太子監國)이라고 한다. 도무제의 사례를 근거로 하여 제위계승의 안정화를 시도했던 것이다. 같은 해에 송의 유유가 사망한 틈을 타서 송의 영토인 황하 중류, 하류 유역으로 직접 정벌을 떠나 이듬해에는 낙양을 획득했다. 그러나 남쪽 정벌 도중에 병에 걸려 11월에 사망하고 말았다. 향년 32세. 곧바로 탁발도가 16세의 나이로 황제에 즉위했다(태무제).

태무제는 자신의 권위를 높이기 위해 화북 통일을 목표로 삼았다. 먼저 425년(시광始光 2년) 8월에 혁련발발이 45세의 나이로 사망하자 태무제는 신하들의 반대를 무릅쓰고 하로 침공했다. 427년(시광 4년) 6월에는 견고한 성곽으로 알려져 있던 하의 수도 통만성(統萬城, 현재 섬서성 정변현靖邊縣)을 함락하기 위해 굳이 직접 경기병 3만을 이끌고 진격하면서 방심하게 하여 야전으로 끌어들였는데, 날아오는 화살에 태무제가 맞을 정도로 격전을 치러 통만성을 제압해 점령했다. 그 이후에도 태무제는 하의 중요 거점을 차례차례 함락했다. 그 결과, 하는 쇠퇴했고 431년(신가神麚 4년) 6월에 토욕혼(吐谷渾, 청해靑海를 지배하고 있던 유목민)의 공격을 받아 멸망했다. 한편, 태무제는 하에 침공하는 과정에서 혁련발발의 딸을 사로잡아 후궁으로 들였고 432년(연화延和 원년)에 황후로 삼았다.

서쪽의 우환을 없앤 태무제는 436년(태연太延 2년)에 북연을 멸망시켰다. 그리고 439년(태연 5년) 9월에는 스스로 대군을 이끌고 하서(河西)를 지배하고 있던 북량(노수호盧水胡의 저거씨沮渠氏 정권)을 멸망시켰다. 사실상의 화북 통일이었다. 마지막으로 남아 있던 감숙 남부의 후구지(後仇池, 저족의 양씨 정권)도 북위와 송에 끼어 진퇴양난에 처하자 442년(태평진군太平眞君 3년)에 북위에 항복했다. 이렇게 태무제가 화북 통일을 달성하게 되면서 북조와 남조가 대치하는 남북조시대로 돌입하게 되었다. 또한, 직접 정벌을 거듭하면서 화북 통일을 이룩한 태무제의 권위는 높아졌고 황제의 친정에 반대했던 북족 중신들의 발언권은 저하되었다.

유연과의 사투

그러는 동안에 태무제는 유목민인 유연과도 격렬하게 싸웠다. 남조에서는 유연을 '예예(芮芮)'라고 불렀고, 북위에서는 '연연(蠕蠕)'이라고 했는데 이후에 북위에 항복한 유연인 스스로는 '여여(茹茹)'라고 칭하고 있으나 그 원래 의미는 명확하지가 않다. 본래 유연은 탁발부와 고차에 복속하고 있다가 4세기 후반에 자립을 달성했다. 북위의 공격을 받은 수장 사륜(社崙)은 402년(천흥 5년)에 몽골 고원 북부로 이동하여 고차를 격파하고 세력을 확대하여 초원의 패자가 되었다. 그런데 사륜은 선비의 군주 칭호였던 카간(가한)을 받아들여 구두벌가한(丘豆伐可汗)을 칭했다(재위 402~410). 그 이후 유연은 후진, 북연과 결탁하여 북위와 대립했을 뿐만 아니라 서방으로 세력을 팽창하여 타림분지의 오아시스 여러 국가들에도 영향력을 가지게 되었다.

3대 군주인 모한흘승개가한(牟汗紇升蓋可汗, 본명은 대단大檀이고 재위는 414년부터 429년까지)은 여러 차례 북위로 침공했다. 그래서 태무제는 429년(신가 2년)에 유연 친정을 감행했고, 그 근거지를 급습하여 대량의 가축을 획득했다. 또한 유연에 복속하고 있었던 고차의 부족 대부분을 항복시켰다.

이후 유연과 북위는 관계 개선을 추진하여 434년(신가 7년)에는 북위의 공주를 유연의 칙련가한(勅連可汗, 4대 군주이다. 본명은 오제吳提이고 재위는 429년부터 444년까지)에게 시집보냈고, 태무제 자신도 카간의 여동생을 후궁으로 맞이했다. 그러나 유연은 곧바로 북위와 대립하니 438년(태연 4년)에는 북벌을 왔던 북위 군대에 큰 타격을 주었고, 이듬해에는 태무제가 북량을 친정하는 틈을 타서 평성 부근을 공격했다. 이때 정확한 지시를 내려 유연을 격퇴하는 데에 성공한 사람은 황태후 두씨(竇氏)였다. 실은 그녀는 본래 태무제의 보모(保母)였고, 황제의 부인이 아니었다. 태무제는 즉위 이후, 그녀를 '보태후'(保太后)로 정했고 432년(연화 원년)에 '황태후'로 정했다.

한편, 태무제는 445년(태평진군 6년)에는 유연의 영향 아래에 있던 선선(鄯善)을, 448년(태평진군 9년)에는 언기(焉耆, 선선과 언기 모두 타림분지의 오아시스 국가이다)를 점령하여 지배를 공고히 하면서 유연의 힘을 약화시켰다. 그리고 449년(태평진군 10년)에는 유연으로 친정하여 타격을 입혔다. 이후, 유연은 북위와 대립 및 화친을 반복하게 되었다.

태무제의 폐불(廢佛)과 최호

화북 통일을 이룩했던 태무제의 참모가 최호였다. 그는 도무제와 명원제를 섬겼던 최굉의 아들로 경학(經學), 사학(史學), 천문학에 능통하여 스스로를 한의 유방을 섬겼던 장량(張良)에 비유했다. 명원제의 참모로 활약했고, 태자감국 시기에는 보좌 관료의 한 사람으로 선임되었다. 태무제가 즉위한 이후, 친정(親征)에 대한 신료들의 반대 의견을 논파하면서 태무제에게 신임을 받았고, 화북 통일과 황제권 강화에 크게 공헌했다. 그 사이에 태무제는 431년(신가 4년)에 최호를 사도(司徒, 최고위 관직)에 발탁하고 '징사(徵士)의 조(詔)'를 내려 명문 한인의 본격적 등용이라는 결단을 내렸다. 이를 계기로 명문 한인들이 적극적으로 북위에서 직무를 맡게 되었다.

북위의 중국화를 목표로 삼은 최호는 불교를 외래 종교로 혐오했고, 중국에서 탄생한 도교(신천사도新天師道)의 구겸지(寇謙之)와 손을 잡았다. 이때 불교는 도무제, 명원제 시기에 도인통(道人統, 승려의 감독관)이었던 승려 법과(法果)가 황제를 여래(如來)로 예배하는 '황제즉여래'라고 하는 사상을 만들어냈던 것으로 인해 국가에 대한 예속을 강화했고, 황제의 권위를 지탱하는 역할을 맡고 있었다. 그러나 최호와 구겸지는 불교 대신에 도교를 통해 북위 황제의 정당성을 강화하고자 했다.

구겸지는 태무제를 도교의 구세주인 '진군'(眞君)과 동일시하면서 권위 부여를 시도했다. 태무제도 최호의 영향을 받아 도교를 신봉하게 되면서 북량 평정 이후인 440년(태연 6년) 6월에 태평진군으로 연호를 바꾸었다. 구겸지가 과거에 받았던 '북방의 태평진군을 보좌하라'는 신탁을 연호로 채용했던 것이다. 그리고 442년(태평진군 3년) 정월에는 구겸지로부터 부록(符籙, 신성한 이름 등을 적은 문서)을 받으면서 도교 황제라는 것을 드러냈다.

그리고 최호는 중국 사회가 쇠퇴한 것은 불교의 유행이 원인이었다고 하면서 태무제에게 폐불을 제안했다. 타이밍이 나쁘게도 445년(태평진군 6년)에 관중에서 발생했던 개오(蓋吳)의 반란 진압을 위해 태무제가 장안에 머무르고 있던 때에 성 내부의 한 사원에서 무기가 발견되고 말았다. 태무제는 불교 사원과 개오가 서로 통하여 공모하고 있다고 판단했고, 446년(태평진군 7년) 3월에 폐불의 조서를 발포했다. 불상, 경전, 사원을 모두 불태우고 승려의 살해를 명령하는 철저한 폐불에 대해 도가 지나치다면서 구겸지조차도 반대했지만, 태무제와 최호는 이를 단행했다. 머리말에서도 남북조시대의 혼란과 강권정치를 상징하는 사건으로 불교 탄압을 언급했는데, 그 첫 번째에 해당한다. 중국 역사상 유명한 네 번의 불교 탄압 사건, 이른바 '3무 1종(북위 태무제, 북주 무제, 당 무종, 후주 세종)의 법난法難' 중에서 첫 번째였다.

최호의 주살

태무제에게 막대한 영향력을 지녔던 최호였는데, 450년(태평진군 11년) 6월에 갑자기 주살되고 말았다. 향년 70세. 도대체 무슨 일이 일어났던 것일까? 여기에는 북위의 역사서 편찬이 관련되어 있다. 북위에서는 도무제 시기에 탁발씨의 역사를 선비의 언어로 노래한 '대가'(代歌)를 토대로『국기』(國記)가 만들어졌다. 439년 (태연 5년)에 북량 평정을 기념하여『국기』를 이어『국서』(國書)의 편찬이 시작되자 최호가 그 총책임자가 되었다. 449년(태평진군 10년) 무렵에『국서』가 완성되자 최호는 부하에게 권하여 이를 비석으로 만들어 평성의 서쪽에 있는 교천단(郊天壇, 제천의례의 장소) 부근의 길에 세워 놓았다. 그 결과, 내용에 대한 신료들로부터의 비판이 갑자기 일어났고, 태무제도 격노하여 최호를 필두로『국서』의 편찬에 관여한 관료 120여 명을 처형하고 최호의 친족, 인척도 주살하기에 이르렀다.

종래에 최호의 주살은 탁발씨의 조상과 유목적 풍습을 있는 그대로 서술하면서 한인과 대립하고 있었던 북족의 분노를 샀기 때문이었다고 여겨져 왔다. 그러나 당시 유목적 풍습은 금기시되지 않았고, 그대로 쓴다고 해서 문제가 되지 않았다. 본래 최호는 명원제, 태무제 시기의 편찬을 담당했던 것이고, 조상들과 대국 시대에 대해서는 담당하지 않았다. 또한 최호가 주살된 이후에도 한인 관료는 활약했고, 한인과 북족의 대립은 격렬하지 않았다는 것이 판명되어 있다.

그래서 마츠시타 켄이치(松下憲一)는 2010년의 연구에서 새로운 학설을 제창했다.『국서』의 편찬을 맡으면서 태무제에게 있는 그대로 써도 좋다는 명령을 받은 최호는 중국의 역사서 편찬 전통을 답습하여 국가의 득실과 동시대에 대한 부분적인 비판을 추가했다. 이 시점에서는 문제가 되지 않았는데,『국서』를 비석에 새기면서 공개했기 때문에 최호와 충돌하고 있었던 북족이나 한인들이 『국서』의 황제 비판은 대역부도 (황제를 비방한 행위)에 해당한다고 고발했던 것이다. 그 결과, 태무제의 신뢰를 잃은 최호는 주살되고 멸족까지 당해버렸다. 즉, 최호의 행동은 황제권 강화를 추진한 태무제의 권위를 손상시키는 것으로 간주되었던 것이다. 한편, 국사 사건의 여파로 인해 이후 북조에서 편찬되었던 역사서에는 동시대 비판의 요소가 보이지 않게 된다.

태무제와 황태자 탁발황(拓跋晃)의 대립

최호가 주살되고 이듬해인 451년 6월, 장래를 촉망받고 있었던 황태자 탁발황(선비식 이름은 천진天眞)이 24세의 젊은 나이로 급사했다. 여기에도 태무제의 그림자가 도사리고 있다. 그의 죽음에 이르는 경위를 살펴보자. 450년(태평진군 11년) 9월, 태무제는 남조의 송을 향해 친정을 시작했고, 12월에는 장강 북안의 과보산(瓜步山)에 이르렀다. 송의 수도인 건강은 바로 앞에 있다. 그런데 이듬해 정월, 태무제는 갑자기 철

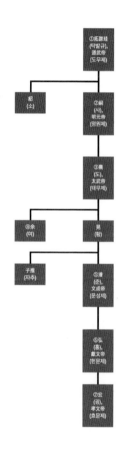

(그림 1-3) 북위 전기 황제 계보도 출전: 필자 작성. 황제의 대수(代數)는 窪添慶文, 2020에 의거했다.

수했다. 남조 측의 역사서(『송서』 권95 삭로索虜 열전)에서는 이때 탁발황이 태무제의 살해를 계획했기 때문에 급하게 철수하고 도중에 죽었다고 거짓말을 해서 탁발황을 유인한 다음 살해했다고 기록되어 있다. 어디까지나 전해들은 정보이지만, 『위서』도 여러 군데에서 완곡하게 탁발황의 죽음이 정상적인 것은 아니었다고 기록하고 있어 완전한 거짓말도 아닌 것 같다. 지금도 실제 상황이 어땠는지 알 길이 없지만, 평성에서 문제가 발생했다는 정보를 듣고 철수한 태무제는 총애하는 환관인 종애(宗愛)의 의견을 듣고, 탁발황을 죽음으로 몰아넣었을 가능성이 지적되고 있다.

그렇다면, 탁발황은 왜 살해된 것일까? 444년(태평진군 5년)에 태자감국으로서 행정을 위임받았던 탁발황은 불교 신자였다. 그는 폐불의 시기에 승려의 탈출을 도와주었기 때문에 태무제와의 관계가 악화되어 있었다. 이러한 상황을 타파하기 위해 탁발황이 정변을 준비했던 것일지도 모르겠다. 적어도 신망을 받고 있었던 탁발황이 태무제의 입장에서는 눈에 거슬리는 존재가 되어 버렸다는 점은 틀림이 없다. 탁발황의 죽음은 태무제의 황제권 강화가 초래한 비극이었다고 할 수 있다.

이야기는 여기에서 끝나지 않는다. 탁발황의 살해를 진언했던 종애가 탁발황의 죽음을 후회하는 태무제를 두려워하면서 452년(정평正平 2년) 3월에 태무제를 암살했던 것이다. 향년 45세. 종애는 태무제의 아들인 탁발여(拓跋余, 선비식 이름은 가박진可博眞)를 옹립하고 실권을 장악했다. 그러나 10월에 종애는 탁발여도 살해해 버렸다. 탁발여가 종애를 배제하려고 시도했기 때문이다. 이

혼란의 틈을 타서 북족의 중신인 원하(源賀)와 보육고이려(步六孤
伊麗, 『위서』에는 육려陸麗로 나온다) 등이 탁발황의 장남으로 13세였
던 탁발준(拓跋濬, 문성제文成帝. 선비식 이름은 오뢰직근烏雷直勤)을 황
제로 옹립했다(그림 1-3).

3. 태상황제의 탄생

문성제의 치세

문성제는 종애와 그를 지지했던 중신들을 숙청하고, 정권의
안정화를 도모했다. 보육고이려와 원하로 대표되는 북족의 중신
들은 물론이고, 많은 한인 관료의 뒷받침을 받아 그의 치세는 안
정되었다. 대외정책에서도 남조의 송 이외에 동북아시아의 고구
려(23년 만에 조공)와 거란, 중앙아시아의 우전(호탄), 에프탈, 사산
조 등 50개 국가 이상으로부터 사절이 도착했고 이때 북위가 유
라시아 대륙 동부에서 큰 존재감을 가지고 있었음을 알 수 있다
(그림 1-4). 다만 남조에 사신을 파견했던 백제와 왜국의 이름은 보
이지 않는다.

그리고 문성제는 즉위 이후 곧바로 불교를 부흥시켰다. 다만
불교는 왕조의 통제 아래에 두어졌고, 그때까지보다 그 이상으로
황제와 왕조에 봉사하게 되었다. 예를 들면, 문성제 시기(460년 무
렵)에 개착이 시작되어 5세기 말까지 대형 석굴의 건축이 지속되
었던 운강석굴(雲岡石窟)은 그러한 북위 불교의 성격을 잘 드러내
고 있다. 다섯 개의 대형 석굴에는 북위의 역대 황제를 나타내는

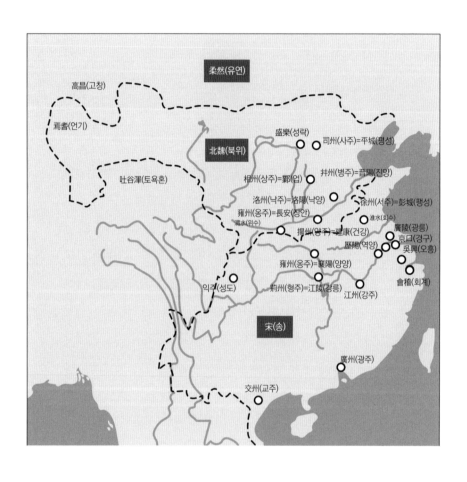

(그림 1-4) 북위와 송(449년)
출전: 「중국역사지도집 제4책」을 토대로 작성

것으로 여겨지는 거대한 석불 5개가 배치되었고, 지금도 사람들이 이를 바라보고 있다(그림 1-5).

그 이외에 흥미로운 정책으로는 태무제와 마찬가지로 보모인 상씨(常氏)를 보태후로 만들었다가 뒤이어 황태후로 만들었다는 것을 언급할 수 있다. 이는 중국의 여러 왕조에서도, 유목민에게서도 보이지 않는 독자적인 정책이었고, 북위에서도 태무제와 문성제 이외에는 실시하지 않았다. 분명히 유교의 예로부터 일탈했던 행위였지만, '자귀모사' 제도로 인해 황제의 생모가 존재하지 않았기 때문에 이를 대체하는 인물로서 양육 과정에서 신뢰가 두터워진 보모를 황태후로 삼았던 것이라고 생각된다. 보모는 신분도 낮고, 친족도 적었기 때문에 위험성이 크지 않았다고 여겼던 것 같다. 상씨의 친족도 고위 관료가 되기는 했지만, 문성제는 그들이 실권을 장악하도록 만들지는 않았다. 머리말에서 유목민과 중국 문화가 융합하는 와중에 일시적으로 실시되었던 제도에 대해서 언급했는데, 이것도 그 중 하나로 볼 수 있을 것이다.

풍태후의 조정 장악

문성제는 465년(화평和平 6년) 5월에 26세의 젊은 나이로 사망하고 말았다. 뒤를 이은 사람은 황태자 탁발홍(拓跋弘, 헌문제獻文帝. 선비식 이름은 제두윤第豆胤)이었다. 그는 불과 12세에 즉위했기 때문에 문성제의 황후로, 헌문제 즉위 이후에 황태후가 된 풍씨(풍태후)가 신료들의 지지를 받아 정무를 장악했다(제1차 임조臨朝).

풍씨는 오호 여러 정권들 중 북연의 2대 군주인 풍홍(馮弘)의 손녀이다. 통설에서는 풍씨를 선비화한 한인이라고 보지만, 선비 족이라는 주장도 있다. 북연이 멸망한 이후, 풍홍의 아들인 풍랑(馮朗)은 북위를 섬겼지만 동생은 유연으로 망명했기 때문에 주살되었고 풍랑의 딸인 풍씨도 겨우 2세에 후궁으로 들어오게 되어버렸다. 다행스럽게도 태무제의 부인이 되었던 큰어머니에 의해 양육되어 14세에 문성제의 부인이 되었고, 곧 황후가 되었다. 북위에서는 황제의 덕이 광범함을 보여주기 위해서 도무제 이래로 다른 국가의 군주와 혈연인 사람을 황후로 삼았는데, 풍씨도 그중 한 사례이다. 465년(화평 6년) 문성제가 사망했을 때에 그녀는 아직 24세였다.

467년(황흥皇興 원년) 8월에 헌문제에게 아들(이후의 효문제가 되

(그림 1-5) 운강석굴 제20굴(2004년에 필자 촬영)

는 탁발굉拓跋宏)이 태어나자 그의 양육을 맡게 된 풍태후는 실권을 돌려주었다. 469년(황흥 3년)에는 재빨리 생모인 이씨(한인)에게 죽음이 내려졌고, 탁발굉을 황태자로 삼았다. 문성제의 유모인 상씨가 황태후로 존숭되었던 것을 답습하여 생모 대신에 후계자를 양육하는 것이 정치적 권력을 만들어내는 원천이 되었던 것으로 볼 수 있다. 풍태후의 친아들이 아닌 헌문제가 머지않아 자립해 버릴 것을 내다본 행동이었다.

헌문제의 양위

이러는 사이에 남조의 송에서는 내분이 발생하여 황족인 유창(劉昶)과 호족(豪族) 등이 북위에 항복했고, 회북(淮北, 회수 이북. 현재의 강소성 북부와 안휘성 북부)의 중요 거점이 북위의 영토가 되었다(제2장 참조). 그래서 풍태후와 헌문제는 산동과 회북으로 파병했고, 469년(황흥 3년)에 이를 획득하는 것에 성공했다. 헌문제는 평성 부근에 평제군(平齊郡)을 설치하여 점령지 주민들 대다수를 강제로 이주시켰다. 그들은 평제민(平齊民)이라 불렸고, 고통스러운 생활을 할 수밖에 없어 반란이나 도망이 이어졌고, 반면에 그 중 일부는 재주와 학문을 인정받아 관료로 등용되어 효문제 시기에 활약하게 된다. 그리고 이때 유연이 애라부진가한(愛羅部眞可汗, 6대 군주로 본명은 여성予成. 재위는 450년부터 485년까지)의 휘하에서 다시 세력을 확대했고, 타림분지의 오아시스 여러 국가들을 복속시키자 헌문제가 직접 유연으로 친정했다.

이렇게 군사적으로 성과를 올린 헌문제였는데, 471년(황흥 5

년) 8월에 갑자기 숙부인 탁발자추拓跋子推에게 양위를 하겠다는 말을 꺼냈다. 그러나 황족, 북족의 중신, 한인 관료, 환관이 일제히 반대했기 때문에 황태자인 탁발굉(효문제)에게 양위했다. 북위에서는 명원제와 태무제 시기에 태자에게 행정을 위임하는 태자 감국이 시행되었고, 태자에게 권한을 넘겨도 위화감이 없는 상황이 발생하고 있었다. 헌문제의 양위도 그 연장선에 위치했을 것이다. 다만 이때 헌문제는 18세였고, 황태자 탁발굉은 불과 5세였기 때문에 신료들은 헌문제에게 다음과 같이 말하고 있다.

> 옛날 삼황(三皇)의 치세는 무욕(無欲), 무위(無爲)였기 때문에 황(皇)을 칭했습니다. 그래서 한의 고조(유방)께서는 황제를 칭한 이후에 부친을 높여서 태상황(太上皇)이라고 했고, 천하를 통치하지는 않는다는 것을 명시하셨습니다. 지금 황제(효문제)께서는 어리셔서 폐하(헌문제)께서 정치의 대권을 통합하시는 것이 좋다고 생각합니다. 삼가 존호인 태상황제(太上皇帝)를 올립니다.(『위서』권6, 현조기顯祖紀)

신료들이 태상황제의 존호를 올리면서 헌문제는 국정을 장악하게 되었다. 이후 중국의 여러 왕조 및 일본, 베트남 등에서 보이는 상황(上皇)의 기원이다.

여기에서 중요한 것은 태상황과 태상황제의 차이이다. 이전에 팔왕의 난 시기에 일시적으로 폐위되었던 진의 혜제(惠帝)에게 태상황이 증여되었던 적이 있다. 이 칭호는 한의 유방이 황제에 즉위한 이후 부친에게 증여했던 것으로 알려져 있었고, 황제로부터 존숭을 받지만 국정에는 관여하지 않는 것을 의미하는 칭호였다. 한편, 태상황제는 오호의 여러 정권 중에서 후량의 여광(呂光)이 적자에게 양위했을 때 칭했던 적이 있지만 여광은 양위 당일에 병사했기 때문에 정무를 맡지는 못했다. 즉, 양위 이후에 태상황제를 칭하면서 황제 재위 중과 똑같이 궁정 전반을 장악하는 제도는 중국의 여러 왕조에서도, 유목민에게서도 보이지 않는 것으로 헌문제가 최초의 사례이다. 중국에서 축적되어 온 정치문화(선양이나 '태상황')와 유목민의 합리적이면서 유연한 사고가 접촉한 것에 의해 의외의 화학적 반응이 나온 것이라고 할 수 있다.

그렇다면, 도대체 헌문제는 왜 양위했던 것일까? 연구자들 대부분은 헌문제와 풍태후의 권력 투쟁의 결과, 풍태후의 압력으로 양위하게 된 것이라고 보고 있다. 그러나 그 근거인 『위서』 권105의 세 번째 천상지(天象志) 3의 "황상(헌문제)이 태후에게 압박을 받아 황제의 위를 태자에게 전했다"라는 기사는 『위서』의 원문이 아니라 당 왕조 시대에 편찬되었던 다른 역사서에서 보충된 부분이다. 즉, 어디까지나 당 왕조 시대의 역사 이해이고 북위의 실태를 보여준다고 할 수는 없다. 헌문제는 양위 이후에도 태상황제로서 실권을 장악했는데, 풍태후의 압력을 받았다고 하는 모순이 발생해 버리게 되는 것이다.

그래서 황위계승의 안정화를 도모하기 위해 양위했다는 주장도 제기되어 있다. 또한 수도사범대학(首都師範大學)의 장진룽(張金龍)은 2008년의 연구에서 헌문제가 불교와 도교를 독실하게 신봉하고 있었던 것을 근거로 세속으로부터의 초탈을 계획하여 양위했다고 기록한 『위서』의 기록이 정확하다고 보고 있다. 확실하게 양위 이후의 헌문제는 수행에 힘쓰고 있다. 정직하게 말하자면, 양위의 진상은 잘 알 수가 없다. 다만 태상황제가 되었던 헌문제가 군사와 행정을 장악하고 있었음은 틀림없다. 풍태후와의 사이에서 알력이 있었던 것은 확실한데, 선수를 쳤을 가능성도 있다. 그 이후에 헌문제는 유연으로 친정을 하는 이외에 회하 상류에 파병하여 영토를 확장시키고 476년(연흥延興 6년) 6월에 23세의 젊은 나이로 사망했다. 서서히 신료들에게 영향력을 넓혀 갔던 풍태후가 독살했던 것이 아닌가라고 여겨지기도 한다.

4. 선비족을 결속시킨 유목적 관제와 제천의례

알선동(嘎仙洞)과 남순비(南巡碑)의 발견

4절에서는 북위 전기(도무제~헌문제)의 국가체제에 대해서 황제와 북족을 강하게 결속시켰던 유목적 제도와 의례를 중심으로 살펴보고자 한다. 북위 전기의 유목적 제도에 대해서는 '알선동석각축문'과 '문성제남순비'라고 하는 두 개의 석각사료 발견으로 인해 급속하게 연구가 진전되었다.

서장에서도 언급했던 '알선동석각축문'은 1980년에 대흥안령 북부의 알선동(소재지는 내몽골자치구 훌룬부이르 시)이라고 하는 동굴에서 발견되었던 석각사료이다. 태무제 시기에 중국 동북부의 오락후국(烏洛侯國)이 사신을 파견했던 때에 탁발씨의 조상이 제사를 지냈다고 하는 사당이 있다고 보고를 했고, 태무제는 443년 (태평진군 4년)에 관료를 파견하고 축문을 새겼다. 그 내용은 『위서』에 기록되어 있는데, 알선동 내부에서도 똑같은 문장이 발견되었던 것이다.

그런데 '알선동석각축문'에는 『위서』에 보이지 않는 어구 몇 가지가 존재하고 있었다. 그 중에서도 중요한 것은 탁발씨의 조상에게 '가한'(可寒), '가돈'(可敦)이라는 단어를 사용했다는 점이다. 이때까지 가한(유목민 군주의 칭호), 가하돈(可賀敦, 유목민 군주의 부인의 칭호)은 유연이 처음 칭했던 것으로 여겨져 왔다. 그러나 탁발씨는 유연보다도 먼저 가한(카간)을 사용했던 것이다. 이후, 가한(카간)은 돌궐, 위구르 등에 의해서 사용되었고 몽골의 카안으로 연결된다.

석각축문이 발견된 이후, 북위의 황제도 가한(카간)을 칭하고 있었던 것은 아닌가라는 지적이 있다. 확실히 대국, 북위에서 가한의 칭호가 사용되고 있었을 가능성은 높다. 다만 현 시점에서는 북위의 황제가 가한을 칭했다는 기록은 발견되지 않고, 황제 및 천자와 가한을 나누어 사용한 것에 대해서도 정해진 학설은 없다. 필자는 엄밀하게 구분해서 사용되었던 것은 아니고, 한어로는 황제나 천자 그리고 선비어로는 가한이라고 불렀던 것은 아닐까라고 생각하고, 덧붙여 말하면 선비의 수장 시대부터 계속 사용한 가한 칭호보다도 중화세계를 통괄하는 황제의 호칭이 중시되고 있었을 가능성도 있다고 생각한다.

그리고 북위의 유목적 성격에 관한 연구를 심화시키는 계기가 되었던 것이 '문성제남순비'의 발견이다. 이 비석은 461년(화평 2년) 3월에 문성제의 순행 중 건립되었다. 1980년대에 산서성 영구현(靈丘縣)에서 발견되었고, 1997년에 비문의 내용이 공개되었다. 비음(碑陰)에는 순행에 동행했던 200명 이상 관료들의 성씨와 이름, 관작이 열거되어 있다. 여기에는 『위서』에 보이지 않는 내조관(內朝官, 유목적 관제)의 관직명이 다수 기재되어 있다. 이 내조관은 북위의 황제와 북족을 강력하게 결속시키는 역할을 담당했다. 그래서 조금 더 상세하게 소개하려고 한다.

선비어 관직명	직무	『원사』에 있는 케식텐의 관직명
比德眞(비덕진)	문서관	必闍赤(필도적, 비칙치)
胡洛眞(호락진), 曷剌眞(갈랄진), 斛洛眞(곡락진)	호위관	豁兒赤(활아적) = 火兒赤(화아적, 코르치)
折潰眞(절궤진), 折紇眞(절흘진)	전주관(傳奏官)	扎里赤(찰리적) = 扎魯花赤(자르구치, 찰로화적)

(표 1-1) 북위의 선비어 관직명과 케식텐 관직명의 비교

북위의 내조관(內朝官)

북위는 위진 시대 이래 상서성(주로 행정 담당), 문하성(주로 고문顧問에 대응), 중서성(주로 문서 작성 담당) 등 중국적 중앙관제(외조外朝)와 북위의 독자적인 제도인 내조관을 함께 설치했다. 내조관

의 유래는 서장에서 소개했던 탁발십익건이 설치한 근시관(近侍官, 여러 부족 대인들의 자제로부터 유능한 인물을 근시로 등용하는 제도)이었고, 북위 성립 이후에 점점 확충되었다. 내조관은 황제를 모시는 시신(侍臣)이었고, 상위 구성원은 국정에 참여했다. 직무는 여러 방면에 걸쳐 있어 무관은 황제와 궁실의 경비를 담당하면서 시종의 직무(식사와 의복 관리)를 행했고, 친정에도 종군했다. 문관은 조서 명령의 출입(出入), 황제의 하문(下問)에 대한 응답, 외조와 지방의 감찰 등 다양한 임무를 분담했다.

관직명은 주로 내행장(內行長), 내시장(內侍長), 내아간(內阿干), 내행내소(內行內小)와 같이 '내'가 붙은 '내..관'과 선비어의 비덕진(比德眞, 문서관), 곡락진(斛洛眞, 호위관) 등이 있었다. 관직명 끝에 붙은 '진'은 투르크-몽골어계 언어에서 '~하는 사람'(사물을 관장하는 사람)을 표시하는 치(či) 혹은 친(čin)이라고 하는 접미사의 음사로 여겨지고 있다. 구성원은 주로 선비, 흉노, 항복한 고차나 유연 등 북족의 고위 자제였는데, 서서히 한인도 증가했다. 내조관은 외조의 인재 공급원이었고, 북족의 고관자제는 원칙적으로 내조관을 거쳐서 외조관이 되었다. 또한 내조와 외조의 고관을 겸하는 사례도 많다. 북위의 황제는 내조관을 통해서 행정, 군사 방침을 결정했고 외조관은 주로 실무를 맡았다. 내조관은 시신으로서의 직무와 출세 코스로 기능하는 것이어서 황제와 북족의 친근성을 높이는 역할을 담당했던 것이다.

카와모토 요시아키(川本芳昭)는 2015년의 연구에서 내조관의 구조 및 관명이 몽골의 칭기스 칸이 설치한 케식텐과 유사하다는 점을 지적했다(표 1-1). 이러한 관제는 이후 여러 민족이 건국한 서하, 거란(요), 후금(청)에도 존재하고 있다. 그 공통점은 군주의 호위를 기본으로 하는 근시관으로, 공신과 귀속세력의 자제에게 임무를 맡겨서 다양한 직무(호위, 사신, 가정家政, 의식衣食 등)를 담당하게 하여 간부 후보생으로 양성하는 것이었다. 즉, 북위는 유목계 여러 국가들과 공통된 제도를 가지고 있었다. 다만 전한의 낭관(郎官), 고대 일본의 인제(人制), 사인(舍人)도 똑같은 제도이니 유목민에게만 있는 독특한 것은 아니다. 앞으로 본격적인 비교 연구가 이루어져야 할 것이다.

유목적 의례와 풍습

내조관 이외에 제천의례도 황제와 북족을 결속시키는 역할을 담당했다. 중국의 여러 왕조들에서는 유교에 근거를 두어 수도의 남쪽 교외에서 동지에 행하는 제천의례(남교제사南郊祭祀)가 가장 중요한 제사였다. 그러나 북위에서는 수도의 서쪽 교외에서 매년 4월 4일에 샤머니즘에 근거를 두고 시행되었던 제천의례(서교제사西郊祭祀)가 가장 중요한 제사로 여겨지고 있었다. 제사를 지낼 때에는 황제와 함께 10성(十姓, 대국 시기보다 이전에 갈라져 나왔던 탁발씨의 분가分家)이 중요한 역할을 맡았다. 내조관은 황제의 근처에서 참석했고, 외조관과 여러 부족 대인들은 밖에서 참관했다. 황제와의 거리가 제사의 공간에 반영되어 있었던 것이다.

서교제사가 끝나면, 황제는 4월 후반부터 6월 무렵에 많은 신하와 가족들을 이끌고 음산(陰山, 내몽골자치구 남부의 산맥) 부근에 가서 유목생활을 했다. 이는 '각상'(却霜)이라고 불렸는데, 음산에 있는 초목의 성장을 기원하고 평성에서부터 온기를 가져와서 서리를 없앤다는 의미가 들어가 있었다. 그리고 7월 7일 전후로 순행한 곳에서 강무(講武, 군사훈련)를 행했다. 이때에는 말 위에서 활쏘기 대회, 연회, 상사(賞賜)도 행해졌는데, 이는 북족의 속박을 심화시키는 역할도 담당했다. 8월 말부터 9월 초에 걸쳐 평성으로 돌아오면, 각지로부터 북족이 집결하여 말을 타고 활쏘기 등의 행사와 제사가 거행되었다. 이러한 것들은 모두 유목민의 풍습을 계승했던 것이다.

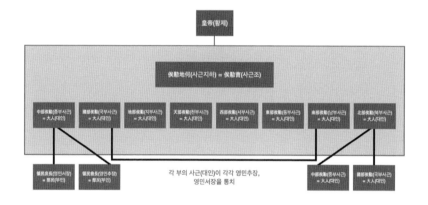

(그림 1-6) 북위 전기의 부족 통괄
출전: 松下憲一, 2014를 토대로 작성

그리고 사가와 에이지(佐川英治)의 2016년 연구를 통해 수도 평성의 북쪽에 인접한 제실(帝室)의 정원인 녹원(鹿苑)이 가축의 유목지로서 기능하고 있었음이 명확해졌다. 북위는 유연과 고차를 토벌하면서 약탈한 것, 음산 등에서부터의 공납에 의해 가축을 보충했고 신하들에게 이를 나누어 주는 것으로 유대감을 강화했다. 그리고 평성 부근으로 사민(徙民)되었던 사람들에게 계구수전(호구의 파악 이후에 토지를 지급)을 통해 농경에 쓰일 가축(소)을 배포하여 농업 생산력의 향상에도 힘썼다. 녹원은 유목과 농경을 연결하는 역할을 맡고 있었던 것이다.

이러한 유목적 관제, 의례, 풍습은 도무제 시기부터 문성제 시기에 걸쳐 황제와 북족을 강하게 결속시키는 역할을 담당했다. 그러나 헌문제 시기를 계기로 서서히 변용이 이루어지면서 효문제에 의한 개혁을 맞이하게 된다.

부족 해산

북위는 관제, 의례 등을 통해 북족과의 유대를 유지하는 한편, 부족장의 약체화를 도모하여 도무제 시기부터 태무제 시기에 걸쳐 북위에 예속된 여러 부족 및 항복한 유연 등에 대해 부족 해산을 시행했다. 그 내용에 대해서는 여러 학설이 있는데, 사가와에이지의 2018년 연구에서는 다음 세 가지 방책이 취해졌다고 지적한다. ① 부족을 완전히 해체하고, 일반 백성으로 군, 현의 호적에 편입한다. ② 부족을 유지시킨 채로 중앙집권적 지배 아래에 둔다. ③ 느슨한 부족 연합의 형태를 취한다. 이 중에서 주로 ②의 방책이 사용되었다.

②에 대해서 구체적으로 설명하면 다음과 같다. 중소집단으로 분할되었던 여러 부족들은 부족장에 의해 통솔되어 평성 주변

으로 사민되었다. 북위는 부족의 호구를 파악하고 난 다음에 부족 통괄 관료인 사근지하(俟懃地何, 이후에는 사근조俟懃曹)의 휘하에 있는 8부 대인(이후에는 6부)에게 관리하게 했다(그림 1-6). 그들은 계속 유목생활을 영위했고, 북위의 군사력을 담당했다. 다만 사회조직으로서의 부족은 유지되었지만, 부족의 내부까지 황제의 권력이 미치고 있었다고 생각된다. 실은 ②와 똑같은 방책은 전진에서도 실시되었다. 전진의 부견은 대를 멸망시킨 이후, 여러 부족을 분산시키고 감독관을 보내 들여 병역, 조세를 부담하게 했고 이동의 제한도 부과했다. 북위는 이를 참고로 삼았던 것으로 보인다. 한편, 부족 통괄 관료인 '사근'은 선비어 관명으로, 유연과 돌궐에서 부족장을 의미하는 사근(俟斤)과 동일한 것으로 여겨지고 있다.

③의 방책은 도무제 시기에 복속했던 고차에게만 행해졌던 것이다. 고차는 '부국'(附國)이라는 형식으로 자립을 인정받았고, 황제의 권력이 부족 내부에 미치지는 않았다. 그들은 북위와 느슨한 부족 연합의 형태를 유지했고, 태무제 시기의 막남(漠南, 내몽골 자치구 남부 일대)에 배치되었던 육진(六鎭, 6곳의 군사 거점) 부근에 거주하면서 유연에 대한 대책을 담당했다.

북위는 부족 해산 이후에도 사회조직으로서의 부족을 유지했고, 부족 통괄 관료의 관할 아래에 두어 지방행정조직이 있는 주, 군, 현에 속한 한인과는 별도로 통치했다. 즉, 북위도 오호의 여러 정권들 다수가 그랬던 것처럼 북족과 한인을 분리하여 다스리는 이중통치체제를 시행했던 것이다. 다만, 황제의 권력은 부족 내부에까지 미쳤고 부족장의 권력은 약화되었다. 북족이 불만을 품어도 이상하지 않은 상황이었지만, 북위는 관제와 의례의 측면에서 황제와 북족의 유대를 심화시키면서 북족의 불만을 해소했던 것이다. 이것이 오호의 여러 정권들과는 다르게 북위가 화북 통일을 달성하고 장기간 안정된 정권이 되었던 하나의 요인이었다고 생각된다.

북위와 한인의 관계

마지막으로 북위 전기에 북족과 위진 시대 이래의 명문 한인의 관계에 대해서 살펴보고자 한다. 오호의 여러 정권들에서는 '오호'와 명문 한인들이 대립하는 경향이 있었다. '오호'는 명문 한인들에 대해 군사적 우월감을 품고 있었고, 동시에 문화적 콤플렉스도 느끼고 있었다. 한편, 명문 한인들은 '오호'에 대해서 화이관념에 근거하여 문화적 우월감을 가지고 있었고 동시에 화북 지배라고 하는 현실에서 기인하는 공포와 굴욕감을 품고 있었다. 그러나 중국화 정책을 추진했던 전진, 후연에서는 많은 명문 한인들이 관직을 가지게 되면서 서서히 명문 한인과 '오호'의 원한이 줄어드는 모습을 파악할 수 있다.

북위도 건국 초기에는 오호의 여러 정권들과 똑같은 상황에 놓여 있었다. 예를 들면, 명문 한인 최령(崔逞)은 후연에서부터 북위로 항복했는데 탁발씨를 이적(夷狄)으로 취급하면서 탁발씨의 기분을 상하게 만들었다. 그리고 동진의 장수와 문서를 교환할 때에 도무제로부터 동진의 군주 호칭을 폄하해서 답장을 하라는 명령을 받았음에도 불구하고, '귀주'(鬼主)라고 적었다는 이유로 사형에 처해졌다. 한편, 북위도 명문 한인을 관료로 등용시키기 위해 강압적인 수단을 취했다. 본래 후연의 관료였던 최굉은 후연이 붕괴할 때에 도망을 쳤지만, 기병에 의해 사로잡혀 어쩔 수 없이 북위에서 복무했다. 그러나 이러한 상황은 점차 변화해 간다. 중국적 제도의 도입과 태무제 시기에 한인 관료를 적극적으로 등용한 결과, 서서히 북위를 정통왕조로 간주했고 충성심을 품은 한인 관료가 증가했던 것이다.

그렇다면, 북족의 입장은 어떠했을까? 그들 중에서는 최호에 비판적인 인물도 있었고, 쌍수를 들면서 한인 관료를 환영했던 것은 아니다. 그러나 북위는 내조관과 제천의례 등을 통해 북족과의 유대감을 유지했고, 관작의 측면에서도 북족을 우대하고 있었다. 예를 들면, 전한 이래 중국에서는 황족만이 왕의 작위를 받았지만, 북위에서는 북족의 공신에게도 왕작을 수여했다. 지방의 행정 측면에서도 주, 군, 현을 설치하는 한편, 점령 지역에는 진(鎭), 수(戌)라고 하는 군정기관을 설치하여 북족을 파견해서 통치하게 하였다. 북위의 군사를 맡았던 것도 북족이었다. 이렇게 북족이 북위의 중추를 차지하고 있었기 때문에 한인 관료와의 대립이 격화되지는 않았다. 또한 북족도 유목적 문화(복장, 언어, 풍습 등)를 계속 유지하면서 중국 문화를 학습하여 한인 관료와의 교류를 심화했다.

북위의 황제도 중화황제를 지향하게 되었다. 초대 황제인 도무제 시기에 이미 중국적 관제와 유교에 근거한 의례를 도입했던 것이 그 증거이다. 특히 화북 통일을 달성했던 태무제는 선비족으로서의 아이덴티티를 계속 유지하면서도 의식적으로는 중화황제를 목표로 삼았다. 도교에 경도되었던 것도 그러한 표현이다. 문성제 시기에는 황자의 이름을 한자 이름만 정했고, 선비식 이름을 짓는 것을 중지했다. 풍습의 측면에서도 중국 문화를 지속적으로 받아들였다. 그 흐름은 헌문제를 거쳐 효문제 시기에 가속화되는데, 이에 대해서는 제3장에서 자세히 서술하겠다.

이러한 점은 경쟁자였던 유연과 크게 다른 것이다. 유연의 초대 가한인 사륜은 선비족이 사용하고 있었던 가한 칭호를 군주의 칭호로 채용했을 뿐만 아니라 가한 칭호 앞에 부족 사람들을 교묘하게 통제한다는 의미의 '구두벌'이라고 하는 말을 덧붙이면서 북위의 군주 칭호(황제 그리고 가한)와의 차이를 드러냈다. 이후에 유연의 가한은 자신의 행위, 재능 등에서 따온 가한 칭호를 붙였고, 중화세계의 군주 호칭인 '황제'를 붙이지 않았다.

또한, 유연의 기본적인 국가 제도는 흉노, 선비와 똑같은 부족연합국가였고, 중국적 관료제도는 도입하지 않았다. 의례의 측면에서도 샤머니즘에 근거한 제사만을 행했고, 유교적인 제사는 시행하지 않았다. 유연도 6대 군주인 애라부진가한(본명은 여성)의 시대에 '영강'(永康, 464~485)이라는 연호를 만들었던 것처럼, 중국의 정치 문화를 완전히 무시했던 것은 아니다. 적은 수이기는 하지만 한인도 복무했고, 외교문서의 작성에 관여한 흔적이 있다. 그러나 유연의 제도, 의례, 문화, 풍습의 측면은 대부분 중국화되지 않았다. 몽골 고원을 지배하고 유목생활을 보냈던 유연의 입장에서 중국화를 추진할 의미가 없었기 때문이다.

탁발규가 건국했던 북위는 화북으로의 침공 및 진출과 중국
적 제도의 도입을 진척시켰고, 태무제 시기에 화북 통일을 달성하
면서 남조와 대치하게 되었다. 북위의 황제는 부족 해산을 단행
하여 황제권 강화에 힘쓰는 것과 동시에 태자감국 제도를 통한
제위계승의 안정화를 도모했다. 또한, 관작의 측면에서 북족을
우대하고 유목민에서 유래한 내조관, 제천의례 등을 통해 황제와
북족의 유대감을 유지했다. 그러는 한편, 한인도 받아들이면서 서
서히 중국 문화도 수용해 갔다. 북위 전기에는 유목문화와 중국
문화가 접촉하면서 의외의 화학적 반응이 발생했고, '자귀모사'
제도나 보태후, 태상황제 등 독자적인 정책이 만들어졌다. 그렇다
면, 동시대의 남조는 어떠한 상황에 처해 있었을까? 다음 장에서
살펴보려고 한다.

제2장 새로운 '전통'을
창출했던 송

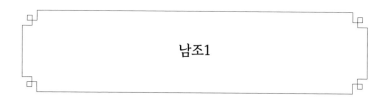

남조1

서진이 붕괴한 이후, 오호의 여러 정권들이 화북을 지배했다는 것은 서장에서 서술했다. 한편, 장강 유역에서는 서진의 황족인 사마예(司馬睿)가 317년에 동진을 건국했다. 동진은 오호 여러 정권들의 공격을 방어하면서도 서서히 쇠퇴했고, 420년에는 유유(劉裕)가 제위에 올라 송(宋)을 건국했다. 이른바 남조의 시작이다. 북위, 하, 북연 등 오호 여러 정권들이 난립하고 있었던 화북에 앞서 새로운 왕조가 탄생했던 것이다. 그러나 439년에는 북위가 화북을 거의 통일하면서 남북조가 대치하게 되었다. 2장에서는 남조 전반기에 해당하는 송, 제(齊)의 흥망을 개관한 후, 그 사회와 문화에 대해서 살펴보고자 한다.

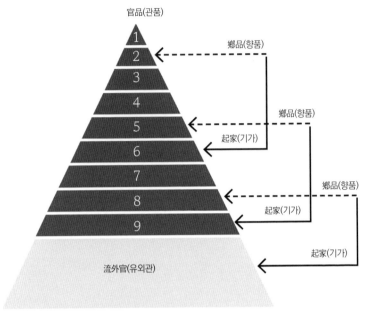

官品(관품)

鄕品(향품)

鄕品(향품)

起家(기가)

鄕品(향품)

起家(기가)

起家(기가)

流外官(유외관)

(그림 2-1) 구품관인법
출전: 필자 작성

1. 유유의 송 건국

귀족사회의 형성

316년(건흥 4년)에 서진이 멸망하자 사마씨 중에서 살아남았던 사마예(사마의의 증손자)는 317년(건무 원년)에 진왕을 칭했고, 318년(태흥 원년)에 건강에서 황제(원제)로 즉위했다. 낙양(서진의 수도)보다도 동남쪽에 위치한 건강에 수도를 설치했기 때문에 동진이라고 불린다. 동진은 명재상인 왕도(王導)의 치하에서 화북에서 도망쳐 온 명문 한인, 즉 귀족을 상위에 계속 배치시키면서 강남의 토착 한인 호족을 교묘하게 통치했다. 이후에 동진, 남조에서는 귀족이 중시되었다. 그 중에서도 왕도를 필두로 하는 낭야(琅邪, 현재의 산서성 임기臨沂)의 왕씨와 진군(陳郡, 현재의 하남성 태강太康)의 사씨(謝氏)가 큰 영향력을 지녔다.

이 귀족 자체가 남조 사회를 이해하는 데에 있어서 관건이 되는 존재이다. 그래서 동진, 남조 이야기로 들어가기 전에 귀족에 대해서 개략적으로 설명해두고자 한다. 본래 귀족이란 도대체 무엇일까? 귀족사회 성립의 계기가 되었던 것은 삼국시대 위나라에서 제정한 구품관인법(九品官人法)이었다. 이것은 1품부터 9품까지 관직을 아홉 등급으로 순서를 매기고(관품), 지방의 인사관(주대중정州大中正, 군중정郡中正)이 관직 임명을 희망하는 사람에게 9단계(9품)의 향품(鄕品)을 주고 그 향품에 상응하는 관품의 관직을 주는 제도였다. 초임관은 기가관(起家官)이라고 하는데, 그 관품은 향품보다 대체로 4품 아래에 해당하는 것이었다. 예를 들어 향품이 2품인 사람은 6품의 관직을 받게 되고, 승진을 거듭하여 최종적으로는 2품관에 도달할 수 있었다(그림 2-1). 그리고 향품은 유교의 덕행과 반대되는 행위 등이 있었던 경우에는 도중에 내려가는 일도 있었다. 향품은 개인의 능력과 지방에서 지닌 그의 명성과 여론(향론鄕論)을 근거로 결정되는 것이었지만, 점차 부조(父祖)의 관직이나 가문이 중시되어 갔다.

서진, 동진 시기 무렵에는 사실상 최고 지위인 향품 2품을 특정한 가문이 차지하게 되었다. 당시에 그들은 '갑족'(甲族) 혹은 '문지이품'(門地二品)이라고도 불렸고, 그 아래의 중하급 귀족은

'차문'(次門), 중하급 관료와 군인을 배출하는 호족층은 '한문'(寒門), **'한인'**(寒人) 등으로 위치가 부여되었다. 그리고 그 아래에는 향품과는 상관이 없는 '서인'(庶人)이 존재하고 있었다. 이 중에서 갑족, 차문은 '사인'(士人)이라고 불렸고, 관직 임명이나 혼인 및 문화 등을 통하여 어느 정도의 일체감이 존재했다. 일본의 학계에서는 주로 이 사인을 '귀족'이라고 부르고 있다. 귀족은 주, 군의 중정관(中正官)에 취임하여 귀족 질서의 유지에 힘썼다.

동진에서는 화북으로부터 피난을 온 왕, 사, 원(袁), 저(褚), 강(江), 채(蔡)씨 등이 갑족에 해당했다. 강남의 호족인 오군사성(吳郡四姓, 고顧, 육陸, 주朱, 장張)과 회계사족(會稽四族, 우虞, 하賀, 공孔, 사謝), 남쪽으로의 이동이 지체되었던 양(楊), 최(崔)씨 등은 차문의 위치가 부여되었다. 이 책에서는 갑족과 차문, 한문 등의 구별을 정확하게 드러내기 위해서 갑족에 한하여 이름 아래에 본관(본적지)을 붙이도록 하겠다. 당시 중국에서는 본관이 일족의 발상(發祥)이나 기원을 표시하는 것으로 중요시되고 있었기 때문이다.

귀족들은 동진, 남조에서 고관의 지위를 차지하며 정치적 영향력을 지녔다. 그러는 한편으로 서서히 관직 중에서 향품이 높은 것에 취임하는 '청관'(淸官)과 향품이 낮은 것에 취임하는 '탁관'(濁官)이라는 구별이 생겨났다. 여기에는 실무를 기피하는 당시 귀족의 가치관이 반영되어 있고 도서나 저술을 관장하는 비서랑(秘書郞), 저작좌랑(著作佐郞)과 황태자의 시종인 태자사인(太子舍人), 천자 측근의 고문관인 중서랑(中書郞), 황문랑(黃門郞) 등은 갑족이 취임하는 청관으로 간주되었다. 한편, 행정사무관인 상서령사(尙書令史)나 조칙의 기초(起草) 등을 담당하는 중서사인(中書舍人)과 같은 실무 관료는 **한인**, 서인층이 취임하는 탁관으로 여겨졌다. 이는 남조의 정치사를 개관할 때에 다시 다루게 될 것이다.

동진의 흥기와 쇠락

동진의 건국 초기에 화북에서 온 피난민(교민僑民)이 속속 몰려들었다. 동진은 화북을 회복할 때까지 일시적인 조치로 이 교민을 장강 유역에 새로 설치한 교주군현(僑州郡縣)에 소속시켰다. 교주군현이란, 실제 행정영역을 가지고 있지는 않고 주로 교민의 관리를 담당했던 통치기구였다.

좀처럼 이미지가 떠오르기 어려울 것이라 생각되는데, 현대 일본에서 유사한 상황에 설치되었던 자치단체가 있다. 그것은 후쿠시마현(福島縣)의 후타바마치(雙葉町)이다. 2011년 3월 11일 동일본대지진으로 인한 원전 폭발 사고 때문에 후타바마치의 주민은 피난할 수밖에 없었고, 이후 후타바마치 전체가 귀환이 곤란한 구역으로 지정되고 말았다. 그래서 후타바마치는 후쿠시마현 이와키 시에 임시 청사(廳舍)를 설치하고, 행정을 담당하게 되었던 것이다. 휘하의 행정 영역에 들어갈 수 없기 때문에 다른 지역에 관청을 설치한 것, 주민도 다른 행정 영역에 거주하고 있는 점이 교주군현과의 공통점일 것이다.

다만 교주군현의 경우는 기존의 주, 군, 현과 구별하기 위해 교민의 본적지인 주, 군, 현의 명칭에 남, 동 등을 이름 앞에 붙였다(예를 들면 남서주南徐州, 남예주南豫州). 그리고 교민은 일반 호적

(명칭은 황적皇籍)과는 별도의 호적(명칭은 백적白籍)에 두고, 주로 병역을 담당했다. 건강의 동쪽 경구(京口)와 그 북쪽의 광릉(廣陵)에 교민을 중심으로 하는 군단이 배치되었고, 동진을 군사적으로 지탱하는 역할을 맡았다. 그 장관이 진북장군(鎭北將軍), 정북장군(征北將軍) 등에 임명되었기 때문에 '북부'(北府)라고 부른다. 그리고 건강의 서남쪽에 있는 역양(歷陽), 무호(蕪湖)에도 군단이 배치되었다. 이곳들에는 안서장군(安西將軍) 등이 부임했기 때문에 '서부'(西府)라고 부른다.

동진에서는 황제의 권력이 약했고, 북부와 서부가 주도권을 놓고 싸웠다. 서부군단을 이끌었던 환온(桓溫)은 347년(영화永和 3년)에 오호 여러 정권들 중 성한(成漢)을 멸망시키고 사천(四川)을 획득했다. 그리고 356년(영화 12년)에 북벌에 성공하여 낙양을 점령한 환온은 그 공적으로 인해 동진의 실권을 장악했다. 그러나 365년(흥녕興寧 3년)에 낙양을 전연에게 빼앗긴 환온은 위신을 회복하는 것에 초조해지면서 제위 찬탈의 움직임을 보였다. 이때 8대 황제인 간문제(簡文帝), 9대 황제 효무제(孝武帝)를(그림 2-2) 지지하면서 시간을 벌고, 선양을 저지했던 인물이 귀족인 사안(謝安, 본관은 진군)이었다. 결국 환온은 황제의 자리에 오르지 못하고 373년(영강寧康 원년)에 병으로 사망했다.

명재상 사안의 치하에서 동진은 안정되었지만, 383년(태원 8년) 11월에 전진의 부견이 천하 통일을 노리면서 100만이라 칭하는 대군을 이끌고 동진으로 침공했다. 이때 부견이 승리를 거두었다면, 동진은 멸망했을지도 모르겠다. 그러나 북부군단을 통솔

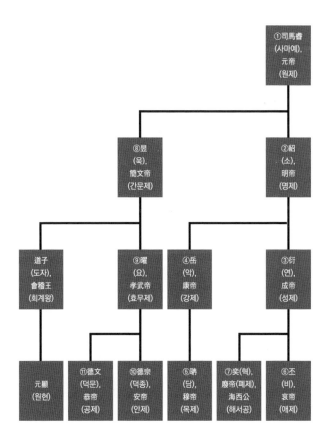

(그림 2-2) 동진 황제 계보도
출전: 필자 작성

했던 사현(謝玄, 사안의 조카)이 비수의 전투에서 부견을 격파했고, 동진은 겨우 생존할 수 있었다.

사안이 사망한 이후, 효무제의 막냇동생인 사마도자(司馬道子)와 그의 아들 사마원현(司馬元顯)이 효무제와 10대 황제 안제(安帝) 치하에서 전권을 휘둘렀다. 북부를 이끌던 귀족인 왕공(王恭)이 이에 반발하여 거병했지만, 부하인 유뢰지(劉牢之)가 배신하면서 처형되었다. 그를 대신하여 북부군단을 이끄는 장군으로는 한문 출신인 유뢰지가 임명되었다. 그리고 399년(융안隆安 3년)에는 오두미도(五斗米道, 도교의 일파)의 손은(孫恩)이 반란을 일으켰고, 401년(융안 5년)에는 건강도 위기에 빠졌다. 이때 두각을 나타냈던 사람이 훗날 송을 건국하는 유유였다.

유유의 출신

그렇다면, 유유는 어떠한 인물이었을까? 그의 조상은 서진 말기에 팽성현(彭城縣, 강소성 서주시徐州市)으로부터 장강 남안의 경구(京口)로 이주한 교민이었다. 조부는 군태수(군의 장관)였지만, 부친은 군공조(郡功曹, 군의 서기관)였다. 당시에 고관을 배출하는 귀족에 반해 중하급 관료와 군인을 배출하는 가문을 '한문'(寒門)이라고 했는데, 유유는 그 한문 출신이었다. 363년(흥녕 원년) 3월 17일, 경구의 관사(官舍)에서 유유가 태어났다. 이때 모친인 조씨(趙氏)는 산욕(産褥)으로 사망하고 말았다. 『송서』권47 유회경(劉懷敬) 열전에는 다음과 같이 기록되어 있다.

부친은 가난했기 때문에 유모를 고용할 수 없었고, 고조(유유)의 양육을 포기하려고 했다. 고조의 백모(伯母, 모친의 언니)는 유회경을 낳고 아직 1년이 되지 않았는데, (모유가 나왔고) 그래서 유회경의 모유를 끊고 직접 고조를 양육했다.

유유의 부친이 가난해서 유모를 고용할 돈도 없었다고 기록되어 있다. 이때 백모가 자신의 아들에게 줄 모유를 끊고, 유모가 되어준 덕분에 유유는 생존할 수 있었다. 10살이 되던 때에 부친을 여읜 유유는 농경에 힘썼고, 때로는 걸어다니면서 신발을 팔았다고 전해지고 있다. 그러나 가난하다고 해도 본래 중하급 관료 가문이었으므로 북부의 장군 중 한 사람이었던 손무종(孫無終)의 사마(司馬, 차석 막료)로서 벼슬길에 나아갈 수 있었다. 그 관품은 7품이었고, 한문 계층의 기가관(起家官)으로서 위화감은 없다. 그리고 유유의 부인 장씨(臧氏)가 한문 계층이었다는 것을 감안하면, 서민 출신은 아니었음이 분명하다.

손은의 반란이 일어나자 북부군단을 이끌던 유뢰지의 막료가 되었고, 401년(융안 5년)에 손은이 건강으로 육박했을 때에는 이를 격퇴하는 데에 성공했다. 이듬해, 궁지에 몰린 손은은 자살했다. 이렇게 건강은 위기에서 벗어났다고 생각되었지만, 이때 형주자사(荊州刺史)인 환현(桓玄, 환온의 아들)이 동진의 실권을 장악하기 위해 수도의 구원을 명목으로 내걸고 건강을 향해 움직이기 시작했다. 환현은 북부군단을 이끄는 유뢰지를 받아들이면서 건강을 제압했고, 사마원현을 처형하면서 실권을 장악했다. 이때 유유는 유뢰지의 조카인 하무기(何無忌)와 함께 배신하는 것에 반대했지만, 유뢰지는 이를 들어주지 않았다.

환현의 권력 장악에 지대한 공적을 올린 유뢰지였지만, 환현은 그의 행동에 보답하기는커녕 책략을 세워놓고 유뢰지를 북부에서 몰아냈다. 분노에 휩싸인 유뢰지는 환현에 대한 습격을 시도했지만, 어이없게 실패했고 스스로 죽음을 선택했다. 그 이후로 손무종 등을 필두로 유뢰지의 부하들도 차례차례 처형되고 말았다. 이렇게 유유는 은인자중의 나날을 보내게 되었다.

유유의 대두

403년(원흥元興 2년) 12월, 결국 환현은 안제로부터 선양을 받아 제위에 올랐고, 국호를 초(楚)라고 정했다. 이 시점에서 동진은 일단 멸망한 것이었다. 그러나 불과 3개월 후인 404년(원흥 3년) 2월, 유유를 필두로 유의(劉毅)와 하무기 등 북부군단의 중견장교들이 쿠데타를 일으켰다. 그들은 경구, 광릉을 제압한 이후, 건강으로 공격해 들어갔다. 이를 맞이하여 싸운 환현은 유유의 교묘한 전술로 인해 크게 패배를 당하여 도주했고, 5월에 죽임을 당했다. 이로 인해 동진의 안제는 복위하게 되었는데, 이번에는 초의 잔당에게 끌려가고 말았다.

유유 등은 잔당들을 토벌했고, 이듬해 3월에 안제를 다시 데려왔다. 그들은 초의 재상이었던 귀족 왕밀(王謐, 본관은 낭야)을 유임시키고, 서주자사에 취임하여 북부군단을 장악한 유유와 예주자사가 되어 서부군단을 통제한 유의가 중앙정부를 뒷받침하는 모습을 갖추었다. 즉, 황족이나 귀족을 대신하여 한문에 그친 군인이 동진의 실권을 장악했던 것이다.

이 쿠데타 직후에 유유를 섬겼던 사람이 유목지(劉穆之)였다. 그는 유유와 같은 경구에서 살았던 교민이었다. 참모로서 유유에게 신임을 받아 일상적인 행동거지까지도 조언을 했다. 예를 들면, 글자를 쓰는 것에 서투른 유유에게 크게 글자를 쓰면 보기에 좋다고 진언하자 유유는 1장의 종이에 6~7개 문자만 적으려 했다고 한다. 유유는 어렸을 때에 가난한 생활을 보냈기 때문에 관료가 필수적으로 지녀야 할 글씨, 문자 방면의 교양이 부족했다. 유목지는 이러한 유유의 약점을 보완했던 것이다.

407년(의희義熙 3년) 12월에 재상 왕밀이 사망하자 유유는 이듬해 정월에 건강으로 들어와서 그 후임으로 취임했고, 명실상부하게 중앙정계의 최고 자리에 올랐다. 그리고 유유는 쿠데타 동지들과의 격차를 넓혀야 했고, 409년(의희 5년)에 산동반도를 지배했던 오호의 여러 정권들 중 하나인 남연으로 직접 병력을 진격시켜서 이듬해 2월에 남연을 멸망시켰다.

이때 손은의 매제로 반란군을 계승한 노순(盧循)은 유유가 없는 건강으로 육박했고, 유유는 급히 건강으로 향했다. 이전에 북부 군단에서 고통과 즐거움을 함께 했던 맹우(盟友) 하무기는 노순에게 패배하여 전사했고, 공적을 세우고자 노순 토벌에서 스스로를 드러내려 했던 유의도 큰 패배를 당했다. 건강은 공포 상태에 빠졌는데, 건강으로 돌아온 유유가 직접 방위를 맡았고 격투 끝에 노순의 군대를 격퇴하고 411년(의희 7년)에 노순의 군대를 전멸시키는 것에 성공했다. 막대한 전공을 올린데다가 이전의 맹우들이 전사하거나 패배했기 때문에 유유의 지위가 더욱 드러나게 되었다.

유의는 이듬해에 유유의 배려로 형주자사가 되었지만, 이전에는 동격이었던 유유와의 격차를 인정할 수가 없었고 유유를 타도하기 위해 인재와 군단의 확충에 힘썼다. 그러나 유유는 그러한 움직임을 묵인하지 않았고, 왕진악(王鎭惡)을 파견하여 공격했다. 패배한 유의는 탈출에는 성공했지만, 최후에는 혼자만 남아 목을 매어 자살했다. 그리고 유유는 그 세력을 추가하여 404년(원흥 3년) 이래 사천에 할거하고 있었던 초종(譙縱)도 멸망시켰다. 이 왕진악은 전진의 부견을 섬겼던 명재상 왕맹의 손자였다. 전진이 붕괴한 이후에 동진에 항복했고, 남연 침공 때에 유유의 부하가 되었다. 그는 말도 잘 타지 못했고, 활도 잘 다루지 못했지만 전술에 통달하여 유유의 휘하에서 여러 차례 공적을 올렸다.

진-송 혁명으로의 길

유의가 패배하여 사망한 이후, 그때까지 유유와 유의의 대립을 방관하고 있었던 귀족들은 서서히 유유를 지지하는 것으로 돌아섰다. 동진의 실권을 장악했던 유유는 413년(의희 9년)에 교주 군현의 대부분을 보통의 주, 군, 현으로 바꾸면서 교민의 호적(백적)을 일반 서민과 같은 호적(황적)으로 만드는 '토단'(土斷)을 시행했다. 토단 자체는 이미 동진의 환온이 부분적으로 시행했고, 유유는 이를 답습하여 대대적으로 실시했던 것이다. 당시의 연호를 붙여 의희토단(義熙土斷)이라고 부른다. 오비 타카오(小尾孝夫)의

2018년 연구에 따르면, 의희토단은 교민의 토착화를 통해 교민을 군사 기반으로 삼고 있는 서부(예주)의 약체화를 도모했던 정책이라고 한다. 이후 예주를 대신하여 강릉(江陵)에 거점을 둔 형주가 서부라고 칭해지게 되었다. 한편, 이때 유유는 북부의 군사력을 맡고 있던 진릉군(晋陵郡)을 토단의 대상에서 제외시켰다. 북부가 유유의 군사적 기반이었기 때문이다.

제위의 찬탈로 향하면서 더욱 큰 군사적 공적을 원했던 유유는 416년(의희 12년)에 북벌을 개시하여 황하를 따라 서진했고, 오호의 여러 정권들 중 하나인 후진의 영토로 침입해 갔다. 선봉인 왕진악은 조부 이래 섬겼던 전진을 멸망시킨 후진에 격렬한 적대감을 가지고 있었고, 유유가 말려도 듣지 않고 같은 해 11월에 후진의 중요 거점인 낙양을 함락했다. 그리고 이듬해 8월에는 수도 장안을 점령하면서 후진을 멸망시켰다. 이는 중원 회복은 꿈이 아니라고 생각하게 만든 장대한 계획이었다. 그러나 12월에 접어들자 갑자기 유유는 철수해 버렸다. 건강의 수비를 맡았던 유목지가 갑자기 사망했고, 예측하지 못한 사태가 일어날 것을 염려했기 때문이다. 장안에 남아 있었던 왕진악은 418년(의희 14년)에 내분으로 인해 살해되고 말았다. 장안도 같은 해 12월에 혁련발발이 이끄는 하의 침공을 받아 함락되어 버렸다.

어쨌든, 혁혁한 군사적 공적으로 인해 유유의 권위는 크게 높아졌다. 418년(의희 14년) 6월, 유유는 10군(郡)의 봉토를 가진 송공(宋公)에 봉해졌고 상국(相國, 최고 관직)이 되었으며 구석(九錫, 황제가 하사하는 최고의 은상恩賞)도 받았다. 이러한 것들은 선양에 이르는 첫 번째 단계였다. 이후 유유는 12월에 안제를 암살하고 그 동생 사마덕문(司馬德文, 공제恭帝)을 옹립했다. 그리고 공제의 딸을 자신의 후계자 유의부(劉義符)의 부인으로 맞이하여 유씨 가문의 위상을 높였고, 이듬해 7월에는 송왕(宋王)으로 진급되었다.

유유는 드러나지 않게 선양을 추진했고, 420년(영초永初 원년) 6월에 건강에 입성하여 공제에게 퇴위를 압박했다. 공제는 사전에 준비되었던 퇴위의 조서를 쓰면서 "환현이 있던 시기에 이미 천명이 바뀌었는데도 유공(유유)이 20년을 더 연장시켰다. 오늘의 일을 달게 받아들이겠다."(『송서』 권2, 무제기)라고 중얼거렸다고 한다. 6월 14일, 결국 유유는 공제로부터 선양을 받아 황제(무제)에 즉위하고 국호를 송이라고 했다. 남조가 성립한 것이다. 이때 유유가 58세였다. 퇴위하여 영릉왕(零陵王)이 되었던 공제는 이듬해 9월에 살해되었다. 향년 36세.

유유는 왜 공제를 살해했을까? 한-위 혁명, 위-진 혁명 때에 최후의 황제는 천수를 누릴 수 있었다. 그러나 한미한 가문에서부터 황제에까지 올라온 유유의 경우에는 귀족층의 지지가 튼튼하지 못했다. 또한, 유유는 부인 장씨와의 사이에서 아들을 얻지 못했고, 406년(의희 2년)에 첩이었던 장씨가 아들 유의부를 낳았다. 그래서 유유의 아들들은 아직 어렸고, 노령에 접어들고 있었던 유유의 입장에서 보면 앞으로 불안의 씨앗이 될 수 있는 공제를 살려둘 수가 없었던 것이다. 이후 중국에서는 왕조 교체 이후에 선양을 한 황제를 살해하는 것이 통례가 되었다.

2. '전통'의 창출과 숙청의 광풍

원가(元嘉)의 치(治)의 실태

422년(영초 3년) 5월, 무제는 재위 2년 만에 병으로 사망했다. 향년 60세. 뒤를 이은 사람은 17세의 황태자 유의부였다(소제少帝). 무제는 유조(遺詔)에서 북부의 장관에는 황족, 근친을 임명하고 서부의 장관에는 황자를 임명하라고 명령했다. 이로 인해 송에서는 황족이 큰 군사력을 가지게 되었다. 유유의 사망을 알게 된 북위는 송의 영토인 하남으로 침공했고, 낙양 일대를 탈취했다. 이러한 상황에서 소제는 친정(親政)을 시도했기 때문에 보좌하는 신료들의 손으로 424년(경평景平 2년) 5월에 폐위되었고, 다음 달에 살해되었다. 향년 19세. 이를 대신하여 무제의 셋째 아들인 형주자사 유의륭(劉義隆)을 불러와 즉위시켰다(문제文帝, 그림 2-3). 문제의 치세는 30년에 이르렀고, 귀족 문화가 꽃을 피웠기 때문에 그 연호를 따서 '원가의 치'라고 부른다.

문제는 무제 이래 존재했던 보신(輔臣)의 숙청에 성공했고, 동생 유의강(劉義康)에게 보정(輔政)의 임무를 맡겼다. 유의강은 한문(寒門), **한인**(寒人)을 중심으로 능력 본위의 인재 등용을 추진하면서 귀족을 존중했던 문제와의 알력이 서서히 심해졌다. 그래서 문제는 440년(원가 17년)에 유의강을 좌천시키고 실권을 되찾았다. 그러나 그 이후에도 한문, **한인** 사이에서는 유의강을 추대하려는 움직임이 여전히 지속되었고, 445년(원가 22년)에는 **한인**들에 의해 유의강의 옹립을 목표로 삼은 반란 미수사건도 일어났다. 결국 유의강은 451년(원가 28년)에 자살하라는 명령을 받았다. 불교 신자였던 유의강은 자살을 거부했고, 결국 살해되었다. 향년 43세.

이러한 상황 아래에서 한문, **한인**은 다양한 수단을 강구하여 관계(官界)로 진입했고, 문제도 서서히 측근으로 이들을 등용하게 되었다. 그 모습은 450년(원가 27년)의 북벌에서도 파악할 수 있다. 화북 통일을 달성했던 북위의 태무제에게 위기감을 느낀 문제는 북벌을 감행했다. 여기에서 주목해야 할 것은 문제가 **한인** 출신인 측근 서원(徐爰)을 파견하여 북벌군의 행동에 대해 하나하나 중앙에서부터 지령을 내리고 있다는 점이다. 여기에서 문제의 전제(專制) 지향과 **한인** 중용을 알 수 있다. 그러나 북상했던 송의 군대는 황하 유역에 도달했지만, 북위의 대반격을 받으면서 큰 패배를 당했다. 북위의 태무제가 직접 대군을 이끌고 건강 북안의 과보(瓜步)에까지 공격해 들어오니 상황이 역전되어 송은 위기에 이르렀다. 제1장에서 서술했듯이 이때 북위에서 태무제와 황태자 탁발황 사이의 권력투쟁이 발생하여 태무제가 철수했기 때문에 송은 가까스로 멸망의 위기에서부터 벗어날 수 있었다.

문제는 포기하지 않고 452년(원가 29년)에도 북벌을 단행했다가 패배했고, 그 책임을 둘러싸고 문제와 황태자 유소(劉劭)의 대립이 표면으로 떠올랐다. 귀신 신앙에 빠져 있었던 유소는 문제에게 주술을 걸어 살해하려 했고, 이것이 발각되어 폐위를 피할 수 없게 됨을 알게 되자 이듬해 2월 20일에 쿠데타를 일으켜 문제를 살해했다. 향년 47세. 이때 문제는 측근과 함께 다음 황태자에 대해서 밤을 새면서 논의하고 있던 중이었다.

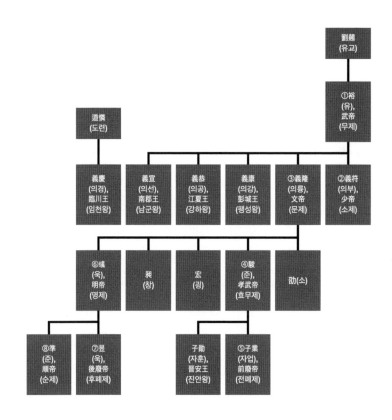

(그림 2-3) 송 황제 계보도
출전: 필자 작성

효무제(孝武帝)의 예악(禮樂) 개혁

문제가 살해되자 곧바로 문제의 셋째 아들인 강주자사(江州刺史, 현재 강서성의 지방장관)인 유준(劉駿)이 거병하여 황제(효무제)에 즉위했고, 유소를 주살했다. 효무제는 문제 시기에도 증강되었던 황제권 강화와 **한인** 중용 정책을 추진했다. 재상의 권한을 축소하는 한편, 관위가 낮은 **한인**이 취임하는 중서사인(조칙의 기초 起草와 전달을 담당했던 7품 관료)을 중시했고 상인 출신인 대법흥(戴法興)을 중서사인에 등용하여 정무의 고문 역할을 맡겼다. 황제의 은혜를 받아 실권을 장악한 사람들(주로 **한인**)을 은행(恩倖)이라고 불렀는데, 대법흥이 그 대표적 존재였다. 재정의 측면에서도 지방에서 징세할 때에 중앙에서부터 대사(臺使, **한인**이 취임)를 파견하여 독촉을 담당하게 했다. 군사적인 측면에서도 송 초기 이래로 진척되었던 북부의 중앙군화를 철저히 시행했고, 이를 한문 무인에게 맡겼다. 이렇게 한문과 **한인**에 편중된 정책을 전개하는 바탕 위에서 숙부, 동생 살해라고 하는 황족 억제책도 실시했기 때문에 후세에는 은행 **한인**들이 위세를 부리게 하면서 독재적 정치를 행하는 폭군이라고 하는 역사상이 정착되었다.

그런데 최근에는 예와 악의 관점으로부터 효무제 시기의 재평가가 이루어지고 있다(戶川貴行, 2015·2016). '예'란, 주로 조상을 제사지내는 '종묘'(宗廟)와 천지를 제사지내는 '교사'(郊祀)로 대표되는 국가의례를 가리키고, 그 때에 연주되는 음악(아악雅樂)을 '악'이라고 한다. 후한부터 위진 시대에 정비되었던 예와 악이 있었지만, 그 대부분은 서진 말의 혼란 시기에 사라지고 말았다. 그리고 동진에서 건강은 어디까지나 임시 수도였고, 중원을 회복할 때까지는 국가의례와 아악의 정비를 미루려고 하는 사람들이 많았다. 그래서 종묘, 교사 자체는 실시되었지만, 결국 아악은 정비되지 않았던 것이다.

이러한 상황은 화북에서부터 왔던 교민의 자손이 강남에 토착한 것과 더불어 변화했고, 송의 문제 시기에는 건강을 천하의 중심으로 생각하는 사람이 늘어났다. 문제의 북벌(450년)이 실패하고, 중원 회복의 가능성이 낮아지자 효무제는 건강을 천하의 중심으로 삼고 낙양을 대신하는 진정한 수도로 만드는 움직임을 가속화시켰다. 건강과 그 주변에 이념적으로 수도의 천리 사방을 가리키는 '왕기'(王畿)라는 행정구역을 설치했던 것이다. 그리고 건강성의 동남쪽 7리 떨어진 곳에 있었던 제천의례의 시설(남교)을 건강성의 중심축에서 서남쪽으로 40리 떨어진 곳으로 옮겨서 설치하는 것과 같은 국가의례의 정비를 적극적으로 시행했다(그림 2-4).

이러한 여러 개혁들 중에 후세에 가장 큰 영향을 주었던 것은 455년(효건孝建 2년)에 제의되었던 아악 정비였다. 서진 시대까지는 조상을 제사지내는 종묘와 천지를 제사지내는 교사에서 다른 아악이 연주되었다. 그러나 효무제는 동생 유굉(劉宏)의 제안을 받아들여 같은 악곡을 연주하게 했다. 토가와 타카유키(戶川貴行)의 2016년 연구에 따르면, 이는 음악의 공유를 통해 황통(종묘)과 하늘(교사)을 결합시켜서 왕조의 정통성을 강화하는 시도였다. 아악 통용의 형식은 남조, 북제, 북주를 거쳐 수, 당으로 계승되었고 새로운 '전통'으로 정착했던 것이다. 그리고 효무제는 서진의 아악(악곡과 음정)이 사라지고 망각되었기 때문에 아악을 정비할 때에 강남의 민간 음악(속악)을 받아들였다. 이때까지 남조에서는 한 제국 시대 이래의 '전통'이 전해지고 있었다고 여겨졌지만, 실제로는 아악과 같이 남조에서 창출된 '전통'도 포함되어 있었다.

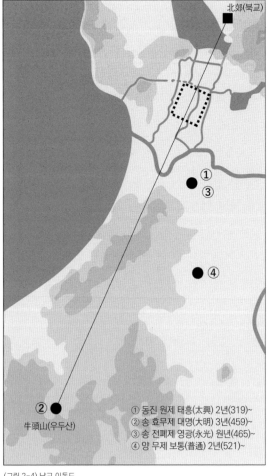

(그림 2-4) 남교 이동도
출전: 佐川英治 2016, 213쪽을 토대로 작성

송의 멸망

효무제가 464년(대명大明 8년)에 35세의 나이로 사망하자 황태자 유자업(劉子業)이 16세에 즉위했다(전폐제前廢帝). 효무제는 유조(遺詔)에서 황족의 연장자인 유의공(劉義恭, 무제의 다섯째 아들)을 보좌 역할로 지명했다. 유의공은 은행(대법흥 등)과 협조하여 정치를 행했다. 그들은 효무제에게 냉담한 태도를 보였던 귀족층의 여론을 배려하여 효무제의 노선을 계승하지 않았고, 남교의 위치도 원래대로 되돌렸다.

이에 대해 전폐제는 직접 정무를 돌보고자 하여 유의공과 대법흥 등을 살해했다. 그래서 공포에 사로잡힌 황족 유창(劉昶, 문제의 아홉째 아들)은 북위로 망명했다. 그러나 전폐제는 귀족층의 지지를 얻지 못하면서 고립되었고, 한층 강화된 공포정치를 전개하면서 숙부를 차례차례 유폐시켰다. 이때 유폐된 숙부 유욱(劉彧)은 뚱뚱해서 '저왕'(猪王)이라고 불렸고, 벌거벗은 채 돼지처럼 진흙투성이가 되어 통에서 밥을 먹게 되는 끔찍한 처사를 받게 되는데 이 모습을 본 전폐제는 폭소했다고 전해지고 있다. 너무나도 정상을 벗어나 있는 모습으로 인해 유욱의 측근과 전폐제의 측근이 쿠데타를 공모했다. 465년(경화 원년) 11월, 전폐제는 제실(帝室)의 정원(庭園)인 화림원(華林園)의 한 구획에 귀신(유령)이 나타났다는 것을 듣고 스스로 화살로 죽이기 위해서 나갔다가 측근에 의해 살해되었다. 향년 17세.

곧바로 유욱이 황제에 즉위(명제明帝)했지만, 전폐제의 동생인 유자훈(劉子勛)도 황제를 칭하며 반란을 일으켰다. 각지에서 호족이 가담하면서 유자훈의 세력이 확대되었지만, 명제는 호족을 거두어들이는 것에 성공했고 이듬해(466년) 8월에는 반란 진압을 달성했다. 그러나 이 혼란을 틈타 북위의 헌문제가 산동, 회북을 빼앗아가고 말았다. 그리고 명제는 효무제의 아들 16명을 살해했고, 또 중병에 걸리자 어린 황태자의 장래가 불안하다고 여겨 공신 이외에 동생 4명도 살해했다. 그 결과, 472년(태예泰豫 원년)에 명제가 34세의 나이로 사망하고 황태자인 유욱(劉昱, 후폐제後廢帝)이 10세의 나이로 즉위했을 때에는 황제를 지탱할 수 있는 황족의 숫자가 크게 감소해 있었다. 명제는 귀족 원찬(袁粲, 본관은 진군 양하陽夏)과 저연(褚淵, 본관은 하남 양적陽翟)에게 후폐제를 부탁했지만, 송의 쇠락은 누구의 눈에도 명확하게 보였다. 저연과 원찬은 친구였지만, 그 이후에 선택한 길은 대조적이었다.

이때 두각을 드러낸 인물이 금군(禁軍)의 지휘관이었던 소도성(蕭道成)이다. 그는 한문 출신으로, 장군부(將軍府)의 막료인 중병참군(中兵參軍. 8품관)으로 벼슬을 시작한 중견 무장에 불과했지만 유자훈의 반란 평정에서 활약하여 회남(회수 이남. 현재 강소성 남부와 안휘성 남부)의 지방관이 되었고 그 지역의 호족층을 기반으로 삼아 세력을 길러 군벌을 형성했다. 명제 사망 이후에는 금군의 지휘관이 되어 중앙과 지방의 군사력을 배경으로 서서히 실권을 장악했고, 477년(원휘元徽 5년)에는 후폐제를 살해(향년 15세)하고 그 동생 유준(劉準. 순제順帝)을 옹립했다. 이때 송을 단념해버린 저연은 소도성에게 협력하여 황제를 폐위시키라고 선동했다. 이에 반해 원찬은 송을 지켜야 한다면서 거병했지만, 패배하여 사

망했다. 후세에 원찬이 충신으로 칭찬을 받고 있는 것에 반해 저
연은 명제의 은혜를 배신한 변절자이자 불충한 신하로 비판을 받
게 된다.

소도성은 저연과 왕검(王儉, 본관은 낭야) 같은 귀족의 협력을 얻
어 479년(승명昇明 3년) 3월에 제공(齊公)이 되었고, 이어서 4월에 제

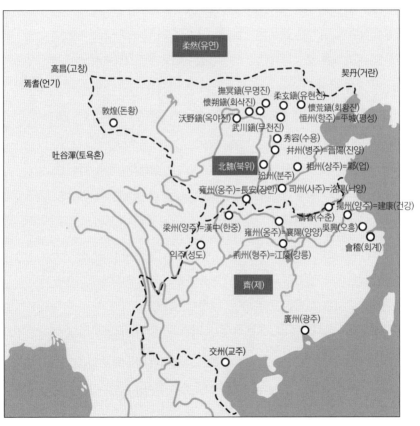

(그림 2-5) 북위와 제(497년)
출전: 『중국역사지도집 제4책』을 토대로 작성

왕(齊王)이 되었다. 그 5일 후에 순제로부터 선양을 받아 황제(고제 高帝)에 즉위하여 제(齊)를 건국했다. 이때 소도성의 나이 53세였다. 11세의 순제를 필두로 송의 황족은 고제에 의해 철저하게 숙청되었다. 대략 60년 동안 지속된 송은 이렇게 종말을 맞이했다.

제의 흥망

그러나 제의 명운은 더욱 덧없는 것이었다(그림 2-5). 고제는 건국 직후에 일어난 북위의 침공을 막아낸 이후, 482년(건원 4년)에 56세의 나이로 사망했다. 뒤를 이은 황태자 소색(蕭賾, 무제武帝)은 은행 **한인**을 측근으로 등용했지만, 치세는 비교적 안정적이었고 귀족 문화가 번영했다. 484년(영명永明 2년)에는 왕검에게 의례의 정비를 명령했다. 이는 제에서는 완성되지 못하고 끝났지만, 다음 왕조인 양(梁)에게로 이어졌다. 그리고 왕검의 사저에는 교육기관인 학사관(學士館)이 개창되어 학술의 중심으로 기능했다. 그런데 이 시점을 경계로 귀족의 적극적인 군사적, 정치적 활동이 보이지 않게 된다. 무제는 황태자가 먼저 사망하자 소소업(蕭昭業)을 황태손으로 삼았고, 493년(영명 11년)에 고제의 조카인 소란(蕭鸞)에게 후사를 부탁하고 사망했다. 향년 54세.

실권을 장악한 소란은 무제의 손자인 소소업(폐제廢帝, 울림왕鬱林王, 향년 22세)과 소소문(蕭昭文, 폐제, 해릉왕海陵王, 향년 15세) 두 황제를 폐위시켰고, 무제의 사망 이후 불과 1년이 지난 494년(건무 원년)에 황제로 즉위했다(명제明帝). 그는 정치가로서는 유능했지만, 의심이 많아 고제와 무제의 자손을 대부분 살해했다. 불교 신자였던 그는 숙청을 결정하면 먼저 향을 태우고 오열했는데, 주위 사람들은 그날 밤에 처형이 집행된다는 것을 알게 되었다고 전해진다.

명제가 즉위한 이후, 제는 북위 효문제의 침공을 받아 498년(영태永泰 원년)에는 하남의 서남부를 상실했다. 같은 해에는 47세의 나이로 명제가 사망했고, 황태자 소보권(蕭寶卷, 폐제, 동혼후東昏侯)이 즉위했다. 그는 남조에서 가장 비행(非行)적인 소년 천자였다고 여겨지고 있다. 동혼후는 쾌락에 빠져 고관을 차례차례 살해했고, 신하들과 백성들을 괴롭혔다. 이때 등장했던 인물이 소연(蕭衍)이다. 그는 소도성의 증조부 대에 갈라져 나온 일족으로, 501년(영원永元 3년)에 동혼후를 타도하고 이듬해인 502년(천감天監 원년)에 양(梁)을 건국했다. 제는 불과 23년 만에 막을 내리고 말았던 것이다(그림 2-6). 제-양 혁명의 자세한 사항에 대해서는 제5장에서 서술하고자 한다.

송, 제에서는 피로 피를 씻는 숙청이 되풀이되었다. 그 격렬함은 같은 시기의 북위를 넘어서고 있다. 종래에는 송과 제의 정세 불안에 대해서 황제 · 은행 **한인**과 황족 · 귀족의 대립 구조로 이해하였다. 그러나 카와이 야스시(川合安)의 2015년 연구에 따르면, 이러한 구도는 제, 양 시기에 만들어진 『송서宋書』(심약沈約이 편찬)와 『남제서南齊書』(소자현蕭子顯이 편찬)가 과장했던 것이라고 한다. 그리고 황제권 강화를 위해 은행 **한인**이 중용되었던 것은 틀림이 없지만, 실제로는 황제의 휘하에서 귀족과 은행 **한인**이 함께 정치를 움직였다는 것을 지적하고 황제가 황족 가운데 제1인자에 불

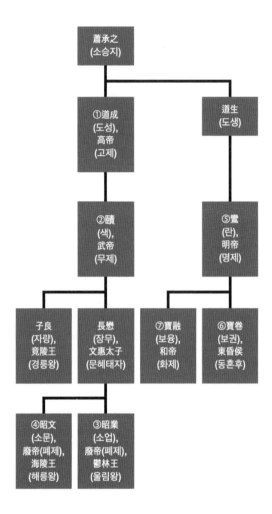

(그림 2-6) 제 황제 계보도
출전: 필자 작성

과했기 때문에 제위계승이 불안정해졌으며 여기에 관료 동료들의 당쟁이 서로 뒤얽히게 된 결과 정세 불안에 빠졌던 것이라고 한다.

귀족과 황제 권력

송과 제의 흥망을 보게 되면, 고관은 귀족들이 차지하고 있었지만 서서히 한문 무인과 **한인**이 황제의 측근이라는 형태로 중심이 되어가고 있음을 알 수 있다. 그리고 정치를 움직이는 과정에서 **한인**과 사인(士人)이 결합하는 장면도 늘어나고 있다. 이에 대해 일류 귀족이라고 할 수 있는 갑족 중에서는 '사인'과 '**한인**, 서인'의 구별을 엄격하게 해야 한다고 생각하는 사람도 있었다. 송의 문제를 섬겼던 **한인** 서원(徐爰)과 명문 귀족 왕구(王球, 본관은 낭야) 사이에는 아래와 같은 일화가 남아 있다.

> 당시 중서사인 서원은 황제(문제)의 총애를 받고 있었다. 황제는 예전에 왕구와 은경인(殷景仁)에게 명을 내려 서원과 교제하라고 하였다. 그러나 왕구는 사퇴하면서 "사서(士庶)의 구별은 국가의 규정입니다. 신은 감히 명령에 따를 수 없습니다"라고 말했다. 황제는 안색을 바로 하고 사죄하였다.(『남사南史』권 23, 왕구 열전)

또한 제의 무제 시기 중서사인으로, 권세를 과시하고 있었던 서인 출신 기승진(紀僧眞)이 무제에게 사인이 되고 싶다고 간청했을 때에 무제는 당시 대표적인 갑족이었던 강효(江斆, 본관은 제북

濟北)에게 물어보자고 했다. 그래서 기승진은 강효를 방문하여 자리를 함께 하고자 했지만 거부되었고, 자리가 멀리 떨어지게 되었다. 황제의 측근인 기승진이었는데도, 사인이 될 수는 없었던 것이다. **한인** 계층의 관계 진출에 대한 귀족의 위기의식이 드러난 것이라고 할 수 있다. 본래 한문 출신 무인이었던 송, 제의 황제는 귀족사회의 질서에 쉽게 개입할 수가 없었다.

그렇다면, 귀족이 황제와 왕조의 권위로부터 완전히 자립하는 존재였는가라고 한다면 그렇지도 않다. 본래 귀족들이 가진 권위의 연원은 거듭 축적된 교양과 행동 이외에 무엇보다도 고위 관료를 계속 배출했다는 점에서 찾을 수 있다. 당시는 관제(官制)만이 유일한 정당성과 보편성을 지닌 신분 표시였고, 그 안에 자리잡는 것이 귀족의 공적인 존재 증명이었다. 그러나 카와이 야스시의 2015년 연구에 따르면, 남조에서의 관리 임용은 재능, 친족관계 등을 고려하면서도 주로 관직 임용 희망자의 부친이 지닌 관직을 토대로 결정되고 있었다. 그래서 갑족이라고 하더라도 부친이 일찍 사망한 것 등이 이유가 되어 몰락하는 경우가 존재했다. 거꾸로 왕조가 교체되는 때에 한문, **한인** 계층에서부터 급격한 상승을 이룩하여 귀족의 일원으로 가담했던 사례도 있다.

귀족 사회는 가문의 위상에 따라 고정되어 있었던 것은 아니었고, 의외로 유동적이었다. 가문을 유지하기 위해서는 가혹한 정쟁 속에서 꿋꿋이 살아나가야 했고, 고위 관직으로 끝까지 올라갈 필요가 있었다. 귀족의 형성, 유지에는 관제와의 관계가 빠질 수 없었던 것이다. 그래서 귀족(특히 갑족)의 대부분은 살아남는 것을 계획하면서 정쟁으로부터 거리를 두었고, 왕조 교체 시기에는 조용히 대세를 따르고 있었다. 송 말기의 원찬과 같이 왕조를 위해 목숨을 던진 사람은 보기 드문 사례였다.

한편, 황제도 귀족 사회를 파괴하려 하지 않았고 오히려 귀족과의 혼인을 적극적으로 행하면서 귀족 사회로의 진입을 도모했다. 예를 들면, 송 문제의 황후는 원씨(본관은 진군)였고 효무제, 명제, 제의 해릉왕의 황후는 왕씨(본관은 낭야)로부터 부인을 들이고 있다. 그리고 공주를 귀족에게 시집보내기도 했다. 그 이유에 대해서는 고관을 배출하고 있었던 귀족의 지지가 왕조 유지에서 없어서는 안 되는 것이었다는 점을 언급할 수 있다. 당시 정책은 귀족과 관료가 월 2회 열리는 '의'(議, 회의)와 중요한 안건을 심의하는 '대의'(大議)에서 정리하고, 황제는 제출된 회의 문서에 그 실행 여부의 판단을 내리는 형식을 취했다. 그래서 황제가 완만하게 정책을 추진하기 위해서는 귀족의 협력이 없으면 안 되었다. 또한, 위진 시대 이래 귀족 사회의 '전통'을 지키는 것이 국내외에 남조의 정통성을 보여주는 것과 연결되었을 가능성도 존재할 것이다.

송, 제의 대외관계

송, 제에 있어서 귀족 사회의 유지와 함께 중요한 과제였던 것은 북위와의 항쟁에서 꿋꿋이 버티는 것이었다. 그래서 송은 북위에 대항하기 위해서 하, 북량, 북연 등 오호의 여러 정권들과 청해(青海)를 지배하고 있었던 토욕혼, 한반도 북부의 고구려, 몽골 고원의 패자였던 유연과 결탁했다. 오호의 여러 정권들이 멸망한 이후에도 고구려, 토욕혼, 유연과는 활발하게 사절을 교환했다.

1997년에 신강위구르자치구의 투루판에서 발견되었던 문서에는 당시 투루판에 있었던 고창국(高昌國)을 경유하는 외국 사절을 호송하는 사람들의 숫자가 기록되어 있었다. 여기에는 언기(焉耆, 카라샤르, 현재 신강위구르자치구 언기회족자치현), 자합(子合, 카르길릭, 현재 신강위구르자치구 카르길릭현) 등 내륙아시아의 오아시스 국가 이외에 송의 사신을 의미하는 '오객'(吳客)의 명칭이 보인다.

10년 3월 8일, 오객과 자합의 사신을 북산(北山)으로 보냈다. (징집되었던 인원은) 고녕(高寧) 83명, 백득(白芀) 25명으로 합계 108명이다. 각자 말 1마리를 내놓았다.(감씨闞氏 고창 영녕永寧 9년·10년(474·475) 송사출인送使出人·출마조기出馬條記 문서)

여기에서 보이는 '북산'이란, 천산산맥 동부의 복드 올라 산봉우리를 가리키는데 유연의 본거지로 향하는 길에 위치하고 있다. 즉, 송의 사신은 고창을 경유하여 유연으로 향했던 것이다. 고창에 도착하기 위해서는 먼저 청해를 지배하는 유목민인 토욕혼의 세력 범위를 통과하지 않으면 안 된다. 송으로부터 유연에 이르는 루트를 정리하면 송 → 토욕혼 → 고창 → 유연이 되는 것이다. 언뜻 보기에 북위에 대한 포위망이 형성되어 있었던 것처럼 보인다. 실제로 소도성이 제를 건국하기 1년 전에 유연으로 사신을 보내 북위에 대한 협공을 제의하자 479년(건원 원년) 8월에 유연은 북위를 공격했다. 그러나 토욕혼과 고구려는 북위와도 통교하면서 양면외교를 전개하고 있어서 북위에 대한 포위망이 항상 성립되었던 것은 아니었다.

그 이외에 동방으로부터는 한반도 서남부를 지배하는 백제와 일본열도의 왜(오왕: 찬讚, 진珍, 제濟, 흥興, 무武)가 여러 차례 송에 사신을 보내 왕의 호칭과 장군의 호칭(지위가 높다는 것을 보여주는 관호) 등을 요청했다. 그리고 남방에서부터는 임읍(林邑, 베트남 남부), 부남(扶南, 캄보디아), 가라단(呵羅單, 자바 섬) 등 동남아시아의 여러 국가들도 사신을 보냈다. 그러나 임읍은 여러 차례 송의 남단에 있는 교주(交州, 현재 베트남의 북부)에 침입했기 때문에 446년(원가 23년)에 문제는 임읍에 대한 공격을 명하였다.

한편, 일본에서는 왜의 오왕에 주목하고 있지만 남조에서 주변 국가의 위상은 유연이 거의 대등한 관계였고 송으로부터 관작을 받았던 국가로는 고구려-토욕혼-백제-왜-임읍의 순서로 서열이 정해졌다.

3. 송과 제의 문화

남조문화의 개화(開花)

송, 제는 황제와 황족의 주위에 몰려든 사람들을 중심으로 화북에서부터 남쪽으로 이동하여 위진의 귀족 문화를 발전시켰다. 여기에서는 그 대표라고 할 수 있는 현학(玄學), 사학, 문학에 대해서 소개하고자 한다.

현학이란, 후한 말기 이래의 동란 와중에 유학에 만족하지 않았던 지식인이 만들어냈던 사상이다. 유학에 노장사상(老莊思想)의 요소를 첨가하고 『역경』, 『노자』, 『장자』를 기본으로 삼아 '무'(無)와 '유'(有)에 주목하여 세계의 근본에 대해서 사색하는 것으로, 삼국시대 위의 하안(何晏)과 왕필(王弼) 등에 의해 단초가 생겨났다. 동진, 남조에서도 유학과 노장사상을 조화하고 융합하는 움직임이 진척되면서 현학은 귀족의 교양 중 하나로 간주되었다. 또한, 현학의 영향을 강하게 받았던 청담(淸談, 고상한 철학적 논의)도 서진, 동진에서 유행했던 대표적인 귀족 문화였다. 송에서는 문제의 사촌인 유의경(劉義慶)의 살롱에서 청담으로 대표되는 임기응변의 재치있는 말을 주고받는 것과 귀족의 일화를 정리한 『세설』(世說)이 편찬되어 귀족 사회의 분위기를 전하는 책으로 사랑을 받았다.

사학에서는 송의 범엽(范曄)이 후한에 관한 역사서를 집약하는 형식으로 『후한서』(後漢書) 90권을 편찬했다. 범엽은 송 건국 공신의 아들로, 문제에게 학문의 재능을 인정받아 등용되었다. 그러나 432년(원가 9년)에 문제를 보좌하고 있었던 유의강(劉義康)의 기분을 상하게 하여 지방관으로 좌천되었다. 이 시기에 범엽은 『후한서』의 편찬을 시작했고, 437년(원가 14년) 무렵에 완성했다. 와타나베 마사토모(渡邊將智)의 2017년 연구에 따르면, 범엽은 좌천된 것에 원한을 품고 유의강을 문제의 후계자로 만들려는 움직임에 반대했기 때문에 『후한서』 속에서 제위의 비정통적 계승을 기도했던 인물을 비판했다. 이렇게 『후한서』의 서술과 인물 평가에는 남조의 정치와 사회 상황이 반영되어 있어서 읽을 때에는 주의가 필요하다. 그런데, 그 이후에 범엽은 유의강의 파벌로 전향하여 막료, 중앙 관료를 역임했고 445년(원가 22년)에는 유의강 옹립을 목표로 삼은 **한인**의 반란 계획에 가담했다가 처형되고 말았다.

또한, 제 무제 시기에 심약이 편찬했던 송의 역사서인 『송서』 100권은 조칙, 공문서 등을 충실하게 채록하고 있어 사료적 가치가 높다. 그러는 한편, 심약은 은행을 중용하는 무제의 정치적 자세를 비판하기 위해서 송에서의 황제 독재와 은행의 전권(專權)이라는 역사상을 강조했다는 점이 지적되고 있다. 그리고 『송서』에는 북위의 사적(事績)도 정리되어 있다. 그 명칭은 '삭로전'(索虜傳)이다. 새끼를 꼬아놓은 듯한 머리 모양을 가진 야만인의 전기라는 의미이다. 심약은 북위를 비정통이자 야만적인 이민족으로 묘사하면서 남조의 정통성을 강조했던 것이다. 그러나 『송서』의 삭로전 이외에는 보이지 않는 귀중한 기사도 많아서 북위 전기의 연구를 진행할 때에 없어서는 안 되는 사료이다.

배송지(裵松之)가 『삼국지』(三國志, 서진의 진수陳壽가 편찬)에 붙인 주석도 중요하다. 배송지는 송 문제의 명령을 받아 역사적 교훈을 전하기 위해 429년(원가 6년)에 『삼국지』의 주석을 작성했다. 그는 200개 이상의 문헌을 이용하여 너무 간결한 『삼국지』의 서술을 보완했다. 여기에는 『삼국지』에 보이지 않는 흥미로운 일화가 가득 실려 있어서 현재까지 『삼국지』가 계속 읽혀지면서 인기가 많은 것이 배송지 덕분이라고 해도 과언이 아니다. 예를 들면, 실력을 발휘할 기회가 없는 것을 가리키는 '비육지탄'(髀肉之 嘆)은 유비가 형주(荊州)의 유표(劉表) 휘하에 몸을 의탁했던 여러 해 동안에 전장에 나갈 기회가 없어서 넓적다리에 군살이 생긴 것 을 한탄한 것에서 유래한다. 이 일화는『삼국지』의 본문에는 보이지 않고, 배송지의 주석에서 인용된『구주춘추』(九州春秋)에 보이는 것이다.

문학에서는 송의 원가 연간에 사영운(謝靈運, 본관은 진군)이 세련된 운문(韻文)을 만들어냈다. 그는 비수의 전투에서 전진의 부견을 격파했던 사현(謝玄)의 손자로, 그의 작품은 귀족 문학의 걸작으로 평가받고 있다. 또, 산수(山水)를 소재로 삼은 산수문학이라는 장르를 개척했다. 다만, 그의 산수시에는 시녕(始寧, 절강성 소흥시)에 있었던 그의 장원 내부의 조망을 읊은 것도 있어서, 자연 그 자체를 묘사했던 것만 있는 것은 아니다. 뛰어난 시인이었던 사영운이었지만, 송의 처우에 불만을 계속 가지고 있어서 433년(원가 10년)에 모반했다는 의심을 받게 되어 광주(광동성 광주시)로 유배되었다가 처형되고 말았다. 그 이외에 유의경이 찬술한『유명록』(幽明錄), 조충지(祖沖之)가 찬술한『술이기』(述異記)처럼, 다양한 괴담을 기록한 지괴(志怪)가 다수 편찬되었다. 이러한 지괴는 당 제국 시대까지는 역사서로 인식되었다.

문화로 경쟁했던 외교사절

남북조시대에는 이 문화가 외교가 이루어지는 때에 커다란 의미를 지녔다. 북위와 송, 제는 대략 80년 동안에 20번 정도 충돌했지만, 전쟁 상태가 아닐 때에는 서로 사신을 교환했다. 이 외교 사절의 주된 역할은 외교적 교섭 그 자체보다도 행동거지와 학술 토론을 통해 문화적 측면에서의 우월함을 보여주는 것에 있었다. 그래서 남조에서는 주로 귀족이 사신의 선정을 맡았다. 문화적 자질(유학, 문학, 불교 등) 이외에 혈통과 가문 등 사신에 적합한 '가풍'(家風)이 사신에게 요구되었기 때문이다. 실제의 토론 내용을 보면, 유학의 측면에서는 북조가 조금 우수하고, 불교는 거의 동일한 수준이며 현학과 문학에서는 남조가 우월했다.

그리고 사절을 교환할 때에는 국가 간에 물품을 주고받는 것도 행해졌다. 450년(원가 27년)에 북위의 태무제가 대군을 이끌고 장강 북안에 이르렀을 때 송과 주고받았던 것들을 살펴보자.

(태무제는) 태조(송의 문제)에게 낙타, 명마(名馬)를 증여하고, 화친을 요청하면서 통혼하기를 원했다. 태조는 전기(田奇)를 파견하여 귀한 음식을 증여했다. 탁발도(태무제)는 황감(黃甘, 감귤)을 들고 먹었다. 아울러 대대적으로 영주(郢酒, 맛이 좋은 술)를 바쳤다.(『송서』 권95, 삭로전)

북위는 강화와 통혼을 요구하면서 낙타, 명마를 증여했고 송은 감귤과 맛이 좋은 술을 주고 있다. 호리우치 준이치(堀內淳一)의 2018년 연구에 따르면, 북위는 말에 군사적 위압의 의미를 집어넣었는데, 송은 말을 북위='이적'의 상징으로 인식하고 있었다. 한편, 감귤에는 남방 변경의 명산품이라는 의미가 포함되어 북위

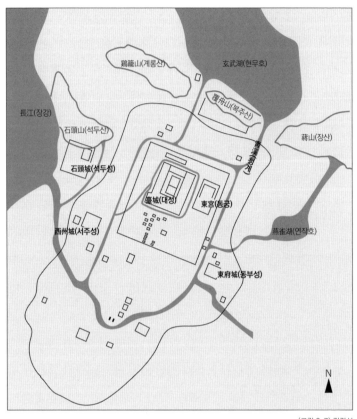

(그림 2-7) 건강성

출전: 佐川英治 2016, 209쪽을 토대로 작성

=중원, 송=변경을 보여주는 산물로, 북위가 자주 송에게 요구했던 물품이었다. 송은 통혼을 거부하면서도 강화를 실현하기 위해서 스스로를 약간 낮추어 교섭에 임했던 것이다. 이렇게 남북조 사이의 외교 사절은 문화의 우열과 정통성을 둘러싸고 싸움을 반복하고 있었다.

건강의 번영

마지막으로 송, 제의 수도였던 건강에 대해서 살펴보려고 한다. 건강의 개발은 삼국시대 오의 손권이 건업(建業, 서진 말기에 건강으로 명칭이 변경되었다)에 수도를 두었던 229년(황룡黄龍 원년)에 시작되었다. 오가 멸망한 이후에는 일단 개발이 중단되었지만, 동진과 남조의 수도가 되면서 다시 개발이 진전되었다. 건강의 형태는 장안, 낙양과는 달리 남쪽과 북쪽 변(邊)이 긴 직사각형이었고(형태가 정비되지 않았다는 주장도 있다), 북쪽에서부터 동쪽으로 대략 25도 기울어져 있었다(그림 2-7). 성 내부의 거리는 직선이 아니었고, 굴곡진 형태였다고 여겨지고 있다. 그리고 이중의 성벽(궁성과 도성) 중에 바깥 측의 도성 성벽은 제의 480년(건원 2년)에 벽돌로 만들기 이전까지는 대나무 담장이었다.

견고한 외곽이 없는 대신에 건강의 사방에는 수로가 둘러쳐져 있었다. 석두성(石頭城), 서주성(西州城), 동부성(東府城), 백하성(白下城, 낭야)의 성벽 요새가 갖추어졌고, 주변의 산들과 강, 호수, 수로와 성벽 요새를 결합한 지대에 의한 방어 구상이 정비되었다. 이러한 수로의 존재가 건강의 발전에 크게 기여하게 된다.

건강은 동진, 남조의 수도가 되었기 때문에 많은 관리들이 거주했다. 그리고 송이 건국된 이후, 경구(京口) 등에서부터 많은 군인들이 이주했다. 또한 수로를 통해 다양한 상품이 들어와서 크고 작은 시장이 다수 설치되었고, 평민 인구의 다수를 상인이 차지했다. 즉, 건강은 상업을 기간산업(基幹産業)으로 삼은 대형 소비도시였던 것이다. 이를 지탱했던 곳이 건강 주변의 삼오(三吳) 지역(진릉晉陵, 오흥吳興, 회계會稽)이었다. 파강독(破崗瀆)이라고 하는 운하를 통해서 건강과 연결되어 있었던 삼오 지역은 물자 공급지로서의 역할을 담당했다. 이로 인해 농업(곡물, 야채, 과일), 제지(製紙), 방적(紡績), 요업(窯業, 특히 청자) 등의 여러 산업이 발전했다. 삼오 지역에서 대토지 소유를 진척시켰던 황족, 귀족, 호족은 산림과 늪지 등도 점유했고, 과수원이나 대나무숲, 물고기 양식장 등을 만들었던 것 이외에도 요업에 사용할 연료(목재)와 원료(도자기를 만들기 위한 흙) 등을 획득하여 막대한 이익을 올렸다.

남조에서는 상품에 대해 4%의 교역세와 10%의 통행세를 부과했다. 또한 제에서는 농민에게 주로 조포(租布, 베와 동전)의 형식으로 세금을 거두었다. 그 이외에 임시로 다양한 세금도 부과되었는데, 그 대부분은 동전으로 납부했다. 이로부터 남조의 국가 재정이 동전에 경도되어 있었다는 것을 알 수 있다.

건강은 관리와 군인의 유입, 상업의 융성이 겹쳐지면서 인구의 증가와 밀집화가 진행되었다. 그래서 건강을 둘러싼 수로의 근처에 거주 구역이 형성되어 북쪽 교외에서부터 동쪽 교외 지역에는 황족이나 귀족의 저택, 별장, 원림(園林)과 사원, 도관 등의 문화 시설이 줄지어 건설되었다. 그 결과, 6세기 전반에는 인구가 30만을 넘었을 것이라고 생각된다. 사가와 에이지의 2018년 연구에 따르면, 이러한 건강성의 구조가 한반도를 거쳐 왜국으로 전달되어 후지와라쿄(藤原京)의 모델이 되었다고 한다.

송의 문제 시기에는 건강을 천하의 중심으로 여기는 움직임이 시작되었다. 그 좋은 사례가 '영장'(影長, 그림자의 길이)이다. 토가와 타카유키의 2018년 연구에 따르면, 중국의 여러 왕조에서는 하지 (夏至)에 8척의 표(表, 그림자의 길이를 헤아리기 위한 막대기)를 지면에 세워놓았을 때에 그림자가 1척 5촌이 되는 곳이 천하의 중심이고 낙양만이 이에 해당한다고 생각하고 있었다. 남조의 수도인 건강 은 낙양보다 남쪽에 있기 때문에 그림자의 길이가 짧아진다(양나라 시대의 측정으로는 대략 1척 1촌 7푼). 그러나 443년(원가 20년)에 작성되었던 역서(원가력元嘉曆)에서는 건강을 천하의 중심이라고 우기기 위해서 하지의 그림자 길이를 실제보다도 늘여서 1척 5촌이라고 마음대로 바꾸었다. 이때 만들어진 원가력은 이후 백제를 거쳐 6세기의 왜국으로 전래되어 사용되었다. 인식했는지의 여부는 명확하지 않지만, 왜국은 건강을 천하의 중심으로 만든 역서를 사용하고 있었던 것이다.

이렇게 남조는 건강을 중심으로 경제적 번영을 누렸다. 그러나 번영의 그늘에서는 남북조의 경계에 있는 하남 남부, 장강 중류 유역, 사천, 화남 등에 거주하는 여러 민족(만蠻, 월越, 요獠 등)이 심하게 제압을 당하고 있었다는 점을 잊으면 안 된다. 예를 들어 송의 문제 시기에는 형주 주변의 만(蠻)에게 격렬한 공격을 가했고, 20만 명을 포로로 삼았다. 남조는 여러 민족들이 보유한 철, 동과 같은 자원을 수탈했고, 포로를 병사나 노예로 삼았다. 그리고 여러 민족들 중 일부는 남조의 군사적, 경제적 압력으로 인해 서서히 중국화의 길을 걸어갔다. 그러나 여전히 자신들의 문화, 풍습을 유지하는 사람들도 많았고, 그 중에는 만화(蠻化)하는 한인(漢人)도 있었다. 이에 대해서는 제5장과 6장에서도 다루고자 한다.

또한, 국경지대인 하남 남부는 '황'(荒)이라고 불렸고 환씨(桓氏), 전씨(田氏)와 같은 '만추'(蠻酋)가 할거하면서 많은 망명자가 정착하여 남북조 양쪽의 골치를 아프게 하는 사람들이 되기도 했다.

송의 건국으로 시작된 남조에서는 귀족층이 고관의 자리를 차지하고 있었기 때문에 황제는 측근에 한문, **한인**을 등용하여 황제권 강화를 진전시켰다. 그러나 황제가 황족 가운데 제1인자에 불과했기 때문에 제위계승이 안정되지 못했고, 교체가 될 때마다 처참한 숙청의 광풍이 거칠게 불었다. 하지만 효무제의 예악개혁으로 대표되는 것처럼, 남조의 정통성을 강화하고 건강을 천하의 중심에 두는 움직임도 가속화하면서 그때까지와는 다른 세계질서가 생겨나기 시작했다. 그러는 사이에 사회, 문화 측면에서 커다란 영향력을 가지고 있었던 귀족은 한문, **한인** 계층의 대두에 위기감을 강하게 느끼면서도 함께 황제의 권력을 지탱하면서 상호 보완의 관계를 구축했다. 이러한 남조의 상태는 적국인 북위의 효문제에게 커다란 영향을 끼치게 된다. 다음 장에서 자세히 살펴보려 한다.

제3장 효문제의 중국화 정책,
그 빛과 그림자

북조2

제1장에서는 북위의 건국부터 화북 통일에 이르는 과정과 북위를 지탱했던 유목 유래의 관제 및 의례에 대해서 개략적으로 살펴보았다. 이어서 제2장에서는 남조 송, 제의 정치동향과 귀족 사회에 대해서 소개했다. 말하자면 북위 전기와 남조 전기를 번갈아가며 살펴본 것이다. 3장에서는 다시 화북으로 눈을 돌려서 북위 후기의 동향에 대해 살펴보고자 한다. 북위 헌문제가 사망한 이후, 실권을 장악한 풍태후는 화북 지배를 추진하기 위해서 징병, 징세의 효율적인 실행을 가능하게 만드는 삼장제(三長制)와 균전제(均田制)를 시행했다. 그리고 효문제는 직접 정치를 시작한 이후에 남조의 제도와 사회를 참고하여 대담한 중국화 정책을 단행했다. 효문제의 개혁은 남북조시대의 전환점이라는 위상을 부여받고 있다.

1. 풍태후의 개혁들과 화북 지배의 침투

삼장제와 균전제

제1장에서 서술했듯이 471년(황흥 5년)에 북위의 헌문제는 18세의 젊은 나이에 황태자 탁발굉(효문제)에게 양위하고 태상황제가 되었다. 그 이후에도 그는 군사, 행정을 장악하고 있었지만, 476년(연흥 6년) 6월에 23세의 젊은 나이로 사망하고 말았다. 황태후 풍씨(문성제의 황후)가 헌문제를 독살했다고 일컬어지기도 한다. 그때 효문제는 불과 10살이었다. 그래서 태황태후가 된 풍씨(이하 풍태후로 서술한다)가 실권을 장악했다(제2차 임조臨朝). 풍태후는 황족, 북족의 유력자 및 한인 관료 이충(李沖) 등의 뒷받침을 받았고, 중요한 제도를 시행해 갔다.

이전에 북위에서는 관료에게 봉록(俸祿, 급여)을 지급하지 않았다. 관료는 군사적 공적 등을 올렸을 때에 토지, 노비, 가축 등을 은상(恩賞)으로 받았고 이를 통해 생계를 유지했는데 부족한 부분을 보충하기 위해 뇌물, 수탈이 횡행했다. 그 대책으로 관료의 생활을 안정시키기 위해 급여를 지급하게 되었다. 이것이 484년(태화太和 8년)에 시행되었던 봉록제이다.

이어서 풍태후는 민중의 파악과 관리를 보다 강화하려는 정책을 차례차례 시행했다. 북위 전기는 호족, 서민을 불문하고 1호 단위로 징세하고 있었다(호조제戶調制). 그러나 대토지를 소유한 한인 호족의 호적에는 그의 비호를 받는 백성(음부민蔭附民)이 덧붙여 기재되었고, 그 수가 30가(家)부터 50가에 이르고 있었다. 즉,

한인 호족은 호적상으로는 1호였지만 그 내실은 수십 가에 이르는 대집단이었던 것이다. 음부민에게는 자신의 호적이 없었고, 징세 부담이 없는 대신에 호족에게 수확의 대부분을 납부하고 있었다. 북위는 이러한 체제를 '종주독호'(宗主督護)라 부르면서 묵인하고 있었다. 말하자면, 북위는 화북을 표층적으로 지배하는 것에 머물렀던 셈이다.

풍태후는 이러한 상황을 시정하기 위해 485년(태화 9년) 가을, 이충의 상표(上表)를 받고 인공적인 향리제도(린隣, 리里, 당黨)를 중심으로 하는 삼장제를 시행했다. 삼장이란, 린(5가家)의 인장(隣長), 리(5린 = 25가)의 이장(里長), 당(5리 = 25린 = 125가)의 당장(黨長)을 가리키고, 유교 경전인 『주례』에 근거하여 설치되었다. 삼장이 호적의 작성과 조세의 징수를 맡으면서 징세의 대상인 호구 파악이 진척되어 갔다. 488년(태화 12년)에는 유목계 주민을 호적에 올려 관리하기 위해서 제1장에서 소개했던 유목계 주민들을 관리하는 사근조(俟懃曹)를 폐지했다.

그리고 470년대부터 권농(농업 진흥)정책을 추진했던 풍태후는 485년(태화 9년) 10월에는 성년 남자와 그 부인에게 노전(露田, 사망했을 때 또는 70세가 되면 반환)과 상전(桑田)을 지급하고 그 수확을 세금으로 징수하는 토지 지급제도, 즉 균전제라 불리는 제도를 시행했다(표 3-1). 사람들은 이에 따라 토지를 지급받았고, 그 대가로 병역을 부담하게 되었다. 이 균전제는 유교 경전의 『주례』를 근거로 삼은 바탕 위에서 북위가 시행했던, 평성 주변의 주민에게 토지를 지급한 계구수전의 경험을 활용하여 실시되었던 것이다. 또한 효문제는 직접 정치를 시행한 이후 492년(태화 16년)에 호족, 민중들에게 개간(開墾)을 독촉하기 위해서 그들이 소유한 노비, 경우(耕牛)에게도 토지를 지급하는 것을 인정했다. 한편, 삼장제와 균전제의 성립 시기 및 순서에 대해서는 여러 주장이 있는데 이 책에서는 사가와 에이지의 1999년 연구에 따랐다.

(표 3-1) 북위의 균전제
출전: 필자 작성

	노전		상전	마전	택전
	정전	배전			
남성(15~69세)	40무	40무	20무	10무	3인에 1무
부인(기혼자)	20무	20무		5무	
노(奴)	40무	40무	20무	10무	5인에 1무
비(婢)	20무	20무			
경우(耕牛, 4마리까지)	30무	30무			

노전: 15세에 지급. 70세에 환수. 곡물 생산. 조(租)를 징수.
배전: 당시는 휴경농법을 위해 정전과 같은 크기의 토지가 지급되었다.
상전: 뽕나무 50그루 등을 심으면 자손에게 계승. 견(絹) 생산. 조(調)를 징수.
마전: 뽕나무를 재배하기 어려운 지방에만 지급. 노전과 똑같이 환수.
택전: 택지용 토지

화북 지배의 침투

삼장제와 균전제의 시행과 아울러 종래 호 단위로 징세하는 호조제로부터 부부 단위로 징수하는 균부제(均賦制)로 전환했다. 표 3-2에 보이는 것처럼, 486년(태화 8년)과 삼장제 시행 이후의 조(租, 곡물), 조(調, 명주)의 세액을 비교하면 분명히 조세 부담이 내려가고 있다. 얼핏 보면, 북위의 징세가 감소했던 것처럼 느껴질 것이다. 그러나 삼장제에 의해 호족 휘하에 있던 음부민이 호적에 올라가면서 징세 대상자가 증가했다. 새로운 호적에 기재된 사람들은 균전제에 근거하여 토지를 지급받았고, 세금을 납부하게 된 것이다. 그래서 균부제에 의해 액수 상으로는 조세 부담이 감소한 것으로 보여도 북위의 세금 수입은 유지되었다.

그때까지 대토지 소유를 진척시켜서 음부민으로부터 거액의 수입을 획득했던 호족들은 이익을 제한받았던 것 때문에 삼장제와 균전제의 도입을 반기지 않았다. 『위서』 권53의 이충 열전에는 삼장제에 반대하는 신료들(특히 한인 호족)을 향해 풍태후가 꺼낸 말이 수록되어 있다.

> 삼장을 세우면, 세금에 기준이 설정되니 균등하게 징수할 수 있고 호족에 의해 숨겨져 있었던 호구도 추출할 수 있으며 은혜를 받아 왔던 무리도 멈추게 할 수 있다. 무엇이 불가하다는 것인가?

이렇게 풍태후는 삼장제와 균전제를 시행하면서 조세와 토지

소유의 균등화를 목표로 삼았고, 호족의 영향력 저하도 계획했던 것이다.

그리고 사가와 에이지의 1999년 연구에 따르면, 두 제도의 도입은 징병제도와 깊은 관계가 있다고 한다. 북위 전기는 북족이 군사를 맡았지만, 영토 확장과 함께 서서히 농민들로부터의 징병이 시작되었다. 특히 제1장에서 서술했던 것처럼, 헌문제 시기에 산동과 회북을 획득하면서 병사 부족 현상이 심각해졌고 병역 부담자를 확보하는 것이 과제가 되었다. 그래서 풍태후는 삼장제, 균전제를 도입하여 호족의 대토지 소유 해체와 호구의 파악을 진행시켜서 징병 대상의 확대를 도모했던 것이다. 또한 조세 부담의 경감은 병역의 반대급부라는 의미도 포함되어 있었다. 이렇게 북위는 삼장제와 균전제를 시행하여 호구를 파악하고 징세와 징병을 행하면서 서민에 대한 직접 지배를 추진해 갔다. 북위는 풍태후의 치세 아래에서 화북 지배를 침투시켰던 것이다.

	징세단위	조(租)	봉록비용	조(調)
484년(태화 8년)	1호	속(粟) 20석	속 2석 9두	백(帛) 3필 2장, 서(絮) 2근, 사(絲) 1근
삼장제 시행 후	부부	속(粟) 2석	없음	백(帛) 1필

(표 3-2) 북위의 세금 부담
출전: 필자 작성

한편, 풍태후가 시작했던 균전제는 북위 후기(북제, 북주), 수, 당에서 수정이 이루어지면서도 계승이 되었다. 그리고 7세기 후반에는 반전수수법(班田收授法)이라는 형태로 일본도 균전제를 채용하게 된다. 동아시아에 큰 영향을 주었던 정책이라고 할 수 있겠다.

풍태후와 효문제

여러 개혁들을 단행하여 북위의 화북 지배를 진척시킨 풍태후는 오빠의 딸들을 4명이나 효문제의 비(妃)로 삼게 하면서 효문제와의 관계 강화를 도모했다. 그 중 2명이 잇달아 황후가 되었다. 사생활 측면에서는 걸출한 남성이었던 왕예(王叡)를 총애했다. 어느 때에 풍태후와 효문제가 황실의 정원에 도착하면 가끔씩 호랑이가 쫓아왔다. 이때 왕예는 무기를 들고 호랑이를 몰아냈다. 여기에서 눈에 띈 그는 더욱 총애를 받았고, 고위 관직을 역임했다. 그러나 풍태후는 공과 사를 혼동하는 일을 하지 않았고, 정치를 어지럽히는 경우가 적었다.

490년(태화 14년) 9월, 풍태후는 49세의 나이로 사망했고 평성의 북쪽 교외에 위치한 방산(方山)에 있는 묘(영고릉永固陵, 풍태후 생전에 만들어놓았다)에 매장되었다(그림 3-1). 효문제는 풍태후의 사망을 크게 슬퍼했고, 신료들의 반대를 무릅쓰고 생모와 똑같이 3년 동안 상복을 입고자 했다. 왜 생모와 똑같은 반열로 만들려고 했던 것일까? 이에 대해서는 풍태후가 의붓아들인 헌문제와 관계를 가져서 효문제를 낳은 것은 아닌가라는 추정이 지적된 바 있다(川本芳昭, 2005). 선비족에게 역연혼(逆緣婚, 계모와의 혼인) 풍습이 있었다는 것을 고려한다면, 풍태후가 효문제의 생모일 수 있다고 하는 것이다.

아주 매력적인 가설이지만, 검토의 여지도 남아 있다. 우선 북위 건국 이후 황실에서는 역연혼이 이루어진 사례가 보이지 않는다. 그뿐만 아니라 북위에서는 황태자의 생모를 살해하는 '자귀모사' 제도가 존재했고, 효문제의 생모라고 지금 여겨지고 있는 이씨도 풍태후의 뜻에 따라 살해되었다. 북위의 실권을 장악한 풍씨의 입장에서 살해될 위험을 무릅쓰면서까지 아들을 낳을 필요가 있었을까? 게다가 풍태후는 효문제가 너무 총명하다는 점을 이유로 잠시나마 효문제의 폐위와 그의 동생 옹립을 시도했다. 황족의 반대로 인해 폐위는 이루어지지 못했지만, 위험을 무릅쓰고

(그림 3-1) 영고릉(永固陵, 2004년에 필자 촬영)

출산해서 양육한 유일한 자신의 아들과 서로 충돌했던 것도 아닌
데 총명하다는 이유로 폐위를 생각했을까? 이러한 점들을 고려해
보면, 제1장에서 서술했듯이 풍태후는 태무제의 보모 두씨와 문
성제의 보모 상씨의 사례에 따라 황태자(효문제)를 양육하는 것
으로 지위를 확고히 했다고 생각하는 편이 자연스럽다(窪添慶文,
2017; 松下憲一, 2016).

그렇다면, 왜 효문제는 풍태후를 생모와 똑같이 생각하여 상
복을 입으려고 했던 것일까? 여기에는 양육의 은혜에 감사를 표
시하는 것에 그치지 않고 또 하나의 목적이 들어가 있었던 것이었
다. 이에 대해서는 다음 절에서 논의하고자 한다.

2. 효문제의 중국화 정책 - 낙양 천도, 예제, 관제, 습속

예제(禮制)의 개혁

효문제는 483년(태화 7년)에 황자 탁발순(拓跋恂)을 낳았고,
풍태후가 양육을 맡게 되면서부터 서서히 정무를 보기 시작했다.
486년(태화 10년) 이후에는 스스로 조칙을 써서 국정을 책임지고
관리하게 되었다. 그러나 전면적인 친정(親政)을 행하게 된 것은
490년(태화 14년)에 풍태후가 사망하고 난 이후의 일이다. 이때 효
문제가 24세였다.

효문제가 친정을 시작했을 때의 북위는 건국 당초의 유목 중
심 사회로부터 화북 지배의 침투에 의한 농경 경제 중심의 사회로

계속 변모하고 있었다. 또한, 북족과 한인의 통혼도 늘어나서 중국 문화의 수용도 진전되었다. 경서와 역사서를 익혀 중국 문화에 정통했던 효문제는 친정 이후 중국화 정책을 차례차례 진행했다.

그 단서가 되었던 것이 앞 절에서 서술했던 풍태후에 대한 복상(服喪)이었다. 북위에서는 황제가 사망했을 때에 북족의 전통과 한-위의 제도를 근거로 매장함과 동시에 복상을 마쳤다. 그러나 효문제는 풍태후를 위해서 유교 경전 『예기』에 의거하여 3년 동안 상복을 입겠다고 주장했다. 신료들로부터 반대를 받은 효문제는 타협 끝에 자신의 복상 기간을 1년으로 정했고, 신료들의 복상 기간은 지위에 따라 구별했다(3개월부터 1년까지). 신료들 중에서 황족과 내조관 등의 복상 기간은 길게 설정되었다. 야마시타 요헤이(山下洋平)의 2018년 연구에 따르면, 효문제는 자신을 유교의 효를 실천하는 유덕한 군주로 만들고 근신들을 군주의 효행에 따르게 하는 것으로 새로운 예적 질서의 도입을 노렸다고 한다. 이를 시작으로 효문제는 차례차례 예제 개혁을 단행해 갔다.

먼저 효문제는 조상제사를 개혁했다. 왕조의 창시자에게 주어지는 묘호(제사할 때의 칭호)를 '태조'라고 했는데, 491년(태화 15년) 7월에 '태조'를 대국 시대의 평문제(平文帝, ?~321, 탁발울률)에서 북위의 초대 황제인 도무제(371~409, 탁발규)로 바꾸었던 것이다. 그리고 그때까지 하늘을 제사지내는 남교에서는 '시조'인 신원제(神元帝, ?~277, 탁발역미)를 함께 제사지냈는데, 이듬해 정월에 '태조' 도무제를 제사지내는 것으로 바꾸었다. 효문제는 화북을 통치했던 북위의 정통성을 강조하기 위해서 조상제사의 대상을 선

비의 수장에 불과했던 신원제와 평문제에서 북위를 건국하여 화
북 진출을 이룩했던 도무제로 변경했던 것이다. 또한, 제1장에서
소개했던 선비의 전통적인 제사였던 서교제사도 491년(태화 15년)
부터 494년(태화 18년)에 걸쳐 단계적으로 폐지되었고, 결국 중국
적인 제사로 일원화되었다.

　이와 연결되는 형식으로, 492년(태화 16년) 정월에는 봉작제도
의 개혁도 행해졌다. '태조'의 변경(평문제에서 도무제로 변경)과 아울
러 대국 시대 군주의 자손과 북족에게는 왕작을 승인하지 않았
고, 왕작을 가지고 있는 경우에는 공작으로 격을 낮추었다. 그러
는 한편으로 도무제의 자손에게는 왕작을 인정하면서 황족 제왕
(諸王)의 범위를 도무제의 자손으로 제한했다. 효문제는 그때까지
탁발씨와 북족 사이에 광범하게 존재했던 일체감을 희석시켰고,
도무제와 그 자손의 권위를 높였던 것이다.

　그리고 효문제는 북위의 덕운도 토덕(土德)에서 수덕(水德)으로
변경했다. 제1장에서 살펴본 것처럼, 북위의 도무제는 오행상생설
(목→화→토→금→수)에 근거하여 화덕인 한을 계승했다는 정통 관
념을 가지고 있었고 이에 토덕을 채택했다. 그러나 효문제는 490
년(태화 14년) 8월에 덕운의 변경을 신료들에게 자문(諮問)했고, 한
(화) → 조위(토) → 서진(금) → 북위(수)의 정통 관념을 주장하는
한인 관료들의 의견을 받아들여 492년(태화 16년) 정월에 수덕으
로 변경했다. 효문제에게 있어서 정통성을 물려받아야 하는 왕조
는 중국 통일을 이룩하면서 귀족 문화를 꽃피웠던 서진이었던 것
이다.

앞에서 서술한 예제 개혁을 정리하면, 효문제는 선비의 전통과 북족의 유대를 중시하는 노선에서부터 중국적 예제를 축으로 삼아 중국 지배의 정통성을 보여주는 노선으로 방향을 바꾼 것이었다. 그리고 봉작과 제사의 제도 변경을 통해서 부족적 유대의 해체, 황족의 축소도 진행시켜서 황제의 권한 강화를 도모했다.

낙양 천도

효문제의 중국화 정책을 계속 추진하는 계기가 되었던 것이 낙양 천도였다. 효문제는 491년(태화 15년) 무렵부터 예전부터 중국의 중심으로 여겨져 왔던 낙양으로의 천도를 계획하고, 장소유(蔣少游)를 남조의 제에 파견하여 궁전 조영(造營)을 위한 시찰을 시행하게 했다. 장소유는 헌문제가 산동을 획득했을 때에 포로가 되어 평성으로 강제 이주되었던 인물(제1장에서 소개했던 평제민平齊民)이었는데, 글씨와 기술적 솜씨를 인정받아 등용되어 평성의 궁전 건설을 맡고 있었다. 장소유의 행동과 목적에 수상함을 느낀 제의 관료가 "어찌 모전 천막에서 거주하는 무리들에게 천궁(天宮)을 모방하게 하겠습니까?"(『남제서』권57, 위로전魏虜傳)라고 분노하면서 장소유를 억류하라고 제안했지만, 제의 무제는 북위와의 관계 악화를 염려하여 장소유가 자유롭게 행동하도록 놓아두었다.

이렇게 낙양 천도를 추진하고자 했던 효문제였지만, 사람들의 반대를 경계하여 좀처럼 천도를 실행하지 못했다. 여기에서 그는 한 가지 계책을 고안했다. 먼저 493년(태화 17년)에 천도 대신에 남벌(제를 토벌하겠다는 것)에 대해 신료들에게 자문했다. 신료들은 백성들의 부담이 무거워진다면서 반대했지만, 효문제는 8월 1일에 30만에 이르는 대군을 이끌고 낙양으로 향했고 9월 22일에 도착했다. 7일 후인 9월 29일, 비가 끊임없이 내리는 와중에 효문제가 말을 타고 남쪽을 향해 토벌하려 하자 그 앞에서 신료들은 엎드려서 남벌을 중지할 것을 계속 호소했다. 그래서 효문제는 남벌을 중지하는 대신에 낙양 천도를 제안했고, 신료들은 찬성의 뜻을 표시했던 것이다.

그러나 남벌이라는 명목을 빌린 낙양 천도는 사전에 효문제와 이충이 은밀히 논의를 거듭하면서 계획한 것이었다. 먼저 남벌군 편성의 임무를 맡았던 이충은 천도를 찬성하는 세력과 남벌을 반대하는 세력을 종군하게 하면서 낙양 천도로 유도했다.

10월 18일에 천도의 조서를 발포한 효문제는 일단 평성으로 돌아와서 천도 준비를 진행했고, 494년(태화 18년) 11월 19일에 낙양 천도를 거행했다. 이때 낙양은 극도로 황폐해져 있었는데, 이충과 장소유 등에 의해 새로운 수도 낙양의 조영이 진행되었다.

495년(태화 19년) 6월에는 남쪽으로 이동한 사람들이 북방으로 귀장(歸葬, 죽은 사람을 고향에서 장례를 지내는 것)하는 것을 금지시키고, 그 본관을 '하남 낙양'으로 정했다. 이후 그들은 '대천호'(代遷戶)라고 불렀고, 이는 하남 낙양 사람을 칭하는 말이 되었다. 그러나 낙양 천도 이후에도 대(代, 평성 주변)로 귀환을 원하는 사람들이 다수 존재했다. 그래서 효문제는 북족의 불만을 해소하기 위해 겨울에는 낙양에서 거주하지만, 여름에는 북방으로 귀환하는 것을 허락했다.

그렇다면, 효문제는 왜 낙양으로 천도했던 것일까? 친정을 시작한 이후, 효문제는 예제 개혁을 통해 황제권 강화와 북족의 약체화를 도모하고 있었다. 낙양 천도 역시 북족의 기반인 평성 주변으로부터 정치의 중심을 떨어뜨려 놓는 것으로, 북족의 영향력 저하를 의도했던 개혁이라는 의미가 부여되고 있다. 그리고 사가와 에이지의 2016년 연구에 따르면, 효문제의 천도 조서에서 평성은 북쪽 변두리에 있어 예절과 문화가 흥성하지 않는 지역이니 중국의 중심인 낙양으로 천도하여 문화적인 세계를 실현해야 한다고 했던 것을 근거로 효문제가 천도를 통해 천하통일에 적합한 중화왕조로의 전환을 도모했던 것이라고 한다. 실제로, 낙양 천도 이후에 효문제는 중국화 정책을 한층 더 진행시켜 나갔다.

중국화 정책의 추진

효문제의 중국화 정책은 다양한 방면에 걸쳐 있다. 여기에서는 중국화라고 하는 점에서 이해하기 쉬운 순서로 언어, 성명, 관제, 복식, 묘지로 구성하여 살펴보려고 한다.

먼저 언어에 대해서 살펴보면, 효문제는 495년(태화 19년) 6월에 선비어를 필두로 하는 북족의 언어를 조정 내에서 사용하는 것을 금지하고 이를 위반하는 사람은 관직에서 물러나게 하겠다는 조서를 내렸다. 다만, 30세 이상인 사람은 새로운 언어의 습득이 어렵기 때문에 30세 이하의 사람에게 적용되었다. 그 이후 조정 내에서는 한어(낙양 부근에 거주하고 있었던 한인의 발음)를 사용하게 되었다.

그리고 효문제는 496년(태화 20년) 정월에 성씨인 탁발을 원 (元)으로 바꾸었다. 그 조서에 따르면, 원이라는 글자에는 만물의 근원이라는 의미가 들어 있었다고 한다. 그리고 거의 같은 시기에 북족의 성씨도 한족 성씨로 바꾸게 했다. 본래 북족의 성씨는 두 글자 이상이었는데, 한인 풍으로 1글자 혹은 2글자를 쓰게 했던 것이다. 예를 들어 발발(拔拔)은 장손(長孫), 보육고(步陸孤)는 육 (陸), 구목릉(丘穆陵)은 목(穆), 하란(賀蘭)은 하(賀), 독고(獨孤)는 유(劉), 달해(達奚)는 해(奚)라고 하는 방식이었다. 또한 효문제는 자주 황족과 북족에게 한인 풍의 이름을 수여했다.

이렇게 효문제는 현재 우리들의 시선으로 보면, 아이덴티티의 근본과 관련된 것처럼 느껴지는 언어, 성명의 중국화를 추진했던 것이다. 그러나 그 이후에도 군대에서는 선비어가 사용되었고, 북 위의 북변과 서북변에서는 유목민의 언어, 성명, 풍습을 유지했던 사람들이 존재했기 때문에 북족 전체가 완전히 중국화했던 것은 아니다.

이어서 관제 개혁에 대해서 살펴보자. 효문제는 낙양 천도 전후로 관제 개혁도 시행했다. 제1장에서 살펴본 것처럼, 북위 전기의 관제는 중국적 관제를 도입했던 외조와 유목적 요소가 짙은 내조로 구성되어 있었다. 이 중에서 내조는 정권 중추의 위치에 있었고, 북족의 유대를 유지하는 역할도 맡았다. 그러나 효문제는 491년(태화 15년)에 한-위의 제도에 근거하여 시중(侍中), 산기상시 (散騎常侍)와 같은 측근 관료를 황제의 고문을 맡은 문하성에 설치했다. 이와 아울러 493년(태화 17년)에 북족 중심의 정치 운영을 담당했던 내조관을 폐지하고, 중국적 관제로 일체화했다. 그 결과 상서성(행정), 중서성(조칙의 기초), 문하성(고문 및 측근 관료)의 3성이 큰 힘을 가지게 되었다.

지방행정의 측면에서도 북위 전기 각지에 설치되어 주로 북족이 파견되어 있었던 진수(鎭戍, 군정기구)를 폐지하고 주, 군, 현의 제도로 이행해 갔다. 여기에서도 북족의 힘을 약화시키는 정책이 전개되었던 것이다. 그러나 유목적 요소가 완전히 소멸된 것은 아니다. 예를 들면, 황제의 호위를 맡는 금위관을 편성할 때에는 고위 관료의 자제를 황제의 근시에 등용하는 내조 무관의 요소도 남아 있었다.

복식의 측면에서도 천도 직후인 494년(태화 18년) 12월에 관료의 조복(朝服, 조정에서 입는 의복)과 후궁의 여관(女官)이 입는 의복을 한인 풍으로 바꾸었다. 그러나 그 복식은 북위의 독자적인 것이었고, 위진남조의 복식과는 달랐다. 예를 들면, 502년(경명景明 3년)에 남조의 양에서부터 북위로 항복했던 일류 귀족 저위(褚緭, 본관은 양적)는 원회의례(元會儀禮, 신년을 축하하는 의식) 때에 북위의 조복(북조 스타일의 무관武冠+주의朱衣+고袴)을 깔보았기 때문에 분노를 사서 좌천되었다. 관제와 복식 변경은 모두 중국화 정책의 일환으로 시행되었지만, 그 내용은 단순히 한인의 문화에 물드는 것이 아니었고 북위 전기의 유목적 제도와 중국적 제도를 모두 새롭게 창출했던 것이었다.

마지막으로 묘지(墓誌)에 대해 소개하려고 한다. 묘지란, 죽은 자를 매장할 때에 만드는 석판(石版, 벽돌로 만드는 경우도 있다)이다.

남조의 송에서 형식이 정비되었고, 매장된 사람에 관한 정보(조상과 가족, 관직 이력 등)를 산문으로 기록한 '지'(誌, 序라고 칭하기도 한다)와 애도의 정을 운문으로 지은 '명'(銘)이 새겨진다. 495년(태화 19년)에 풍태후의 오빠로, 효문제의 황후의 부친이기도 한 풍희(馮熙)가 사망했을 때에 328글자로 된 묘지를 효문제가 직접 지었다. 쿠보조에 요시후미(窪添慶文)의 2017년 연구에 따르면, 그때까지 북위의 황족과 북족은 수백 글자에 달하는 묘지를 짓지 않았는데 효문제가 남조의 묘지를 받아들이면서 황족을 필두로 하는 관료들에게 묘지의 작성을 요구했다고 한다. 실제로 이후 북위에서는 북족, 한인을 불문하고 왕성하게 묘지가 작성되고 있다.

귀족제의 창출

이러한 중국화 정책들과 궤를 같이 하여 효문제는 495년(태화 19년)부터 이듬해에 걸쳐 북족과 한인의 가격(家格, 가문의 순위)을 결정하는 성족분정(姓族分定)을 단행했다. 북족은 혈통(부족장의 자손인지의 여부)과 북위 건국 이후의 관위(官位)와 작위를 기준으로, 한인은 3세대의 관작을 기준으로 구분되었다. 그리고 황실과 통혼할 수 있는 가문으로 북족의 8성(목, 육, 하, 유, 루樓, 우于, 혜嵇, 위尉)과 한인의 5성(위진 시기 이래로 화북의 명문으로 여겨졌던 범양范陽 노씨, 청하淸河 최씨, 형양滎陽 정씨, 태원太原 왕씨, 농서隴西와 조군趙郡 이씨)이 설정되었다. 또한 한인과 북족 사이에서도 같은 등급의 가문끼리 통혼을 행하게 했다. 이후 북위는 이 가문의 순위에 근거하여 관료 등용을 시행했다.

효문제는 남조와 같은 귀족 사회를 창출하기 위해서 성족분정을 단행했을 뿐만 아니라 499년(태화 23년)에는 남조 송, 제의 관제를 모방하여 청관(淸官, 귀족이 취임할 수 있는 관직)과 탁관(濁官, 한문이 취임하는 실무 관료)의 구별도 도입하고 행정법규인 영(令)에서 이를 명문화했다.

다만 남조에서 가문의 지위는 귀족 사회 속에서부터 발생했던 것이고, 왕조가 주도해서 순위를 정한 것이 아니다. 그래서 제2장에서 서술했던 것처럼, 가문의 순위가 제도적으로 고정화되지 않았고 의외로 유동적이었다. 그리고 관직의 청탁(淸濁)을 구별하는 것도 마찬가지로 남조에서는 법적으로 규정되어 있지 않았다. 이러한 제도를 왕조 주도로 결정했다는 점에서 효문제의 귀족제 구축을 목표로 삼은 강력한 의지를 느낄 수 있다. 그러나 관직의 청탁에 기초를 둔 관제의 운용은 효문제 이후에는 충분히 기능을 수행하지 못했다.

개혁을 단행한 이유

효문제는 친정을 시작한 이후에 예제 개혁을 단행하여 황제권을 강화했고, 낙양 천도를 계기로 한층 더 중국화 정책에 매진했다. 그리고 북위에서는 중요한 안건을 심의하는 '대의'(大議)에 자주 황제가 참가했지만, 효문제는 관료들에 의한 '의'(議)에도 참가하여 정책 결정의 통제를 시도했다.

이러한 여러 개혁들은 주로 『주례』와 위진남조의 제도를 참조하면서 일부 북위 전기의 제도도 답습하면서 행해졌다. 이 일련의 개혁을 지탱했던 것은 한인 관료들이었다. 예를 들어 이충은 오호 여러 정권들 중 하나였던 서량의 군주인 한인 이고(李暠)의 증손 자였다. 그는 문서를 담당하는 내조관을 역임했고, 풍태후와 효문제에 의해 중용되어 여러 개혁들에 관여했다. 또한 헌문제 시기에 포로가 되어 평제민이 되었던 사람들 중에서도 장소유와 같이 학식으로 인해 효문제의 참모가 된 인물도 있었다.

특히 효문제의 중국화 정책에 큰 역할을 맡았던 사람은 남조에서부터 망명했던 유창(劉昶, 송 문제의 아들)과 왕숙(王肅, 낭야 왕씨)이었다. 유창은 낙양 천도 이전의 예제 개혁에 관여하여 남조송의 제도를 전파했다. 왕숙은 부친이 제의 무제에 의해 반란 혐의자로 몰려 살해되었기 때문에 493년(태화 17년)에 북위로 망명했고, 유비와 제갈량의 관계에 비유될 정도로 효문제의 신임을 받아 중국화 정책(의례, 관제 등)에 관여했다. 이렇게 효문제는 다양한 출신의 한인 관료를 등용하여 개혁을 추진했던 것이다.

그렇다면, 효문제가 이 정도로 대담한 개혁을 시행했던 이유는 무엇일까? 당시에 중국 문화의 수용이 진행되고 있었다고 하더라도 북족의 사회와 풍습도 뿌리깊게 존재하고 있었다. 북위 전기의 체제도 파탄에 이르지는 않았다. 중국 문화를 계속 수용하면서도 종래대로 북족 중심의 체제를 유지하는 노선도 불가능한 것은 아니었다고 생각된다. 효문제가 여러 개혁들을 단행했던 이유는 천하통일을 새로운 국가의 목표로 삼았기 때문이었다. 그는 낙양으로 천도하여 여러 개혁들을 추진하는 한편, 세 차례나 친히 남쪽을 정벌하여 남조의 제를 공격했고(494~495, 497~498, 499년) 진심으로 천하통일을 생각하고 있었다. 두 번째의 정벌에서는 하남의 서남 지역을 획득하는 성과를 올렸다. 그는 종래 북족과의 유대를 중시하는 체제에서는 중국의 '전통'을 계승하고 있다고 칭한 남조 귀족을 통치할 수 없다고 생각했고, 천하통일에 적합한 국가체제로서 중화의 황제를 정점으로 하는 귀족제 사회를 지향했던 것이다. 실제로, 효문제의 개혁 이후 북위의 관료들 사이에서는 남조를 '도이'(島夷, 남방의 야만인이라는 뜻)라고 부르는 사례가 늘어나고 있다.

이렇게 보면, 효문제의 여러 개혁들은 시대의 추세라고 하는 수동적인 요인뿐만 아니라 천하통일을 응시했던 능동적 선택이라는 성격도 강하게 지니고 있었다. 그러나 효문제의 개혁이 시행된 결과, 북족의 결속은 붕괴되어 계층 분화가 일어났고 이후에 커다란 문제를 야기하게 된다.

개혁에 대한 반발

중국화와 황제권 강화를 추진했던 효문제의 개혁에 대해 북족 중에서는 반발하는 사람들도 존재했다. 이것이 표면으로 드러난 것이 496년(태화 20년)에 일어난 황태자 원순(元恂)의 반란과 평성에서 북족이 반란을 일으키려 했던 계획이었다. 황태자 원순은 옛 수도인 평성으로의 이동을 계획하며 반란을 일으켰지만, 곧바로 포로로 잡혀 서인으로 강등되었고 이듬해 4월에 모반의 혐의로 독살되었다. 향년 15세. 반란의 주된 이유는 황태자의 지위에 대한 불안감이었다. 효문제는 공부를 싫어하는 원순에게 불만을 품었고, 학문을 좋아했던 둘째 아들 원각(元恪, 훗날의 선무제宣武帝)에게 기대를 가지고 있었다. 원순은 이러한 상황을 타파하기 위해 반란을 일으켰던 것이다. 그러나 그의 행동은 신료들의 지지를 얻지 못했고, 곧바로 진압되어 버렸다.

496년(태화 20년) 12월에는 평성에서 북족의 명문 출신인 목태(穆泰)와 육예(陸叡) 등이 반란을 계획했다. 그러나 곧바로 이를 효문제에게 밀고한 사람이 나타났고, 반란을 일으키기도 전에 진압되었다. 반란의 주모자였던 목태, 육예를 필두로 이에 가담한 사람에는 풍태후에 의해 중용되어 고위 관료에 올라 중국 문화에 친숙했던 인물이 많았다. 중국화 자체에 비판적이었던 인물은 지극히 일부였다. 그들이 반란을 기획했던 이유는 개혁으로 인해 정치적, 경제적 특권을 빼앗기면서 소외감을 느꼈기 때문이었다. 또한 그들은 한인 관료가 효문제의 측근이 되어 영향력을 지니는 것에 반발을 품고 있었다.

요약하면, 이 반란은 북족 귀족이 특권 회복을 요구했던 것에 불과했기 때문에 중하층 북족의 폭넓은 지지를 확보할 수는 없었다. 본래 효문제의 개혁은 주로 조정 내에서의 개혁이었으므로 이 단계에서는 지방에 거주하는 중하층 북족에 직접적 피해를 초래하지 않았던 것이다. 그래서 특별히 반란을 일으킬 의미가 없었다.

그 외에 498년(태화 22년) 8월에는 북위에 복속하고 있었던 유목민인 고차(高車)가 반란을 일으켰다. 그 원인은 효문제의 남조 토벌에 있었다. 중화 황제의 의식을 가지고 있었던 효문제는 고차를 순종적인 군사력으로 간주하고, 남조 토벌에 동원하려고 했다. 그러나 제1장에서 살펴본 것처럼, 고차는 북위와 느슨한 부족 연합의 형태를 취하고 있어 완전히 북위의 산하에 들어갔던 것이 아니었다. 그래서 그들은 남벌에 동원되는 것을 거부했고, 몽골 고원으로 도망치려 했던 것이다. 북위는 추격 토벌 군대를 파견했지만 패배했기 때문에 동원 계획을 중지했고, 고차를 위무하여 다시 귀순하게 만들었다. 효문제가 그리고 있던 중화 왕조로서 북위의 모습과 고차가 그리고 있던 부족연합으로서 북위의 모습이 달랐음을 느끼게 하는 일화이다.

3. 낙양의 번영과 문벌정치

낙양의 건설

효문제는 494년(태화 18년) 무렵부터 병에 걸린 기운이 있었는데, 499년(태화 23년) 3월에 단행했던 3차 남벌 중에 병으로 쓰러져 낙양으로 돌아오던 도중인 4월 1일에 33세의 젊은 나이로 사망했다. 뒤를 이은 사람은 황태자 원각(선무제)이었다. 17세로 황제에 즉위한 그는 효문제의 여러 개혁들과 낙양 건설을 이어갔다.

여기에서 효문제로부터 선무제 시기에 걸쳐 건설되었던 낙양성에 대해서 개략적으로 살펴보자. 기본적 구조는 궁성(남북 1,400m × 동서 660m) + 대성(大城) + 외곽성(대략 남북 7,400m × 동서 9,800m)의 삼중 구조였다(그림 3-2). 이 중에서 궁성과 대성은 후한과 삼국시대 위의 낙양성을 토대로 건설되었다. 사가와 에이지의 2016년 연구는 북위 낙양성의 획기적인 구조는 태극전(太極

殿)과 원구(圓丘, 제천의례의 공간)를 남북으로 연결하는 직선도로(어도御道)가 외곽성의 중심선이었다는 점을 지적하고 있다.

효문제는 낙양으로 천도하기 이전에도 원구, 명당(明堂)과 같이 유교에 근거를 둔 제사 공간을 평성에 남북으로 건설했고, 남북의 축을 의식하고 있었던 흔적이 보인다. 아마도 효문제는 천도 이후의 낙양에서도 중심선을 의식했던 것으로 생각된다. 다만 천도 이후에 효문제가 낙양에 머물렀던 것은 2년도 되지 않아서 사망했을 때에는 태극전도, 원구도 완성되지 않았다. 효문제가 사망한 이후에 낙양 건설을 이어받았던 선무제는 효문제의 의도를 이해하고, 501년(경명 2년)에 외곽성을 건설하면서 원구를 낙양성의 남쪽 이수(伊水)의 근처로 옮겨서 짓게 했다. 이듬해에는 태극전도 준공하면서 중심선을 만들어냈다.

궁전과 제천의례 장소를 도성의 중심선으로 연결하는 시도는 제2장에서 소개했던 남조 송의 효무제에 이어서 두 번째로 이루어진 것이다. 효문제와 선무제가 송의 사례를 의식하고 있었는지의 여부는 알 수 없다. 남조에서부터 온 망명자가 전달했을 가능성도 생각해 볼 수 있다. 어쨌든 황제와 하늘을 직선으로 연결시켜서 권위 강화를 도모한 시도가 남조와 북조 양쪽에서 행해졌다는 것이 흥미롭다.

또한 선무제는 같은 해에 주민의 관리를 목적으로 거주 구역의 주위 300보(대략 500m)를 벽(坊坊)으로 둘러싸는 성방제(城坊制, 323개의 방) 시행을 시작했다. 성방제는 중국에서 진한 시대 이래 축성기술의 전통, 바둑판의 눈과 같은 마을 구획과 유목민의

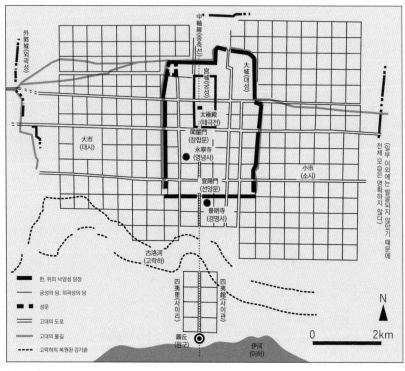

(그림 3-2) 낙양성도
출전: 依川英治 2018, 225쪽을 토대로 작성

가축 관리 경험 및 사민(徙民, 강제 이주), 계구수전 등으로 대표되
는 북위의 정치적 조직력이 화학적 반응을 일으켜 창출되었던 것
이었다.

앞에서 살펴보았던 북위 낙양성의 중심선과 성방제는 수, 당
의 장안성에도 계승되었고 이후에는 일본의 헤이조쿄(平城京), 헤
이안쿄(平安京)에도 영향을 끼치게 된다.

불교 도시 낙양

낙양의 인구에 대해서 547년(무정武定 5년)에 양현지(楊衒之)가 찬술하여 편찬된 『낙양가람기』(洛陽伽藍記) 권5 성북(城北)에서는 '호戶가 10만 9천 여'라고 기록되어 있다. 1호당 인구가 4명이라고 하면 43만 6천명이고, 5명이라고 하면 54만 5천 명이 되니 대략 50만 명이라고 할 수 있을 것이다. 그리고 외국 사절, 실크로드 무역을 담당하는 소그드 상인 등도 다수 낙양에 왔다.

그리고 효문제 이후 북위는 중화 왕조로서의 자의식을 높여 갔고, 남조까지 포함해서 사방에서부터 항복해 오는 사람을 '이적'(夷狄)으로 취급하며 낙양성 남쪽의 사이리(四夷里)에 거주하게 했다. 전성기에는 1만 호(4만~5만 명)가 거주하고 있었다고 생각된다. 이렇게 낙양은 화려한 국제도시이기도 했다. 낙양성 내부의 동쪽과 서쪽에 설치된 시장도 활기로 가득했다.

낙양의 경관을 특징지었던 것은 불교 사원이었다. 『위서』 권114의 석로지(釋老志)에 따르면, 518년(신구神龜 원년)의 시점에 이미 사원의 수는 500곳을 넘었고, 게다가 『낙양가람기』 권5 성북에 의하면, 10년 후 북위 말기에는 1,367개로 증가하고 있다.

국가에서 세운 사원의 대표로는 궁성 남쪽에 건설된 영녕사(永寧寺)를 언급할 수 있다. 이 사원은 효문제의 계획에 근거하여 516년(희평熙平 원년)에 건립되었다. 사원 내부에는 낙양에서 가장 높은 층의 9중목탑이 건립되었고, 불전(佛殿)도 태극전을 모방했다. 그리고 귀중한 불교 경전, 불상의 보관소로도 기능했다. 바로 근처에는 소현조(昭玄曹, 불교 교단을 통괄하는 관청)도 설치되어 영녕사는 북위 낙양 불교의 중심 역할을 맡고 있었다.

대성의 정문인 선양문(宣陽門)의 남쪽에 건립되었던 경명사(景明寺)도 중요하다. 이 사원은 경명 연간(500~503)에 건설된 국립 사원이었다. 경명사는 불상을 수레 등에 싣고 대열을 이루어 걸어가는 '행상'(行像)의 출발지이기도 했다. 『낙양가람기』 권3 성남(城南)의 경명사 조항에는 4월 8일(부처 탄신일)에 경명사를 출발한 불상이 낙양의 어도(중심선 위의 도로)를 대열을 이루어 지나가고 궁성의 정문인 창합문(閶闔門)에서 황제의 산화(散花, 꽃을 뿌리면서 부처를 공양하는 것)를 받을 때에 화려하고 떠들썩했던 모습이 기록되어 있다. '행상'은 황제라고 하는 존재를 수도의 주민에게 드러내는 중요한 이벤트로 기능했던 것이다.

그 이외에 천도와 같은 시기에 낙양의 남쪽으로 13km 떨어진 이수(伊水)의 서쪽 연안에 불교 석굴인 용문석굴(龍門石窟)이 개창되었다. 용문에서는 500년(경명 원년) 무렵에 선무제의 명령으로 효문제와 사망한 모친(고씨)을 위해 빈양중동(賓陽中洞)에 석굴 조영이 시작되었다(그림 3-3). 용문석굴에는 불상 건립의 경위와 목적 등을 벽면에 새긴 조상명(造像銘)이 다수 남아 있는데, 그 중에서는 서예의 모범으로 유명한 용문20품도 있다. 그 이후 화북 각지에서는 관료로부터 서민, 부녀에 이르기까지 개인 및 집에 있으면서 도를 닦는 신도 단체(읍의邑義)에 의해 왕성하게 석불, 불교 석굴이 만들어지면서 현재 북조 시대 조상명은 2천 점 이상 확인되고 있다.

조상명의 대부분에는 육친의 추선공양(追善供養)과 같은 개별적인 소원과 함께 황제 숭배와 국가의 수호도 기록되어 있다. 이

(그림 3-3) 빈양중동(賓陽中洞) 본존상(本尊像) (2004년에 필자 촬영)

는 불교 교단에서 파견되었던 교화승(敎化僧)이 읍의의 결성과 불상을 만드는 사업에 관여했을 때에 불교 숭배와 함께 황제 숭배를 지도했기 때문이다. 당시 불교 교단의 자세를 살펴볼 수 있다.

북위 후기의 정쟁

499년(태화 23년), 효문제는 임종을 맞이할 때에 동생과 왕숙 등에게 새로운 황제를 보좌하라고 명령했다. 그러나 선무제는 501년(경명 원년)에 그들로부터 실권을 빼앗고 친정(親政)을 시작했다. 그는 효문제의 노선을 계승했고, 낙양 건설을 지속하는 이외

151

에 남조의 양을 공격하여 격렬한 전투를 되풀이했다. 회남의 수춘(壽春)과 사천 북부의 영토 획득에 성공하기도 했지만, 어떤 때는 대패를 당하기도 했다. 506~507년(정시正始 3년~4년)에 단행된 종리성(鍾離城) 공략 실패로 인한 사망자 수는 20만 명이었다고도 알려져 있다. 양과의 경계선은 그 이후에도 불안정한 상황이 지속되었다. 한편, 정치적 측면에서는 선무제의 백부(모친의 오빠)이자 황후의 백부이기도 한 고조(高肇)가 상서령(尙書令), 사도(司徒)와 같은 고위 관직을 역임하며 전권을 휘둘렀다.

선무제는 515년(연창延昌 4년) 정월에 33세의 나이로 사망했다. 뒤를 이은 사람은 불과 6세의 황태자 원후(元詡, 효명제孝明帝)였다. 이때 고조는 사천을 공략하고 있었기 때문에 낙양에 부재한 상황이었다. 그래서 금위장관인 우충(于忠)이 일시적으로 실권을 장악하고 고조를 살해했다. 그러나 우충에 반발한 신료들은 황태후 호씨(한인)의 임조(臨朝)를 희망했다. 그녀는 선무제의 비(妃)이고, 효명제의 생모였다. 선무제의 후비들이 '자귀모사' 제도를 두려워하여 황태자의 생모가 되는 것을 원하지 않았던 것에 대해서 그녀는 "뱃속의 자식이 아들이니 또한 (선무제의) 장자가 되는 것입니다. 아들을 낳게 되면, 스스로 죽는다고 해도 상관없습니다."(『위서』 권13, 황후전)라고 기원하면서 효명제를 출산했다. 중국 문화에 친숙했던 선무제는 효문제가 이미 폐지의 의도를 가졌던 것도 고려하여 512년(연창 원년)에 원후를 태자로 책립하던 때에 황자를 낳은 호씨를 죽이지 않았다. 효명제가 즉위한 후, 황태후가 된 그녀는 어린 황제를 대신하여 실권을 장악했다. 사망한 이후의 시호(諡號)를 써서 영태후(靈太后)라고도 부른다. 흥미로운 정책으로서, 그녀는 제왕들로부터 가정 내 폭력을 당했던 부인을 보호하고 제왕의 폭력 행위를 금지시켰다. 당시로서는 보기 드문 명령이었고, 여성 권력자 특유의 방책이었다고 할 수 있다.

효명제 시기에는 북위의 실권을 둘러싸고 격렬한 정쟁이 반복되어 515~520년은 호태후, 520~525년은 원차(元叉, 도무제의 자손으로 호태후의 매제이다. 묘지에는 원예元乂라고 되어 있다), 525~528년은 다시 호태후로 눈이 어지러울 정도로 권력자가 변하였다. 효명제도 서서히 성장하여 호태후와 대립하게 되었다. 또한, 선무제 시기부터 효명제 초기에 걸쳐 흉작, 기근, 수해, 한해가 지속되었고 또한 5년에 걸쳐 지진이 빈발한 결과 백성들의 불안감이 높아졌으며 하북에서는 불교 승려를 지도자로 삼은 반란(대승大乘의 반란 등)이 잇달아 일어났다.

반란을 일으킨 근위병

효문제의 개혁에 의해 귀족제가 창출된 결과, 선무제 시기부터 효명제 시기에 걸쳐 고관은 황족과 귀족(북족, 한인)이 독점했다. 황족 제왕과 북족 귀족은 호사스러운 생활, 뇌물 수수, 매관, 영리사업 등을 전개했고 북족 사이의 격차가 넓어졌다. 한인 귀족도 고위 관료나 중견 관료로 대폭 진출하여 그 지위를 유지했기 때문에 고조, 호태후, 원차와 같은 권력자에 밀착해 있었다.

쿠보조에 요시후미의 2017년 연구에 따르면, 이 시기의 관료 등용은 성족분정으로 결정되었던 가문의 순위에 의해 기가관(초임관)에서 격차가 존재했고 승진도 상당히 계통적이었다. 그래서 가문의 지위 차이가 승진에 큰 영향을 끼쳤다. 물론 학식이나 정무 능력, 또는 권력자와의 관계를 통해 역전하는 것이 가능했다. 효문제의 개혁 이후 정기적인 고과(考課, 인사 평가)를 행한다는 것이 선언되었고, 능력과 업적도 고려되었다. 그러나 중국 문화에 친숙하지 않고 문서 행정에도 정통하지 않았던 중하층 북족은 서서히 관계(官界)로부터 배제되고 말았다. 그 결과, 중하층 북족의 불만이 증대해 가게 된다.

그들의 불만은 519년(신구 2년)에 근위의 폭동(우림羽林의 변) 형식으로 나타났다. 효문제는 낙양 천도 이후에 근위(우림, 호분虎賁)에 낙양으로 이주했던 북족(대천호)을 등용했다. 그러나 그들에게 특권은 없었고, 고위 관료나 중급 관료가 될 기회도 거의 없었다. 519년 무렵에 한인 관료 장중우(張仲瑀)가 청관(귀족이 취임하는 관료)에 무인을 등용해서는 안 된다고 제언하자 근위병들의 불만이 폭발했다. 같은 해 2월, 격분한 우림과 호분의 병사 1천 명 정도가 모여서 상서성의 청사(廳舍)에 욕을 퍼부으며 돌을 던진 후에 장중우의 집을 불태워 그의 부친과 형을 죽음으로 몰아넣었던 것이다.

이에 대해 조정은 주모자 8명을 처형했지만, 그 이외 사람들의 죄는 불문에 부쳐버렸다. 그리고 근위의 무인에게도 문관으로 전임할 수 있는 자격을 부여했다. 그 결과, 관직이 부족해지고 말았다. 그래서 중하급 관료의 관직 임용 기준을 변경했고, '정년격'(停年格)을 제정했다. 이는 전임 관직을 그만둔 이후부터의 대기 시간이 긴 순서대로 비어 있는 자리에 채워넣는 것이었다. 이를 통해 일단 근위의 불만은 해소되었다. 그러나 인사가 정체되었고, 관계의 분위기도 침체되어 버렸다. 또한, 중하층 북족 전체의 불만이 사라진 것도 아니었다. 본격적인 불길은 북변의 육진(六鎭)에서부터 솟아오르게 된다(제4장 참조).

북위 후기의 부족민

지금까지 효문제 사망 이후의 중앙 정계에 대해서 서술했다. 효문제의 중국화 정책이 북위에게 큰 영향을 주었던 것을 확인할 수 있다. 문화적 측면에서도 유교가 중시된 것 이외에 오호 여러 정권들의 역사를 정리하여 최홍(崔鴻)이 찬술한 『십육국춘추』(十六國春秋) 및 하천에 주목한 지리서로 역도원(酈道元)이 찬술한 『수경주』(水經注) 등이 편찬되었다.

그러나 이 시기에도 중국화 정책에 대해 거리를 두고 유목생활을 유지한 사람들이 존재했다. 『낙양가람기』 권3 성남의 용화사(龍華寺) 조항에 아래와 같은 기록이 있다.

북이(北夷)의 추장(부족장)이 아들을 파견하여 입조하는 경우는 언제나 가을에 왔다가 봄에 돌아간다. 중국의 더위를 피하려는 것으로, 당시 사람들은 이를 안신(雁臣)이라고 불렀다.

천도 이후에도 가을에 낙양에 왔다가 봄이 되면 북방으로 돌아가는 유목생활을 행한 부족민의 '추장'은 철새와 같은 행동 때문에 '안신'이라고 불렸던 것이다. 그들은 평상시에는 유목생활을 보내다가 때에 따라 북위의 군사 행동에 참가했다. 또한, 그들은 낙양에 올 때마다 명마를 가지고 와서 교역을 행했다. 요시다 아이(吉田愛)의 2018년 연구에 따르면, 낙양 천도 이후 효문제는 말을 확보하기 위해서 낙양 북동쪽 황하 유역의 동서로 대략 130km에 이르는 광대한 토지를 목지(마장馬場)로 삼아 평성에서부터 가축을 이동시켰다. 그리고 국가에서 운영하는 목장이 있는 하서(河西)로부터도 말을 병주(幷州, 태원)를 경유하여 풍토에 계속 익숙하게 하면서 서서히 남하시켜 '마장'으로 이동해 들어오게 하였다. 북위는 이렇게 공적인 군마 공급 이외에 '안신'들로부터도 말을 구입하고 있었던 것이다.

'안신' 이외에도 북위의 북방과 서북방에는 부족민을 이끄는 부족장이 다수 존재하고 있었다. 북위는 자주 북변에 사신을 파견하여 부족장에 대한 군사적 위로와 진휼(식량의 공급)을 행했고, 그들을 통해 부족민을 간접적으로 지배했다. 또한, 북위는 서북 지방의 중하급 관료에 여러 부족의 지도자와 유력자를 등용하고 그들을 받아들이고자 했다. 그러나 효문제의 개혁에 대한 그들의 불만은 사라지지 않았다. 선무제 시기부터 효명제 시기(523년 이전)에 걸쳐 관중에서는 저(氐), 강(羌), 분주호(汾州胡) 등의 반란이 발생했다. 그 중에서는 독자적인 연호를 세워 독립을 시도한 움직임도 존재했다. 이렇게 북위로부터의 자립을 도모하는 움직임은 523년(정광正光 4년) 이후에 폭발적으로 증가하게 되었다(제4장 참조).

풍태후는 삼장제와 균전제를 도입하여 화북 지배를 추진해 갔다. 풍태후가 사망한 이후에 친정을 시작한 효문제는 천하통일을 목표로 삼아 예제 개혁을 시작으로 낙양 천도, 중국화 정책을 추진하여 중화 황제를 정점으로 하는 귀족제 사회의 구축을 시도했다. 그러나 효문제의 개혁에는 북위 전기의 제도와 문화를 근거로 삼는 부분도 있었고, 단순히 한인에게 동화했던 것은 아니었다. 또한, 효문제의 개혁 이후에도 유목생활을 유지하는 사람들이 존재했다. 선무제, 효명제 시기에는 북족 내부에서 격차가 확대되고 중하층 북족의 불만이 높아져 갔다. 그들의 분노는 523년(정광 4년)에 정점에 도달했고, 육진의 난이 발생하게 되었다. 이 반란의 결과, 북위는 물론이고 남북조 전체가 동란의 시대에 돌입하게 된다. 다음 장에서 상세하게 살펴보고자 한다.

제4장 동위와 서위의 사투

북조3

5세기 말에 단행되었던 효문제의 여러 개혁들로 인해 북위의 중국화가 추진되었고, 북위를 정통 중화 왕조로 간주하는 의식도 침투해 갔다. 그러나 귀족제를 도입한 결과, 고위 관료는 황족, 북족, 한인 귀족이 차지하게 되면서 개혁에서부터 소외되었던 중하층 북족의 불만이 서서히 높아지게 되었다. 그리고 523년에 육진의 난이 발생한 결과, 순식간에 화북은 전란에 빠졌고 북위의 분열이라는 사태로 전개되고 말았던 것이다. 4장에서는 이 육진의 난부터 북위의 동서 분열을 거쳐 동위(東魏)와 서위(西魏)의 사투(死鬪)와 모색에 이르기까지를 살펴보려고 한다.

1. 육진(六鎭)의 난과 이주영(爾朱榮)의 전횡

진민(鎭民)과 부족민의 불만

효문제의 여러 개혁들에 의해 북위가 귀족제 국가로 변모한 결과, 북족 내의 격차가 벌어졌고 특히 북위의 북변에 거주하는 중하층 북족의 불만이 높아져 갔다. 그 불만이 폭발에 이르게 된 원인(遠因)은 북위 전기에 설치되었던 '진'(鎭)이었다. 이때까지 북위는 정복했던 토지에 진을 설치하고, 그 장관(진도대장鎭都大將)으로 북족을 파견하여 군정을 실시하게 했다. 진은 효문제 시기부터 서서히 주, 군으로 치환되었지만, 유목민에 대처하기 위해 북변과 서북변에 설치되었던 진은 그대로 유지되었다.

특히 중요했던 곳은 장성 지대에 설치되었던 옥야(沃野), 회삭(懷朔), 무천(武川), 무명(撫冥), 유현(柔玄), 회황(懷荒)의 여섯 진(이른바 육진)이었다. 북위 전기의 육진은 수도 평성을 유연으로부터 방어하는 중요한 거점이었기 때문에 북족, 한인 유력자의 자제도 파견되었고 진과 그 주변에 거주하는 사람들(진민)에게는 화북의 서민과는 별도의 호적이 부여되었다. 또한, 북위에 정복되었던 북량(하서)과 북연(요동) 등의 사람들이 이주되었던 것 이외에 복속했던 고차의 일부도 안치되었다.

그러나 효문제의 낙양 천도에 의해 육진은 수도의 방어 거점에서부터 북변의 방어 거점으로 격하되었고, 중요성이 떨어지면서 정치적 지위가 하락하고 말았다. 파견되었던 진도대장의 질도 악화되었고, 진민 및 복속한 고차와 여러 부족을 멸시하고 착취하는 상태가 되었다. 당연히 진민과 여러 부족들은 북위에 대해 불만을 품게 되었다. 그리고 효문제의 개혁으로 인해 북족 내의 격차가 벌어진 것도 있어서 520년대 초의 육진은 이미 폭발 직전의 상황에 놓여 있었다.

육진의 난

그렇다면, 이러한 상황에 불을 당겨버린 직접적인 원인은 무엇이었을까? 사가와 에이지의 2017년 연구에 따르면, 유연에 대한 방책의 실패가 그 원인이었다고 한다. 북위의 경쟁자로서 몽골 고원을 지배하고 있었던 유연이지만, 지배 아래에 있었던 고차가 480년대에 독립했던 것을 계기로 서서히 약화되었다. 천산산맥 일대를 지배했던 고차는 실크로드 무역을 담당한 소그드인과 제휴하여 동서무역의 이익을 장악했고, 서방으로 세력을 팽창했다. 중앙유라시아는 몽골 고원의 유연, 천산산맥의 고차, 중앙아시아 서부를 지배한 유목국가 에프탈의 정립 상태에 놓이게 된 것이다.

고차와의 사투를 전개했던 유연에서는 520년(정광 원년)에 내란이 발생하여 11대 군주인 가한 아나괴(阿那瓌, 재위 520~552)가 북위에 투항하는 사태가 벌어졌다. 이때 북위의 실권을 장악하고 있었던 원차(도무제의 자손이자 호태후의 매제)는 아나괴를 지원하기로 결정했다. 그러나 이때 유연은 고차의 공격을 받아 혼란의 상태에 빠져 있었다. 그래서 북위는 우선 아나괴를 회삭진 주변에 안치시키려고 했다. 여기에서 예측이 틀어져 버렸다.

523년(정광 4년), 아나괴는 기근을 이유로 육진 주변에서 약탈을 반복하더니 결국 몽골 고원으로 되돌아가 유연의 가한으로 복귀했고, 이후에는 북위가 파견했던 추격 토벌 군대를 피하는 것에도 성공했다. 이를 알게 된 육진 주변의 여러 부족들은 유연을 제어하지 못하는 북위에게 불만을 품었다. 이때 조정에서는 진민 중에서도 특히 중원에서부터 파견되었던 북족과 한인의 자손을 위무하기 위해서 육진을 주(州)로 바꾸겠다는 제안이 나왔다. 그러나 육진 주변에 거주하는 여러 부족들과 고차는 이 제안을 중국화 정책과 부족 해산의 일환이라고 파악하여 분노를 폭발시키게 되었던 것이다.

523년 겨울, 옥야진에서 파락한발릉(破落汗拔陵)이 거병하여 진왕(眞王) 원년이라고 연호를 세우고 북위에 반기를 들었다. 이 반란에 고차와 여러 부족들이 호응했고, 곧 옥야, 회삭, 무천, 무명, 유현, 회황으로 파급되었다. 이른바 육진의 난이 시작된 것이다. 파락한발릉은 북위의 관제를 계속 모방하면서 각지의 부족장에게 왕호를 수여하는 부족연합의 형식을 취했고 옥야진, 회삭진, 무천진을 연이어 함락했다.

육진의 난은 초기 단계에서는 민족 반란의 요소가 강했지만, 진민 중에서도 호응하는 자가 점차 나타나면서 그 세력은 순식간에 확대되었다. 말하자면, 북위 내부의 문제와 유라시아 대륙 동부의 세력 분쟁이 연동되어 나타나게 되었던 것이다.

화북으로 퍼지는 전란

육진과 똑같은 사태는 서북변의 진과 주에서도 발생하고 있었다. 서북 지대의 주에서는 효문제의 개혁 이후에도 유목생활을 영위하던 부족민이나 서민과 별도의 호적(군적)을 가지고 있었던 성민(城民)이 다수 존재했는데 그들의 불만도 높아지고 있었던 것이다. 그래서 반란의 파도는 북위 서북변에도 파급되었고, 5년 정도 사이에 30번 이상의 반란이 각지에서 발생하여 화북은 전란 상태에 빠졌다(그림 4-1). 이 틈을 타서 남조의 양도 회수 일대에서 공

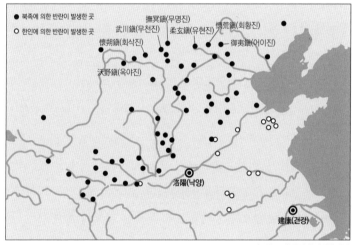

(그림 4-1) 효명제 시기의 반란
출전: 㝢田愛, 2005를 토대로 작성

세를 펼쳐 차차 영토를 넓히게 되었다(제5장 참조). 고구려도 요서로 침입했다.

북위도 이 혼란에 대책이 없었던 것은 아니었다. 육진의 난을 야기했던 파락한발릉에 대해서는 유연의 아나괴와 굳이 손을 잡고 협격했던 것이다. 그 결과, 525년(효창孝昌 원년) 6월에 파락한

발릉이 격파되었고 20만이라고 일컬어진 반란군이 북위에 항복했다. 그 이후 아나괴는 북위와 안정적인 관계를 구축하고 고차 공격에 전력을 기울이게 되었다. 또한, 청해를 지배하던 토욕혼과도 혼인을 통해 관계를 강화했던 것이 최근에 발견되었던 '토욕혼 고라복묘지'(吐谷渾庫羅伏墓誌)로부터 판명되었다. 제도적 측면에서는 칙련두병두벌가한(勅連頭兵豆伐可汗)이라고 부르는 한편, 북위의 관제를 참고하여 중국적 제도를 일부 도입하면서 유목적 관제를 병용했다. 한편, 파락한발릉은 유연에 의해 살해되었다고도 하는데, 사료에는 명확한 기록이 없어서 그 죽음에 대해서는 잘 알 수가 없다.

이때 북위에 항복했던 반란군은 하북으로 이동되었는데, 그 중에서 다시 토근락주(吐斤洛周, 『위서』에는 두락주杜洛周), 선우수례(鮮于修禮), 갈영(葛榮) 등이 반란을 일으켰다. 이 중에서 갈영은 각지의 반란군을 받아들이면서 하북에서 크게 세력을 구축했고, 526년(효창 2년) 9월에는 천자를 칭하면서 국호를 제(齊)라고 했다.

이 무렵부터 북위 조정이 서서히 기능을 하지 못하게 된다. 제3장에서도 다루었던 것처럼, 육진의 난 발생 전후 북위의 조정에서는 권력 투쟁이 지속되고 있었다. 520년(정광 원년)에 금위장관인 원차가 쿠데타를 일으켜 호태후를 유폐시키고 실권을 장악했다. 이후에 유연에 대한 방책이 육진의 난을 초래했다는 점은 앞서 서술했다. 육진의 난이 심각해지는 와중인 525년(효창 원년) 2월에 호태후는 원차로부터 실권을 되찾아왔고, 다시 조정에서 통치를 시작했지만 이번에는 성장한 효명제와 대립하게 되었다. 이러한 권력 투쟁의 영향으로 조정은 여러 반란들에 좀처럼 효율적인 대응을 하지 못했던 것이다.

이주영의 등장과 하음(河陰)의 변

이러한 상황에서 혜성과 같이 등장했던 사람이 이주영이다. 그는 북수용(北秀容, 현재 산서성 흔주시忻州市)에서 세력을 보유했던 계호(契胡)라고 하는 유목민이었고, 제3장의 끝에서 소개했던 안신(雁臣)의 전형적인 사례였다. 그의 조상은 북위의 도무제에게 복속하였고, 대대로 수장을 세습하면서 목축생활 및 부족을 유지했고 이주영 시대에 이르러서도 8천 호를 이끌고 있었다. 그는 결단력과 지도력이 뛰어났고, 개인 재산(가축)을 내놓아 병력을 모은 다음 육진의 난 이후에 산서 각지에서 발생했던 반란을 진압하며 명성을 떨치게 되었다.

그의 휘하에는 북위에 대한 악감정이 있는 관료, 육진의 난에 참가했던 사람 등 다양한 인재가 모여 있었다. 예를 들면, 원천목(元天穆, 평문제의 자손)은 조정으로부터 사신으로 이주영에게 파견되었을 때에 그와 의기투합하여 형제의 약속을 교환하고 심복으로서 활약했다. 또한, 육진의 난 발생 이후에는 훗날 남조의 양을 괴멸시키게 되는 후경(侯景)과 동위의 실권을 장악하게 되는 고환(高歡)도 이주영을 섬겼다.

호태후와의 대립이 심각해지는 와중에 이주영의 딸을 비로 들이게 된 효명제는 서서히 이주영에게 기대를 품게 되었다. 그래서 그는 탈권을 계획하고 이주영을 낙양으로 초빙했다. 이에 대해 호태후는 528년(효창 4년) 정월에 후궁에서 태어났을 뿐인 효명제의 딸을 남자 아이로 위장하고 2월에 효명제를 독살했다(향년 19세). 그리고 생후 50일이 지난 여자 아이를 제위에 올렸다. 그런데 신료들의 동요가 수습되는 것을 본 호태후는 곧바로 황제가 여자 아이라는 점을 밝힌 다음 폐위시키고, 다시 불과 3세인 원쇠(元釗, 효문제의 증손, 유주幼主)를 옹립했다.

이러한 상황에 놓인 이주영은 같은 해 4월에 헌문제의 손자 원자유(元子攸, 효장제孝莊帝)를 옹립했다(그림 4-2). 효장제와 함께 낙양으로 진군한 이주영은 4월 13일에 호태후와 유주를 사로잡아 황하에 던져 살해하고, 2천 명 이상의 관료들을 학살했다. 이 사건은 하음의 변이라 불리고 있다. 이때 피해를 입었던 고위 관료 대부분은 북위의 황족과 한인 귀족이었고, 북족은 거의 살해되지 않았다. 이것은 북족의 중앙 관료 취임자가 감소했다는 것과 북족 우위의 노선이 이주영의 정치적 자세였음을 시사하고 있다.

이주영 정권의 성립

북위의 실권을 장악한 이주영은 제위 찬탈을 계획하고, 황금으로 자신의 형상을 만들어 계획이 이루어질 것인지의 여부를 점쳤다. 그러나 형상 주조에 실패했고, 자신도 착란 상태에 빠져버리면서 제위를 노렸던 것을 후회하고 즉위를 포기했다고 전해지고 있다. 실은 이렇게 형상을 주조해서 치는 점은 유목민의 풍습 중하나인데, 북위 전기에도 황후를 책립할 때에 행해지고 있었다. 예를 들면, 명원제가 총애하는 비였던 요씨는 형상 주조가 실패하

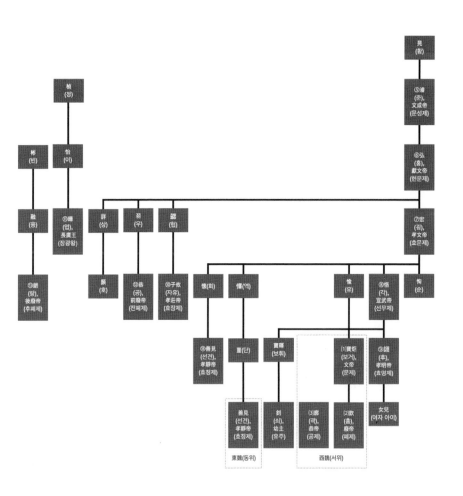

(그림 4-2) 북위 후기 황제 계보도
출전: 필자 작성. 황제의 대수(代數)는 窪添慶文, 2020에 의거했다.

면서 결국 황후가 되지 못했다. 이외에도 이주영이 유목민의 풍습을 유지했다는 것을 보여주는 일화가 남아 있다. 이주영이 입조하자 효장제, 왕공은 물론이고 황후, 공주, 왕비 등과 함께 유목민의 풍습인 연사(宴射, 화살을 쏘는 대회 및 연회)를 행하고 황제의 화살이 과녁에 맞을 때마다 관료, 여성들과 함께 춤을 추었으며 술에 취하면 반드시 선비어 노래('수리보리樹梨普梨의 곡曲')를 열창했다고 전해진다.

한편, 하마터면 황제의 자리를 유지하지 못할 뻔했던 효장제는 이주영의 환심을 얻기 위해 효명제의 비였던 이주영의 딸을 황후로 삼았다. 외척이 된 이주영은 같은 해 5월에 진양(晋陽, 현재 산서성 태원)으로 되돌아가서 원천목과 이주씨 일족 및 측근을 중앙의 요직에 나아가게 했고, 그들을 통해 낙양을 감시하고 통제하며 전권을 휘둘렀다.

이후 이주영은 차례차례 군사적 공적을 올렸다. 먼저 528년(건의建義 원년) 9월에 갈영이 하북에서부터 100만 명이라 칭하는 대군을 이끌고 진군해 오자 길게 펼쳐진 대열을 불과 7천 명으로 습격하여 갈영을 사로잡는 데에 성공했다(부구滏口의 전투). 이때 20만 명이 항복했고, 하북의 반란집단 대부분은 이주영에게 흡수되었다. 그 중에는 이후에 서위의 실권을 장악하게 되는 무천진 출신의 우문태(宇文泰)가 포함되어 있었다. 이주영은 갈영을 타도한 공적으로 인해 대승상(최고 관직)에 취임했고, 명실상부하게 최고위 신료 자리에 올랐다.

이듬해 5월에는 양의 무제에 의해 '위주'(魏主)로 옹립되었던 원호(元顥, 하음의 변 이후에 양으로 망명했던 북위의 황족)가 양의 명장 진경지(陳慶之)와 함께 북상해 왔다. 진경지는 불과 7천의 병력으로 북위 군대를 차례차례 타파했고, 낙양까지 점령했다. 이에 대응해 이주영은 100만이라 칭하는 대군으로 공격을 가해 낙양을 탈환했다. 원호는 도망치던 도중에 살해되었고, 진경지는 승려로 변장하여 간신히 양으로 귀국했다. 이 사건은 제5장에서도 다루게 될 것이다.

이외에도 이주영은 일족인 이주천광(爾朱天光)을 관중으로 파견했다. 그 지역에서는 강인(羌人) 막절념생(莫折念生)과 흉노인 만사추노(萬俟醜奴) 등이 차례차례 거병했지만, 이주천광은 관중을 평정하는 데에 성공했다. 이렇게 이주영은 차례대로 반란 세력을 진압하면서 화북의 재통일에 대략 성공했던 것이다.

이주영의 주살

이주영이 실권을 장악한 와중에 효장제는 효문제의 노선에 반대되는 정책을 시행했다. 529년(영안永安 2년) 4월에는 부친 원협(元勰, 효문제의 동생)을 종묘에서 제사지내기 위해 문목황제(文穆皇帝, 존호)와 숙조(肅祖, 묘호)를 추증하면서 효문제를 '백고'(伯考, 백부)로 격하시켰다. 그리고 이주영에게는 북위 전기의 최고 지위 장군 호칭인 주국대장군(柱國大將軍), 이어서 천주대장군(天柱大將軍)을 수여했다. 이 중에서 주국(柱國)은 원래 전국시대의 초(楚)에서 사용되었던 관직 명칭이었는데, 북위 전기에 부활했던 것이었다. 그 이외에 이주영을 태원왕(太原王)에 봉한 것을 시작으로 북위 전기와 마찬가지로 황족 이외의 북족에게도 왕작을 부여했다.

　이러한 정책들에는 이주영의 의향이 강하게 반영되어 있다. 앞서 살펴본 것처럼, 이주영은 유목생활과 풍습을 유지했고 세력을 확대하는 과정에서 많은 부족들을 받아들였다. 그러나 그는 한인과의 제휴는 시도하지 않았다. 이주영은 효문제의 노선에 반대했고, 북위 전기의 체제 부활을 지향하고 있었던 것이다.

　그런데 이때 효장제는 효문제의 개혁으로 만들어졌던 관제, 의례 등을 전부 북위 전기의 체제로 되돌리지는 않았다. 어디까지나 부분적인 개변에 그쳤다는 점에 주의해야 한다. 또한 효문제의 개혁은 중국화와 함께 황제권 강화도 도모한 것이었기에 효장제의 입장에서는 전면적으로 부정할 수 없었다. 효장제 스스로도 이주영과는 달리 한인 관료를 측근에 등용했다. 오히려 효장제는 전권을 휘두르는 이주영에 대해 서서히 불만과 경계심을 품게 되었다.

　그래서 효장제는 한인 관료의 협력을 얻어 530년(영안 3년) 9월에 낙양에 왔던 이주영과 원천목을 주살하려고 시도했다. 효장제는 이주씨 황후에게 아들이 생겼다고 하면서 9월 25일에 이주영과 원천목을 불러서 입조하게 하였다. 이때 효장제는 지나치게 긴장을 해서 안면이 창백해지는 바람에 술을 마셔서 뺨에 색깔을 물들게 하고, 이주영 등을 대접했다고 전해지고 있다. 한편, 이주영은 효장제를 가볍게 여기고 대비도 하지 않은 채 궁중에 들어왔다.

　황제는 명광전(明光殿)의 동랑(東廊)에 복병을 두고, 이주영과 그의 장남 보제(菩提) 및 원천목 등을 유인하였다. 자리가 정해지자 광록소경(光祿少卿) 노안(魯安), 상식전어(嘗食典御) 이간희(李侃晞) 등이 칼을 뽑고 이르렀다. 이주영은 궁지에 몰리자 황제의 자리로 몸을 던졌다. 황제는 미리 무릎 아래에 칼을 숨겨놓고 있었고, 마침내 직접 칼을 들고 베었다. 노안 등이 마구 찌르니 이주영, 원천목, 이주보제는 동시에 죽었다. 이때 이주영은 38세였다.(『위서』 권74, 이주영전)

효장제는 궁전 내에서 직접 칼을 휘둘러서 이주영, 원천목을 주살했던 것이다.

이들을 주살한 이후에 효장제는 이주영이 가지고 있었던 홀(笏, 입조할 때에 지니고 있는 판목)을 보았는데, 그 안쪽에는 이주영의 심복 이외 사람은 황제의 측근에서 배제하라는 제안이 기록되어 있었다. 황제는 "이 자식이! 만약 오늘을 넘겼다면, 통제가 불가능해졌을 것이다."(『북사北史』 권48, 이주영전)라고 말했다고 전해지고 있다. 이 이야기가 사실이라면, 효장제는 아슬아슬한 타이밍에 이주영을 주살했던 것이 된다.

2. 동위의 권신 고환의 고뇌 – 훈귀와 한인 귀족의 틈에서

성장하는 고환

이주영이 주살된 이후, 낙양 사람들은 쾌재를 불렀다고 전해진다. 그러나 효장제의 번영은 너무나도 짧았다. 이주영이 사망한 후, 곧바로 이주씨 일족이 각지에서 봉기한 것이다. 특히 진양에서 거병했던 이주조(爾朱兆, 이주영의 조카)는 원엽(元曄, 경목태자 탁발황의 증손,

장광왕長廣王)을 옹립하고 잇달아 조정의 군대를 격파하면서 12월에는 낙양으로 진격해 왔다. 그 예봉 앞에서 어찌할 도리가 없었던 효장제는 사로잡혔고, 진양으로 연행되어 살해되었다(향년 24세).

낙양을 점거한 이주조는 이듬해 2월에는 자신이 옹립했던 원엽을 쓸모가 없어진 물건일 뿐이라며 폐위시키고, 대신에 원공(元恭, 헌문제의 손자)을 즉위시켰다(전폐제, 또 다른 이름은 절민제節閔帝). 이주조는 숙부인 이주영과 마찬가지로 진양에 머무르면서 북위의 실권을 장악하려 했지만 그 목적대로 일이 이루어지지 않았다. 이주씨 일족에서 내부 대립이 발생했을 뿐만 아니라 발해 고씨, 범양 노씨와 같은 하북의 한인 귀족들이 잇달아 거병했기 때문이다. 북위는 다시 혼란의 상태에 빠졌다.

이러한 상황을 보고 몸을 일으킨 인물이 이주영의 부하였던 고환이다. 그는 496년(태화 20년)에 육진의 하나인 회삭진에서 태어났다. 발해 고씨를 자칭했지만, 실제로는 선비족이었던 것으로 여겨진다. 이는 고환이 선비식의 하육혼(賀六渾)이라는 자(字, 부를 때의 이름)를 가지고 있었던 것으로부터도 알 수 있다. 그의 집안은 말도 기르지 못할 정도로 가난했고, 그도 부역(賦役)에 끌려 나가 있었는데 여기에서 전환의 기회가 찾아왔다. 북족의 유력자인 누씨(婁氏)의 딸(누소군婁昭君)이 뜻밖에 그에게 첫눈에 반해 버렸던 것이다. 그녀는 육체노동에 힘쓰고 있는 고환을 보고 "이 사람만이 틀림없이 나의 남편이다."(『북사』 권14, 후비전 하)라고 말하면서 하인을 통해 고환에게 생각을 전달했다고 한다. 그녀는 고환의 가난함을 고려하여 개인 재산을 들여서 그를 대신해 결혼 예물을 마련했고, 양친으로부터 결혼을 허락받았다. 고환은 그녀를 부인으로 맞이하면서 자산을 얻었고, 처음으로 말을 소유할 수 있게 되었다고 전해진다.

그 이후 고환은 부인의 덕분에 손에 넣은 말을 회삭진에 헌상하면서 말단 관인이 되었다. 그러나 전령(傳令)으로서 낙양을 방문했을 때에 근위에 의한 관료 습격 사건(519년에 일어난 우림의 변이다. 제3장 참조)을 알게 되었고, 북위의 종말이 가까이 왔다고 생각했다. 그래서 북위를 단념해버린 그는 누소군과 함께 자산을 투자하여 재능에 자신감이 있는 무리들을 모았다. 그 중에는 당시 회삭진의 하급 관인이었던 후경도 있었다. 육진의 난이 발발했을 때 고환의 동향에 대해서는 잘 알 수 없지만, 525년(효창 원년)의 두근락주의 반란에 참가했다는 점은 확인할 수 있다. 그러나 고환은 두근락주를 일찍부터 단념하고, 갈영과 이어서 이주영의 휘하로 급히 달려가 그의 측근으로 활약했다. 그리고 마침내 옛 갈영 집단의 통솔을 맡기까지에 이르렀다.

이주영이 사망한 이후에 이주조가 북위의 실권을 장악하자 고환은 식료품 조달을 명분으로 삼아 하북으로 이동했고, 531년(보태普泰 원년) 6월에 한인 귀족과 제휴하여 원랑(元朗, 경목태자의 현손, 후폐제)을 옹립하여 이주씨와 대결하겠다는 결단을 내렸다. 이듬해, 고환이 하북의 중요 거점인 업(鄴, 현재 하북성 한단시邯鄲市 임장현臨漳縣)을 점령하자 이주조는 20만이라 칭하는 대군을 파견했다. 같은 해 윤3월, 대략 3만의 병력을 이끌었던 고환은 업의 교외에 있는 한릉(韓陵)에서 사방을 포위당했으면서도 둥근 진영을 조직하여 결투 끝에 이주씨를 격파하고(한릉의 전투) 그 기세로 낙양과 진양을 점령했다. 고환에게 패배한 이주조는 이주씨의 본거지인 산서의 수용(秀容)으로 도피했고, 533년(영희永熙 2년) 정월에 공격을 당해 멸망하였다.

이제 고환은 이주씨를 멸망시킨 이후, 효장제의 황후였던 이주영의 딸(대이주씨)과 원엽의 황후였던 이주조의 딸(소이주씨)을 측실로 맞이했다. 고환은 정비(正妃)인 누씨보다도 대이주씨를 공경했고, 만날 때에는 정식 복장을 갖추고 스스로 하관(下官, 하인)이라 칭했을 정도였다. 이주씨의 딸과 혼인하면서 이주씨를 섬겼던 북족의 지지를 얻으려고 했을 것이다.

이야기를 한릉 전투 직후로 되돌려보자. 532년(중흥 2년) 4월, 낙양 점령에 성공한 고환은 이주조가 옹립했던 원공 및 자신이 옹립했던 원랑을 함께 폐위시키고 새롭게 효문제의 손자인 원수(元脩, 효무제)를 옹립한 다음 원수를 살해했다(향년 35세). 효문제의 혈통을 물려받은 원수를 일부러 제위에 올린 것은 효문제 노선의 계승을 바라는 한인 관료의 지지를 모으기 위함이었다. 그런데 효무제는 즉위할 때에 7명의 남자가 짊어진 검은색 펠트 위에 올라서 서쪽을 향해 하늘에 절을 하는 의식을 수행했다. 이는 선비족의 전통적인 의식 스타일이었다. 여기에서부터 고환이 하북의 한인 귀족과 북족의 사이에 끼어 있으면서 양자의 균형을 교묘하게 다루지 않으면 안 되었던 모습을 엿볼 수 있다. 한편, 같은 해 11월에 원엽과 원랑도 살해되었다(향년 불명, 향년 20세).

(그림 4-3) 동위, 서위, 양(546년)
출전: 『중국역사지도집 제4책』을 토대로 작성

동위의 성립과 업, 진양

고환은 대승상에 취임한 이후, 이주영과 똑같이 진양에 대승상부(大丞相府, 이를 패부霸府라고 한다)를 설치하고 측근을 낙양에 들여보냈다. 한편, 효무제는 괴뢰의 지위에 만족하지 못하고, 이주씨 토벌 이후에 관중을 지배했던 하발악(賀拔岳, 본래 이주영의 부하), 우문태와 제휴하고 고환과 대립하겠다는 자세를 드러냈다. 그러나 효무제는 534년(영희 3년) 7월에 고환의 압력을 견디지 못하고 관중에 있는 우문태에게로 탈출했다. 이때 효무제(동위와 북제에서는 출제出帝라고 칭했다)를 따랐던 사람이 1만 명도 되지 않았다고 한다. 북위 중앙군의 태반을 흡수한 고환은 같은 해 10월에 효문제의 증손인 11살의 원선견(元善見, 효정제孝靜帝)을 옹립했다. 고환은 효정제가 효명제의 뒤를 계승한 것으로 정했고, 효문제-선무제-효명제라는 계통으로 연결시키는 것을 표명하면서 효문제 노선의 계승을 선언했던 것이다.

이어서 고환은 낙양을 떠나 업(鄴)으로 천도했다. 업은 후한 말기 조조가 거점을 두었던 장소로 알려져 있는데, 위진남북조 시기에 관개, 수운(水運)의 개량이 진척되어 하북 평원의 물자 집산지로서 기능하고 있었다. 한편, 낙양은 북위 말기의 동란으로 인해 황폐해져 있었고, 게다가 서위와 양으로부터 공격을 받기 쉬운 장소였다. 그래서 고환은 군사적으로도, 경제적으로도 안정적이었던 업으로 천도했던 것이다. 이것이 이른바 동위의 성립이다. 이로 인해 북위는 분열되었고, 고환이 실권을 장악한 동위와 우문태가 실권을 장악한 서위가 화북의 동쪽과 서쪽에서 대치하게 된다(그림 4-3).

천도 이후, 고환은 조조가 정비했던 업성(鄴城, 북성)의 남쪽에 낙양을 모방한 남성(南城)을 건설하여 왕도(王都)로서의 체재를 정비했다. 그러나 고환 자신은 업과 진양의 패부를 왕래했고, 업에서는 중신(重臣)과 그의 계승자인 고징(高澄)을 파견하여 실권을 장악했다. 그렇다면, 고환은 왜 진양에 패부를 설치했던 것일까?

본래 진양 주변은 유목과 농경이 혼재한 지역(농업과 유목의 경계지대)이었고, 북위 후기에도 유목민 부족장이 산재해 있었다. 그리고 이주영이 패부를 설치했던 것으로 인해 육진 출신의 무장, 병사들도 대량으로 거주하게 되었다. 실제로, 진양이 있었던 현재 산서성 태원시부터는 북족 계열의 동위와 북제의 많은 공신들의 분묘가 발견되고 있다. 그래서 진양을 제압하는 것이 군사적으로 매우 중요했던 것이다.

그리고 진양은 업, 낙양은 물론이고 북방의 몽골 고원과 서방의 오르도스와도 연결되는 교통의 요충지였다. 이는 군사적인 측면뿐만 아니라 경제적인 의미도 크다는 것이었다. 진양에는 실크로드 무역을 담당했던 소그드인 집락이 존재했고, 중앙아시아를 거쳐 많은 상품이 유입되고 있었다. 태원 부근의 무덤에서는 동로마 제국과 사산조 페르시아, 중앙아시아에서 온 문물도 출토되고 있다. 고환은 군사와 경제를 한손에 장악하기 위해서 진양에 패부를 설치했던 것이다.

훈귀와 귀족의 사이

동위의 실권을 장악한 고환은 533년(영희 2년) 4월에 작성했던 부친 고수생(高樹生)의 묘지에 '발해척인勃海滁人'이라고 기록하고 있듯이 이른 단계에서부터 한인 귀족인 발해 고씨를 자칭하고 있었다. 한인 귀족도 고환이 이주조에 반기를 들었을 때에 민중을 결집하여 '향병'(鄕兵)을 이끌고 협력했고, 이에 응하여 고환도 적극적으로 한인 귀족을 등용했다. 동위의 관제도 대개 북위 후기의 제도를 답습했고, 제도적 측면에서는 효문제의 노선을 계승했다고 할 수 있다.

그러나 본래 이주영의 부하였던 고환은 육진의 중하층 북족과 한인 호족을 받아들이면서 권력 장악에 성공했다. 고환을 지지했던 그들은 훈귀(勳貴)라고 불렸고, 동위의 군사력을 담당하면서 큰 영향력을 지니고 있었다. 선비어에서 유래한 고진(庫眞)이라는 호위관이 설치되었고, 군대의 호령(號令)에도 선비어가 사용되었을 정도였다. 이렇게 동위는 한인 귀족이 지지하는 효문제의 노선을 근본으로 삼으면서도 북족 중시의 노선이 섞여 들어가 있었던 것이다.

고환은 한인 귀족과 훈귀 양쪽을 계속 억제하면서 그러는 한편으로 향병과 유목민을 이끄는 저들의 협력을 얻어 자신의 지위를 높여갈 필요가 있었다. 그리고 훈귀와 한인 귀족의 대립도 골치가 아픈 문제였다. 이때 훈귀 중에서 뇌물 수수, 수탈과 같은 오직(汚職) 행위로 향해가는 것이 드러나자 한인 관료인 두필(杜弼)은 기풍을 바로잡아야 한다고 주장했다. 이에 대해 고환은 아래와 같이 말하고 있다.

지금 무장들의 가족 중에는 관중에 남아 있는 사람들이 많아서 흑달(黑獺, 우문태의 자字)이 항상 불러 유인하고 있으니 아직 인정(人情)이 안정되지 못했다. 강남에서는 소연(蕭衍)이라는 늙은이가 학문과 예악에 마음을 기울여 중원의 사대부들은 이를 보고 정통 왕조의 소재지라고 여긴다. 만약 내가 급하게 기강을 잡으면서 용서나 사죄 없이 탄압을 한다면, 무장들은 모두 흑달에게 귀속할 것이고, 사대부는 모두 소연에게로 달아나버리게 될 것이다. 인재가 유출되면, 무엇을 가지고 국가라고 하겠는가? 너는 마땅히 조금만 기다려라. 나는 (너의 발언을) 잊지 않겠다.(『북제서北齊書』권24, 두필전)

고환의 곤혹스러운 입장을 엿볼 수 있는 말이다. 다만, 이 말을 그대로 받아들여서도 안 된다. 동위는 북위의 관료, 군대, 문물의 대부분을 계승했고 군사적, 문화적, 경제적으로 서위를 압도하고 있었다. 또한, '도이'(島夷)를 시작으로 양을 이적으로 취급하는 말도 상용하였고, 동위에서 양으로 망명을 가는 한인 관료도 거의 없었다. 정말로 한인 관료가 양을 정통 왕조로 간주하고 있었는지가 의심스럽다. 아마도 고환은 두필을 달래기 위해서 실제보다도 과장해서 이야기했을 것이다.

서위와의 대립, 유연과의 동맹

고환은 불구대천의 적인 서위와 오르도스, 관중, 낙양 일대에서 일진일퇴의 격투를 반복했다. 536년(천평 3년)에는 오르도스를 획득했고, 537년(천평 4년)에는 장안 부근까지 침공했지만 사원(沙苑)의 전투에서 우문태에 의해 대패를 당했고 오히려 하동(산서성 서남부 일대)과 오르도스가 점령되고 말았다. 543년(무정 원년)에 낙양을 둘러싸고 발생했던 망산(邙山)의 전투에서는 서위 군대를 격파했지만 동위의 군대도 피폐해지면서 추격을 하지 못했고, 낙양의 서쪽을 경계로 한 동서분열의 상태가 결정적으로 굳어졌다.

이 무렵, 세력을 회복하고 있었던 몽골 고원의 유연은 서위와 통혼하여 동맹을 맺어 고차를 멸망시켰고 왕성하게 동위 침공을 기획하고 있었다. 그래서 고환은 유연의 가한 아나괴에게 사신을 보내 동위와 같은 편이 되도록 교묘하게 유도하였고, 동위의 황족과 유연의 왕족 사이에 통혼을 진행시켜 동맹을 맺었다. 그리고 계승자인 고징과 아나괴의 딸(『북사』에서는 연연공주蠕蠕公主라고 칭한다)을 혼인시킬 것을 요청했지만, 아나괴는 "고왕(高王)이 직접 혼인을 한다면, 인정하겠소."(『북사』 권14, 후비전 하)라고 대답했기 때문에 고환은 망설인 끝에 정비(正妃) 누씨와 고징에게 허락을 받고 결혼을 승낙했다. 545년(무정 3년) 8월, 16세의 공주가 고환을 찾아왔다. 고환은 이미 50세였다. 고환은 병의 기운이 있기도 해서 그녀의 침소로 갈 수가 없었다. 그러나 아나괴가 들여보냈던 감시관의 압력 때문에 병이 있는 것을 무릅쓰고 가마를 타고 공주에게 갔다고 전해지고 있다.

한편, 그녀는 고환이 사망하자 유목민의 관습인 역연혼을 행하면서 고징과 혼인하여 딸 1명을 출산했지만 548년(무정 6년)에 19세의 나이로 사망하고 말았다. 최근에 그녀의 묘지가 발견되었는데 소문이 나는 것을 꺼려한 탓인지 역연혼에 관한 기사는 보이지 않는다.

유연과 혼인을 맺어 후환이 없어진 고환은 546년(무정 4년)에 하동으로 침공했다. 그러나 고환은 요충지인 옥벽성(玉璧城)을 함락하지 못하고 병으로 쓰러지고 말았다. 이때 군중에서는 고환이 날아오는 화살에 맞았다는 헛소문이 퍼졌기 때문에 고환은 병이

든 몸을 무릅쓰고 연회 자리에 출석하여 훈귀 곡율금(斛律金)에게 유목민에게서 유래한 '칙륵가'(勅勒歌)를 부르게 했고, 함께 합창하여 사기를 높였다고 한다. 그 가사는 다음과 같다.

칙륵의 천(川), 음산의 아래. 하늘은 궁려(窮廬, 텐트)와 같고 사방의 들판을 뒤덮는다. 하늘은 창창(蒼蒼)하고, 들판은 망망(茫茫)한데 바람이 불어 풀이 낮아지니 소와 양을 보는구나.(『악부시집樂府詩集』 권86, 신가요사新歌謠辭)

유목세계가 뚜렷하게 떠오르는 소박하면서도 힘이 넘치는 노래이다. 그러나 무리한 탓이었는지 고환의 병은 나아지지 않았고, 진양으로 되돌아왔지만 이듬해 정월에 사망하고 말았다. 향년 52세.

훈귀의 탄압

약간 시간을 되돌려보자. 543년(무정 원년) 망산의 전투 이후, 서위는 동위 공격을 단념했고 사실상의 휴전 상태가 되었다. 그래서 고환은 황제의 보좌관이라는 명목으로 업에 파견했던 계승자 고징을 중서감(中書監, 조칙의 기초起草를 통괄)에 임명하고, 권세를 자랑하는 일부 훈귀에 대한 탄압을 시작했다. 고징은 오직(汚職)을 구실로 삼아 차례차례 훈귀를 투옥, 면직, 처형으로 몰아넣었다. 훈귀를 탄압하는 것으로 고씨에 의한 일원적인 조정 장악을 지향했던 것이다.

이때 고환, 고징 부자(父子)에게 있어서 최대의 걱정거리였던 것은 하남대행대(河南大行臺)로서 황하 이남을 통치하고 있었던 후경(侯景)이었다. 그는 회삭진 주변의 중소 유력자 가문에서 태어났다. 고환의 옛 친구였던 후경은 훈귀 중의 훈귀라고도 부를 수 있는 존재였다. 547년(무정 5년) 정월에 고환이 사망하자 후계자인 고징에게 의심의 시선을 보냈던 후경은 거병하기로 결심했다. 그는 서위와 양에 귀속한다고 제의했고, 양으로부터 10만의 지원 병력을 받아내는 데 성공했다. 고환의 뒤를 이어 대승상이 된 고징은 명장 모용소종(慕容紹宗)에게 후경의 토벌을 명령했다. 같은 해 11월, 모용소종은 양의 군대를 격파했지만 와양(渦陽)의 전투에서 후경에게 큰 패배를 당했다. 게다가 말에서 떨어져 부상까지 입고 말았다. 그래서 지구전으로 양상이 바뀔 무렵, 후경은 식량이 부족하여 548년(무정 6년) 정월에 양으로 달아났다. 그 이후에 후경은 양에서 큰 반란을 일으키게 되는데, 이에 대해서는 제5장에서 자세히 서술하겠다.

이렇게 고징은 궁지에서 벗어나는 데에 성공했다. 후경의 옛 영역을 둘러싸고 벌어진 서위와의 전투에서도 승리한 고징은 한인 귀족들과 함께 효정제로부터 선양을 받을 계획을 진행시켰고, 그 첫 번째 단계로 549년(무정 7년) 4월에 제왕(齊王)이 되었다. 그러나 같은 해 8월, 찬탈 계획을 은밀히 논의하던 중에 선노(膳奴, 상차림을 맡은 노예)인 난경(蘭京)에 의해 찔려 살해되고 말았다. 향년 29세. 난경은 양의 명장인 난흠(蘭欽)의 아들로, 동위의 포로가 되었을 때에 고징의 선노가 되면서 원한을 품게 되었던 것이다. 에노모토 아유치(榎本あゆち)의 2020년 연구에 따르면, 난흠은 북위

에서부터 남조로 항복했던 선비인일 가능성이 있다고 한다. 남북 간의 사람 이동이 격렬했음을 이야기했던 것이라 생각된다. 이렇 게 고징의 야망은 무너졌고, 제위 찬탈은 고징의 동생인 고양(高 洋)에게 넘어가게 된다.

3. 서위의 권신 우문태의 복고정책 – 유목적 관제와 『주례』의 제도

우문태의 대두

이제 서위로 눈을 돌려보자. 그 실권을 장악했던 사람은 우 문태였다. 성이 우문이고, 자(字)가 흑달(黑獺)이었던 것으로도 알 려져 있고 한인이 아니다. 본래 우문씨는 흉노계였는데, 2~3세 기 무렵에 선비와 합류하여 동화되었다고 여겨지고 있다. 우문태 의 조상은 북위 도무제에게 복속한 이후, 무천진으로 이주되었다. 우문태는 무천진의 '호걸'(豪傑) 출신이었다고 하는데, 이 경우에 '호걸'이란 유목민 중소부족의 유력자를 지칭하는 것이다.

우문태는 505년(정시 2년)에 무천진에서 태어나 19세에 육진 의 난에 휘말려 들어갔다. 부친은 '호걸'을 모아 파락한발릉에게 저항했지만, 선우수례를 섬기게 되었고 북위의 공격을 받아 전사 하고 말았다. 그 이후 우문태는 갈영을 거쳐 이주영의 휘하에 들 어오게 되었는데, 이 무렵에는 의지할 친족을 상실했다. 우문태의 큰형은 파락한발릉에게 저항했을 때에 전사했고, 작은형은 부친 과 함께 북위에 의해 패배했을 때 전사했으며 세 번째 형은 그의 재능을 두려워한 이주영에 의해 살해되었던 것이다.

이주영을 섬긴 우문태는 형이 사망했음에도 이를 참아내고 공적을 올렸으며 이주천광(爾朱天光, 이주영의 친족)을 따라 관중의 반란 진압에서 활약했다. 그러나 이주천광은 531년(보태 원년)에 고환이 거병한 이후 이주조를 지원하기 위해 이주조에게 갔다가 이듬해에 패배하여 사망하고 말았다. 이주천광이 사망한 이후, 관중을 장악했던 인물은 하발악이었다. 그는 우문태와 같은 무천진 출신이었고, 우문태의 부친과 함께 파락한발릉에게 저항했던 인물이다. 그 이후에 이주영, 이주천광 휘하에서 활약했는데, 말하자면 우문태의 형님뻘과 같은 존재였다. 하발악은 처음에는 고환에게 협력했지만, 점차 효무제와 제휴하여 고환과 대립하게 되었다. 그래서 534년(영희 3년) 2월, 고환의 책략으로 암살되고 말았다.

하발악이 사망한 이후의 혼란을 진압하고, 관중을 장악했던 인물이 우문태였다. 하발악의 부하들 다수는 무천진 출신의 중하층 북족이었고, 하발악의 후계자로서 고향이 같은 우문태를 추대한 것이었다. 이때 우문태가 30살이었다.

같은 해 7월, 고환의 위세를 견디지 못한 효무제가 우문태에게 망명을 했다. 우문태는 효무제의 여동생을 부인으로 맞이하고 승상이 되었는데, 같은 해 윤12월에 효무제를 독살(향년 25세)하고 효문제의 손자인 원보거(元寶炬)를 황제(문제文帝)로 옹립했다. 이른바 서위의 성립이다.

동위와의 사투

서위는 장안을 수도로 삼았지만, 우문태 자신은 화주(華州, 이후에 동주同州로 개명)에 승상부를 설치하고 패부(覇府)를 열었다.

그러나 고환이 패부를 설치했던 진양과는 달리 화주에는 사회, 경제상의 이점이 특별히 없었다. 화주에 패부가 설치된 이유는 오직 하나였다. 동위에 대항하는 전선기지였기 때문이다. 서위는 국력과 병력에서 동위에 비해 열세였고, 살아남기 위해서는 사투를 전개하지 않을 수 없었다.

최초의 사투는 537년(대통大統 3년)에 벌어졌다. 이 해에 동위와의 격전을 치르고 있었던 서위는 우문태의 교묘한 전술로 인해 선전(善戰)했다. 승리를 기다리다 지친 고환은 스스로 10만의 병력을 이끌고 하동으로부터 서위의 영토로 침공했다. 우문태는 1만 명도 채 되지 않는 병사를 이끌고 장안의 동쪽에 있는 사원(沙苑)에 배수의 진을 쳤고, 고환의 군대를 유인하여 복병으로 협격했다(사원의 전투). 그 결과, 고환은 큰 패배를 당하여 도망쳤고, 서위의 군대는 추격의 기세를 타서 하동, 낙양 일대를 점령했다. 그러나 그 이듬해에 고환이 낙양으로 침공해 들어왔다. 우문태 자신은 선전했지만, 일부 무장들이 도주했기 때문에 전체 병력이 철수할 수밖에 없었고 낙양도 빼앗기고 말았다(하교河橋의 전투).

이러는 사이에 우문태는 동위를 포위하기 위해서 몽골 고원의 유연과 결탁했다. 538년(대통 4년)에는 유연의 가한인 아나괴의 딸을 문제의 황후(욱구려황후郁久閭皇后)로 맞이해 관계 강화를 도모했다. 그러나 그녀는 540년(대통 6년)에 16세의 젊은 나이로 산욕(産褥)으로 인해 사망하고 말았다. 이 틈에 동위의 고환이 아나괴와의 동맹에 성공했던 것은 앞에서 서술했다. 외교에서도 동위와 서위는 사투를 전개하고 있었던 것이다.

543년(대통 9년)에는 동위로부터 낙양 일대를 통치하던 무장이 항복해 왔기 때문에 우문태 자신이 지원 군대에 가서 낙양 북부 교외의 망산(邙山)에서 고환과 격돌했다. 일시적으로는 고환을 궁지에 몰아넣었지만, 서위 군대의 통솔이 어지러워지면서 최종적으로는 병력 전체가 붕괴되어 버렸다(망산의 전투). 우문태가 낙양을 포기하고 철수한 결과, 동위와 서위의 국경이 대체로 정해지게 되었다.

동위와의 최후 격전은 옥벽(玉壁) 전투였다. 546년(대통 12년) 9월, 고환이 직접 하동에 침공하여 중요 거점인 옥벽성을 공략했다. 그러나 성을 수비하던 위효관(韋孝寬)은 2개월에 걸쳐 끈질기게 농성했고, 고환이 철수할 수밖에 없게 만들었다. 이후에 동위는 고환의 사망, 후경의 반란, 제위 찬탈 계획의 좌절이 연달아 발생하면서 서위에 침공할 여유를 잃어버렸다.

서위의 군사체제

성립 초기의 서위에서 우문태의 직속 부대는 3만 명 정도에 불과했고, 주로 육진 출신의 중하층 북족이 군사력을 담당하고 있었다. 그 중에서도 본래 우문태의 동료였던 북족 계열의 원훈들이 커다란 영향력을 지니고 있었다. 그래서 우문태는 그들의 통솔에 어려움을 겪었다. 하교의 전투에서도, 망산의 전투에서도 원훈들이 독단적으로 철수하는 바람에 총체적 붕괴를 야기했던 것이다.

이러한 체제에 변화가 발생한 계기가 되었던 것이 망산의 전투였다. 이 전투에서 큰 패배를 당한 서위는 주력이 괴멸 상태에 빠졌기 때문에 군사체제를 재편할 필요성이 생겼다. 그래서 우문태는 한인, 비한인(선비, 저, 강, 소그드 등)을 불문하고 유력한 세력을 적극적으로 권유하여 군사력의 증강에 힘썼다. 그 결과, 각지의 유력자가 '향병'을 이끌고 서위 군대에 가담했다.

　서위 성립 초기부터 군사를 맡았던 북족과 마찬가지로, 이때 서위에 가담했던 하동, 하남, 관중의 유력자들은 자신의 영향력이 미치는 범위에서부터 자주적으로 백성들을 모집했다. 그 결과, 그들이 이끄는 향병은 통솔자와 깊숙하게 연결되어 있었다. 서위는 이렇게 모은 군단을 대승상부의 지휘 아래에 두고 '이십사군'이라고 불렀다. 히라타 요이치로(平田陽一郎)의 2021년 연구에서는 유목민의 부족을 모방하여 시행된 병제라고 하여 이를 의제적(擬制的) 부락병제(部落兵制)라고 부르고 있다.

　군사체제를 정비한 서위는 동위에 대한 침공을 일시적으로 포기하고, 남조의 양으로 눈을 돌리게 되었다. 양에서 후경의 난이 발생하자 때마침 장강 중류 유역을 둘러싸고 소역(蕭繹, 양 무제의 일곱 번째 아들, 이후의 원제元帝)과 대립했던 소찰(蕭詧, 양 무제의 손자)이 서위에 지원을 요청했던 것이다. 그래서 우문태는 549년(대통 15년)에 무천진 출신의 원훈인 보육여충(普六茹忠, 『주서周書』에서는 양충楊忠으로 나온다)을 파견하여 한수(漢水)의 동쪽을 획득했다. 이 보육여충이 바로 훗날 수를 건국하는 양견(楊堅)의 부친이다. 이후에 우문태는 소찰을 괴뢰로 삼아 양왕(梁王)으로 옹립했다.

　이어서 552년(폐제 원년)에 장강 중류 유역을 지배하던 소역과 사천을 지배하던 소기(蕭紀, 양 무제의 여덟 번째 아들)가 모두 황제를 칭하며 대립하자 553년(폐제 2년)에 소역(원제)과도 손을 잡고, 우문태의 조카인 위지형(尉遲逈)을 파견하여 사천을 점령했다. 사천을 획득했던 것은 서위에게 있어서 큰 의미를 지녔다. 서위의 배후지가 안정화되었을 뿐만 아니라 국력도 증가했기 때문이다.

그런데 본거지인 강릉을 수도로 삼은 소역이 서위에게 영토 반환을 요구했다. 그래서 554년(공제 원년) 10월, 이전에 양왕으로 옹립했던 소찰의 요청을 받은 우문태는 원훈 만뉴우근(萬紐于槿, 『주서』에서는 우근于槿으로 나온다) 등을 파견하여 강릉에 침공했고 12월에 원제를 살해하여 장강 중류 유역을 획득했다. 이어서 소찰을 황제에 옹립하여 강릉에 괴뢰정권(후량)을 설치했다. 이 일련의 흐름에 대해서는 제5장에서도 양의 시점에서부터 살펴보게 될 것이다.

서위의 복고정책

서위의 중추를 구성했던 중하층 북족은 중국화를 추진했던 북위 효문제의 노선에 반발하고 있었다. 그들 사이에서는 일상적으로 선비어가 통용되었고, 우문태 본인도 자식들에게 선비어에서 유래한 별명을 붙였다. 예를 들어 네 번째 아들인 우문옹(宇文邕, 훗날의 무제)은 예라돌(禰羅突), 다섯 번째 아들 우문헌(宇文憲)은 비가돌(毗賀突)과 같은 방식이었다. 이러한 상황이었기 때문에 서위에서는 복고적 정책이 시행되었다.

예를 들면, 549년(대통 15년)에는 효문제의 개혁에서 중국식으로 바꾸었던 북족의 성씨를 원래대로 되돌리는 정책이 진행되었

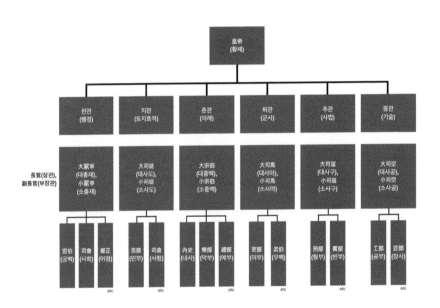

(그림 4-4) 육관제(六官制)
출전: 會田大輔, 2017을 토대로 작성

다. 이때 서위 황제도 원(元)에서부터 탁발로 성씨를 변경했다. 그리고 한인에게도 북족의 성씨가 하사되었다. 특히 많이 수여되었던 것이 우문씨였다. 우문태는 한인에게 우문씨를 하사하면서 의제적 동족이 되는 것으로 유대를 심화시키고자 했던 것이다.

554년(공제 원년)에는 『주서』 권2, 문제기(文帝紀) 하(下)의 공제(恭帝) 원년 조항에 다음과 같은 기록이 있다.

> 탁발씨가 발흥했던 초기에 국가를 통솔할 정도의 대부족은 36개의 성(姓)이었고, 유력한 부족에는 99개의 성이 있었는데 이후 많이 사라져 버렸다. 지금에 이르러 여러 장수 내에서 공적이 높은 사람을 36성의 후계로 삼고, 그 다음에 위치하는 사람을 99성의 후계로 삼을 것이며 이끄는 병사들의 성을 통솔자의 성과 똑같이 하라.

이렇게 부족제를 의제적(擬制的)으로 부흥시켰다. 이는 북위 건국 이전 대국 시대의 부족연합을 의식했던 정책이었다.

그러는 한편, 유목에서 유래한 내조관과 서교제사 등은 부활시키지 않았다는 점에 주의해야 한다. 또한 서위에서는 535년(대통 원년)에 우문태가 왕작을 고사(固辭)했기 때문에 북위의 원훈, 공신에게도 왕작을 하사하지 않았다. 북위 후기의 균전제와 균부제도 계승했다. 효문제의 노선에 반발하고 있으면서도 북위 전기의 체제로 완전히 회귀하지는 않았던 것이다.

그리고 서위는 유목에서 유래한 제도뿐만 아니라 중국적 제도에 대해서도 복고적인 정책을 전개했다. 예전 서주(西周)의 관제를 기록했다고 여겨졌던 유교 경전인 『주례』의 관제, 이른바 육관제 (六官制, 천관, 지관, 춘관, 하관, 추관, 동관)를 도입했던 것이다. 서위 초기는 북위 후기의 관제를 활용하여 우문태가 개창했던 승상부 가 정치, 군사를 장악하고 있었다. 그러나 548년(대통 14년)에 부 분적으로 육관제가 시행되면서 553년(폐제 2년)에는 우문태의 직 함도 도독중외제군사(都督中外諸軍事, 최고 군사 사령관), 대총재(大 冢宰, 재상에 해당하는 천관부의 장관)로 변경되었다. 그리고 556년(공 제 3년)에 북위 후기의 관제가 폐지되었고, 전면적으로 육관제가 도입되었다(그림 4-4). 천관부 장관인 대총재에는 계속 우문태가 취임했고, 그 이외 다섯 부의 장관에는 북족 계열 원훈들이 취임 했다.

실제로, 북위도 『주례』를 중시하면서 삼장제, 균전제 등의 여 러 정책의 근거로 삼았다. 『주례』를 중시하는 흐름은 북위에서부 터 이어져 왔던 것이다. 그러나 이렇게까지 극단적으로 『주례』의 관제를 복원했던 것은 전무후무한 일이었다. 고바야시 야스토(小 林安斗)의 2003년 연구에 따르면, 효문제의 노선에 대한 반발을 기반으로 삼아 북위 이전 선비의 제도(의제적인 부족 부흥)와 한인의 이상(理想)인 '주'의 제도를 재현하여 북족과 한인을 양쪽의 제도 에 소속시키면서 북족과 한인의 융화를 진척시키고 단결하게 하 려는 의도가 있었다고 한다.

그 이외에 이전 시대와 완전히 달라진 정책으로 원훈에게 주국 대장군(柱國大將軍)이라는 칭호를 하사했던 것도 언급할 수 있다.

앞서 다루었듯이 주국은 북위 말에 이주영, 이주조, 고환에게 수여되었고, 서위에서도 537년(대통 3년)에 우문태에게 수여되었다. 즉, 정권의 제1인자에게 수여되었던 관직으로서 정착했던 것이다. 그런데 서위에서는 548년(대통 14년) 이후, 막대한 공적을 세운 원훈에게 주국대장군을 수여했다. 우문태는 북족에 대한 구심력을 유지하기 위해서 높은 순위의 칭호를 부여하지 않으면 안 되었던 것이다. 그의 고충이 숨겨져 있다고 할 수 있다. 그리고 주국의 수여는 이후 수, 당에도 계승되었다.

서위의 구성원

다음으로 서위의 구성원을 살펴보자. 서위의 중추를 차지하고 있었던 것은 우문태를 필두로 육진 출신 인물들을 중심으로 한 중하층 출신의 북족이었다. 그 중에서도 550년(대통 16년)까지 주국대장군, 대장군의 직함을 받은 원훈은 큰 영향력을 지니고 있었다. 주국대장군을 받았던 사람이 8명, 대장군을 받았던 사람이 12명 정도였는데 마에지마 요시타카(前島佳孝)는 2013년의 연구에서 이를 '팔주국십이대장군 클래스'라고 부르고 있다. '팔주국 클래스'에는 이후에 당을 건국하는 이연(李淵)의 조부 대야호(大野虎, 이호李虎)가 있었고, '십이대장군 클래스'에는 앞서 소개했던 양견의 부친 보육여충(양충)이 포함되어 있었다(그림 4-5). 이 '팔주국십이대장군 클래스'의 다음 지위에 있었던 것이 북족 계열의 공신이었다. 우문태는 의지할 친족이 적었던 것도 있어서 '팔주국십이대장군 클래스'와 북족 계열 공신과 적극적으로 통혼했고, 유대

		설명	비고
팔주국 클래스		우문태(宇文泰)	서위의 권력자
		탁발(원)흔(拓跋(元)欣)	서위의 종실
		도하(이)필(徒何(李)弼)	아들 휘(暉)는 우문태의 사위
		독고신(獨孤信)	딸이 우문태의 장남 육(毓)에게 시집을 갔다.
		을불(조)귀(乙弗(趙)貴)	아들 영국(永國)이 우문태의 사위 (『조명묘지(趙明墓誌)』)
		만뉴우(우)근(萬紐于(于)謹)	아들 익(翼)이 우문태의 사위
		대야(이)호(大野(李)虎)	정사에서는 우문태 다음 서열로 기록되어 있다.
		후막진숭(侯莫陳崇)	
십이대장군 클래스		탁발(원)찬(拓跋(元)贊)	서위의 종실
		탁발(원)육(拓跋(元)育)	서위의 종실
		탁발(원)곽(拓跋(元)廓)	서위 문제의 아들(훗날의 공제)
		우문도(宇文導)	우문태의 조카
		후막진순(侯莫陳順)	후막진숭의 형
		달해무(達奚武)	견성진(汧城鎭) 출신. 아들이 우문태의 사위일 가능성이 있다(『북주칠녀비(北周七女碑)』).
		흡발(이)원(擒拔(李)遠)	고평진(高平鎭) 출신. 아들 기(基)는 우문태의 사위
		두로녕(豆盧寧)	유현진(柔玄鎭) 출신
		우문귀(宇文貴)	
		하란상(賀蘭祥)	우문태의 조카
		보육여(양)충(普六茹(楊)忠)	
		가빈(왕)웅(可頻(王)雄)	
		우문호(宇文護)	우문태의 조카
		위지형(尉遲逈)	우문태의 조카
		흘두릉(두)치(紇豆陵(竇)熾)	조카 의(毅)가 우문태의 사위
음영으로 처리된 이름은 무천진 출신 인물. 성과 이름 사이에 있는 ( )는 정사에서 사용되고 있는 성이다.			

(그림 4-5) 팔주국십이대장군 클래스 일람표
출전: 필자 작성

감을 유지하는 데에 힘썼다.

그렇다면, 한인은 어떠했는지에 대해 살펴보면 관중, 하동의 한인이 서위에서 다수 복무하고 있었다. 대표적인 인물로는 옥벽성에서 고환을 격파했던 위효관, 우문태의 참모를 역임했던 소작(蘇綽) 등을 언급할 수 있다. 그들은 관중을 본거지로 하는 호족층으로, 북위 후기의 기준으로 말하면 일류 귀족이라고는 할 수 없는 존재였지만 발탁되어 활약했다. 그러나 한인 관료는 북족에 비하면 지위가 낮았고, 출세도 늦었다. 예를 들면, 한인 관료가 주국을 받을 수 있게 되는 것은 서위를 계승한 북주(北周) 건국 이후 시일이 지나고 나서 이루어진 일이었다. 또한, 서위 시대에 우문태와 통혼했던 한인도 존재하지 않았다. 서위에서 북족을 중시하는 상황을 엿볼 수 있을 것이다. 그 이외에 서위에서는 남진할 때에 포로로 잡았던 남조 계열의 관료와 관중에 거주하는 강, 저, 소그드인 등도 관료로 복무했다.

이렇게 서위의 구성원은 육진 출신의 중하층 북족을 중심으로 하면서도 다양한 지역의 한인, 비한인이 모여 있는 잡다한 집단이었다. 그러나 일관적으로 북족 우위의 상황에 있었던 것, 그리고 한인의 일류 귀족이 적었다는 것이 도리어 주효해서 북족과 한인의 심각한 대립은 발생하지 않았다.

서위 후반의 외교와 정치

마지막으로 서위 후반의 외교와 정치에 대해서 정리해보자. 서위 후반(540년대 이후)의 정국은 여전히 우문태의 휘하에서 비교적 안정되어 갔다. 그러나 대외정책에서는 유라시아 대륙 동부 전역에 걸친 중요한 전환점을 맞이했다. 그것은 바로 유연의 붕괴였다.

540년대에 유연과 동위가 결탁했기 때문에 서위는 545년(대통 11년)에 돌궐(突厥)로 사신을 파견하여 친분을 쌓았다. 돌궐은 유연에 복속하고 있었던 투르크계 유목민이었는데, 이 무렵에 세력이 성장하여 자립을 도모하고 있었던 것이다. 546년(대통 12년)이 되면, 돌궐은 유연과 완전히 대립 상태에 놓이게 되고 서위에게 통혼을 요청하였다. 그래서 우문태는 551년(대통 17년)에 서위 황족의 딸을 돌궐의 수장인 아사나씨(阿史那氏) 토문(土門)에게 시집을 보내 관계 강화를 시도했다. 이듬해, 돌궐은 유연을 격파하고 가한인 아나괴가 자살하도록 궁지에 몰아넣었다. 그 결과, 유연은 분열 상태에 빠져버렸다. 이에 돌궐의 수장인 토문은 이리가한(伊利可汗, 일릭카간)을 칭하면서 유언을 대신해 초원의 패자에 오르게 되었다. 이후 유연의 잔존세력과 돌궐의 전투가 당분간 지속된다.

한편, 우문태가 옹립했던 문제는 551년(대통 17년) 3월에 45세의 나이로 사망했고, 황태자 탁발흠(拓跋欽, 원흠)이 즉위했다(폐제廢帝). 이때 연호가 폐지되었다. 연호는 전한 무제 시기에 창시된 제도이고, 『주례』에 기록되어 있지 않았기 때문이다. 폐제는 우문태의 사위였지만, 괴뢰에 만족하려고 하지 않았고 우문태의 주살을 획책했다. 그러나 이에 찬동하는 사람들이 모이지 않았고, 계획은 곧바로 노출되고 말았다. 우문태는 554년(폐제 3년) 정월에 폐제를 퇴위시키고, 그의 동생인 탁발곽(拓跋廓, 원곽)을 옹립했다(공제恭帝). 폐제는 같은 해 4월에 독살되었다. 향년 30세. 그리고 폐제와 사이가 좋았던 우문황후(우문태의 딸)는 이때 남편을 따라 죽었다.

이어서 공제 시기에는 앞서 서술했던 장강 중류 유역의 획득, 의제적 부족 부흥, 『주례』의 관제 시행 등이 이루어졌다. 이 사이에도 우문태는 서위의 실권을 계속 장악했다. 그는 황제의 자리를 노리고 있었던 것으로 보이는데, 이를 행동으로 드러내지는 않은 채 556년(공제 3년) 9월에 병으로 쓰러졌고 이듬해에 사망하고 말았다. 향년 52세. 제위 찬탈 계획은 다음 세대로 넘어가게 된다.

효문제가 중국화 정책을 추진했던 결과, 중하층 북족의 불만이 폭발했고 결국 북위는 분열되고 말았다. 동위의 실권을 장악했던 고환은 한인 귀족과 훈귀의 균형을 유지하면서도 효문제의 노선을 계승했다. 한편, 서위의 실권을 장악했던 우문태는 효문제의 노선을 계승하지 않고 복고적 정책을 전개했다. 그러나 서위에서도 효문제 개혁 이전의 체제로 완전히 되돌아갈 수는 없었다. 이 두 정권에서 왕조 교체가 이루어지는 모습은 제6장에서 살펴보겠다.

지금까지 제3장과 제4장에서 북조의 이야기를 계속했는데, 그 사이에 남조에서는 한 명의 남자가 황제의 자리에 계속 군림했다. 그의 이름은 소연(蕭衍). 세간에서 말하는 양 무제이다. 다음 장에서는 시계의 바늘을 5세기 말로 되돌려서 남조의 전성기를 만들어냈던 양 무제에 대해서 살펴보고자 한다.

제5장 황제보살 소연과
파란의 남자 후경

남조2

제2장에서 서술했던 것처럼, 남조의 송과 제에서는 귀족 사회가 지속되는 한편으로 황족 사이의 격렬한 권력 투쟁이 계속되었다. 5세기 후반의 중국에서는 오히려 유목민이 지배하는 북위 쪽이 상대적으로 안정되어 있었다. 그런데 6세기에 들어오면 사태가 역전된다. 효문제 개혁의 반동으로 북위가 혼란 상태에 빠짐에 따라 동위와 서위로 분열되었던 것에 비해, 남조의 양에서는 대략 반세기에 걸쳐 왕조가 안정되어 문화적인 측면에서 전성기를 맞이하게 되었던 것이다. 그 역할을 맡은 사람이 양 무제였다. 양이 건국된 이후, 그는 계속 정체되어 있었던 귀족 사회의 재건을 목표로 개혁을 추진했다. 또한, 불교에 경도되어 황제보살로서 군림했고 대외적으로도 영향력을 지녔다. 그러나 그 평화는 동위에서부터 망

명한 사람인 후경에 의해 깨져버리게 된다. 이 장에서는 양의 건국부터 멸망까지를 개략적으로 살펴보겠다.

1. 양의 건국과 천감의 개혁

젊은 날의 소연

남조의 양을 건국했던 사람은 소연이다. 그 재위 기간은 502년부터 549년으로 대략 반세기에 이르고, 남북조시대에서 가장 길다. 사실상, 그는 자신이 건국에서부터 붕괴까지를 체험했던 보기 드문 인물이었다.

그렇다면, 그의 출신부터 살펴보자. 제2장에서 제를 건국했던 소도성(고제, 재위 479~482)을 언급했는데, 소연은 그의 친족(소도성의 증조부의 동생의 현손)이었고 부친 소순지(蕭順之)는 제의 건국 공신이었다. 본래 소씨 가문은 한문(寒門)이었지만, 479년(승명 3년)에 소도성이 황제에 즉위하면서 상황이 변했던 것이다. 소연 본인은 464년(대명 8년)에 태어나 제가 건국될 때에는 16살에 불과했고, 특별한 공적을 올린 것도 아니었다. 그러나 그의 교양과 재능은 높은 평가를 받았고, 21세에 무제(재위 482~493)의 아들의 막료(법조행참군法曹行參軍: 8품 관료)에 임명되었다. 그리고 곧 귀족 왕검(본관은 낭야)의 막료가 되면서 이후에 관료로서 활약했다.

제 무제의 치세는 당시의 연호를 따서 '영명永明의 치'라고 칭해질 정도로 비교적 안정되어 귀족 문화가 번영했다. 그 중에서도 무제의 둘째 아들로, 재상이 되기도 했던 소자량(蕭子良, 경릉왕竟陵

ㅍ)의 저택에는 당시의 대표적 문인이었던 임방(任昉), 심약(沈約), 범운(范雲)과 같은 '경릉팔우(竟陵八友)'가 모여 문학 살롱이 형성되었다. 특히 심약은 『송서』의 편찬자로서 알려져 있는 이외에 정형시(定型詩)의 운율을 정비했던, 남조 굴지의 문인 관료였다. 소연도 이 '경릉팔우'의 한 사람으로 헤아려졌기 때문에 그도 일급의 문인으로 간주되었던 것이다.

한편, 493년(영명 11년)에 무제의 병이 위중해지자 소자량의 옹립을 계획한 움직임이 나타났다. 그러나 이미 제2장에서 살펴본 것처럼, 무제로부터 후사를 부탁받았던 소란(蕭鸞, 소도성의 조카)에 의해 당초의 예정대로 황태손 소소업(蕭昭業)이 즉위했다. 실권을 장악한 소란은 무제의 손자인 소소업(폐제, 울림왕鬱林王)과 소소문(蕭昭文, 폐제, 해릉왕)을 잇달아 폐위시켰고, 494년(건무 원년)에는 황제(명제, 재위 494~498)로 즉위했다. 이러는 동안에 소연이 무엇을 했는지를 살펴보면, 소자량 옹립에는 관여하지 않았고 소란의 제위 찬탈을 보좌했다. 소연의 부친이 무제로부터 냉대를 받아 근심하다가 그 결과 병으로 사망했던 것에 원한을 품었기 때문이라고 여겨지고 있다.

명제 시기의 소연은 북위와의 전투에 자주 파견되어 장군으로서의 재능을 발휘했다. 제3장에서도 언급했듯이 중국화 정책을 추진하고 있던 북위 효문제는 여러 차례 제를 적극 공략했다. 효문제가 497년(건무 4년)에 하남의 서남 지역으로 직접 정벌을 하러 오자 제의 군대는 각지에서 패퇴했고, 질질 끌려다니며 후퇴하게 되는 처지에 몰렸다. 이듬해 3월, 소연은 한 사람의 장수로서 등성(鄴城, 현재 호북성 양양시襄陽市 번성樊城의 서쪽)에서 북위 군대를 맞이하여 싸웠다. 총지휘관 최혜경(崔慧景)은 북위의 기세에 저항하지 못하고 퇴각하면서 전체 군대가 붕괴되는 와중에 소연은 뛰어난 기략으로 방어 전투를 치렀고, 단지 소연만이 군사를 보전하여 귀환했다. 이 공적을 인정받아 소연은 옹주자사(雍州刺史, 현재 호북성 양양 일대를 다스리는 지방장관)에 임명되었다. 이 지역에서 소연은 막료 및 현지의 호족과 공고하게 결합하여 세력을 비축해가게 된다.

양의 건국

498년(영태 원년)에 명제가 사망하고 그의 아들 소보권(蕭寶卷, 동혼후東昏侯)이 17세의 나이로 황제에 즉위하자 소연의 운명은 급격히 달라졌다. 동혼후는 남조에서 아주 심각한 비행을 저질렀던 소년 천자로 알려져 있고, 명제가 후사를 부탁했던 중신들을 차례대로 살해했으며 정무를 측근과 환관에게 맡겨서 귀족부터 백성들까지 고통을 겪었다. 예를 들면, 매일같이 교외에 가서 말을 몰고 다니면서 도망칠 기회를 놓친 사람들을 발견하면 곧바로 살해했다는 식의 악행이 전해지고 있다. 그리고 궁전의 건설, 사치스러운 물품과 의복에 필요한 자금을 뇌물로 받았기 때문에 서민에게 무거운 세금을 부과하고 징발을 행했다.

이러한 폭정으로 인해 반란이 다수 발생했다. 그 중에서도 500년(영원 2년)에 봉기한 최혜경(무제, 명제 시기의 공신)의 반란이 대규모였고, 호응하는 사람도 많았다. 건강으로 공격을 하자 동혼후도 아차하는 순간까지 이르렀다. 이때 구원을 위해 도착한 사람이 소연의 형 소의(蕭懿)였다. 소연은 충절을 다했는데도 보답이 없었으니 오히려 황제를 폐위시키는 것이 좋겠다고 형을 설득했다. 그러나 소의는 황제에 대한 충절을 우선시하고, 3천 명을 이끌고 건강으로 향해 최혜경의 군대를 격파했다. 동혼후는 그의 공적을 칭찬하면서 승진시켰지만, 곧 소의에게 찬탈의 뜻이 있다고 의심하여 독약을 하사하고 자살하게 만들어 버렸다.

이러한 비보(悲報)를 들은 소연은 결국 거병하기로 결의했다. 500년(영원 2년) 11월의 일이다. 옹주 일대 호족층의 지지를 견고하게 만든 소연은 이듬해(영원 3년) 3월에 형주자사였던 소보융(蕭寶融, 동혼후의 동생)을 황제(화제和帝)로 옹립하고 장강을 내려가면서 진군했다. 10월에는 건강에 도착했다. 이때 동혼후는 병사는 물론이고, 서민들도 끌어들여 궁성에서 농성했기 때문에 소연은 지구전을 각오했다. 그런데 이 시기에 이르러서도 동혼후는 궁전을 장식하기 위해 서민으로부터 금과 은을 징수하는 모습을 보였다고 전해지고 있다. 게다가 환관이 사태의 책임을 고위 관료에게 뒤집어 씌워서 그들을 주살할 것을 진언하는 지경이었다. 이를 들은 여러 장수들은 두려움을 품게 되었고, 12월에 동혼후를 암살했다. 향년 19세.

성에 들어온 소연은 동혼후의 측근과 환관들은 주살했지만, 그 이외 관료들은 사면했고 약탈도 엄격히 금지하면서 인심은 안정을 되찾았다. 소연은 502년(중흥 2년) 3월에 양왕(梁王)이 되었고, 4월에는 화제로부터 선양을 받아 황제(무제)로 즉위하여 양을 건국하고 연호를 천감(天監)이라 정했다. 화제는 선양을 하고 3일 뒤에 살해되었다. 향년 15세. 이때 무제가 39세였다. 이후 50년 가까이 황제로서 군림하게 된다.

천감(天監)의 개혁

무제는 정무에 힘쓰고, 세금 감면을 진행하여 피폐해진 민생의 회복을 위해 노력하는 한편, 정체된 분위기에 놓여 있었던 귀족 사회의 재건을 목표로 삼아 개인의 재능과 교양을 중시하는 방침을 내세웠다. 먼저 무제와 함께 '경릉팔우'에 해당되어 무제 즉위를 후원했던 범운, 심약을 재상으로 삼았다. 무제는 일류 귀족을 존중하면서도 범운, 심약과 같은 중하급 귀족이나 한문 출신 지식인들에 주목하여 학문, 교양이 있다면 적극적으로 등용했던 것이다. 은행(恩倖)이 취임하는 관료로 간주되었던 황제 측근의 중서사인에도 학문과 교양을 갖춘 중하급 귀족, 한문 계층이 임명되었다. 한편, 범운은 503년(천감 2년)에 사망했고 심약은 생각했던 것보다 행정 능력이 뛰어나지 않았기 때문에 무제는 다시 중하급 귀족 출신으로 뛰어난 교양과 행정 능력을 가진 주사(周捨)와 서면(徐勉)을 국정에 참여시켰다.

그리고 무제는 귀족층에게도 재능을 요구했다. 이를 위한 정책으로 기가(起家, 처음 관직에 오르는 것)의 연령을 30세(이후에 25세로 수정)로 정한 다음, 유교 경전에 능통한 사람은 젊을 때에 기가하는 것을 인정했다. 또한 학문을 장려하기 위해 귀족층이 입학하는 국자학(國子學, 유교 학교) 이외에 한문층을 대상으로 하는 학교인 오관(五館)을 설립하고, 사책(射策)이라 불린 시험을 행하여 상위 성적자를 관직에 임용했다. 실제로는 사책의 성적도, 기가관도 가문에 의해 어느 정도 좌우되었고 순수하게 실력으로 판단되었던 것은 아니다. 그러나 귀족층의 입장에서 보면, 기가의 연령이 낮아지는 것은 보다 상위의 관직에 도달할 수 있는 가능성이 높아진다는 것을 의미했고 한문층에게 있어서는 관직 임용의 기회 자체가 증가하는 것을 의미했기 때문에 학문에 힘쓰는 풍조가 생겨나게 된 것이었다. 사책은 훗날 수 제국에 의해 시작되는 과거 제도의 원류 중 하나로 간주되고 있다.

또한 무제는 508년(천감 7년)에 관제 개혁을 행하여 제2장에서 소개했던 청관(귀족이 취임하는 관료), 탁관(한문, **한인** 등이 취임하는 관료)을 근거로 관위의 질서를 재편성했다. 이때 종래의 기준에 변경을 가하여 6품 이상을 18개의 등급으로 구분했고(십팔반제十八班制), 관반(官班)의 보다 많은 사람이 고위직이 되는 관제를 채용했다(즉, 18반이 최고위). 종래부터 청관으로 간주되고 있었던 관직의 관반을 올리는 한편, 귀족이 임관을 꺼려했던 탁관으로 간주되었던 어사중승(법을 어긴 관료를 탄핵하는 직책) 등 황제 권력을 지탱하는 관직의 관반도 올려서 관료에 대한 지배를 강화하고자 한 것이었다. 그리고 7품부터 9품관까지도 7반부터 1반에 이르는 순위로 구별하여 유외관(流外官)으로 삼고 한문, **한인**층이 처음 취임하는 관료로 재배치했다.

귀족 사회의 재편을 목표로 행해졌던 관제 개혁이었는데, 그 일부에는 북위 효문제의 개혁(제3장에서 자세히 언급했다)의 영향이 있었던 것으로 지적되고 있다. 그것은 '태부'(太府)라고 하는 관직이다. 본래 유교 경전인『주례』에 보이는 것처럼, 효문제의 개혁 시기에는 재물 창고와 기물 제조를 담당하는 관직으로 설치되었다. 카와이 야스시의 1989년 연구에 따르면, 북위의 영향을 받은 양에서도 '태부'가 설치되었을 가능성이 높다고 한다. 다만, 양의 '태부'는 재물 창고와 함께 건강의 시장과 관소(關所)를 통괄하여 상세(商稅)의 관리를 맡았다. 이로부터 남조에서 화폐 경제가 발전했다는 점을 확인할 수 있다.

이외에 503년(천감 2년)에 천감율령을 제정했고, 거의 같은 시기에는 의례의 정비를 시작했다. 이는 미완으로 끝나버린 제의 사업을 계승했던 것이다. 그러나 예제 논의의 심화를 반영하면서 사업은 난항을 겪게 되었고, 536년(보통 5년)에 겨우『오례의주』(五禮儀注)가 완성되었다. 그리고 예제 개혁도 계속 시행했다. 제2장에서도 서술했듯이 송에서는 서진 말기의 혼란 때문에 사라져버린 예악의 재건을 진행했고, 조상을 제사지내는 종묘와 천지를 제사지내는 교사라고 하는 상이한 의례에서 똑같은 아악을 연주하게 하면서 황제의 계통과 하늘을 연결시켰고, 이를 통해 왕조의 정통성 강화를 도모했다. 아악의 통용은 송-제-양으로 계승되었지만, 어떻게 중국의 '전통'과 합치되고 있는지를 보여주어야 하는가의 과제가 남아 있었다. 토가와 타카유키의 2017년 연구에 따르면, 이 문제에 대해서 양 무제는 옛날 서주의 제도를 전하는 것으로 여겨졌던 유교 경전『주례』에 의거하여 이를 극복하려 했다고 한다.『주례』에 구하(九夏)라고 하는 아홉 가지의 악곡 이름이 보이는 것에 주목하여 종묘와 교사에서 활용하는 음악의 명칭을 윤아(胤雅), 인아(寅雅)와 같이 '아'로 통일하여 12아라고 이름을 붙이고 '주에 9하가 있었고, 양에는 12아가 있다'라고 칭하면서 두 제도의 유사성을 강조했던 것이다.

휘황찬란한 남조 문화

한편, 무제는 유학, 현학, 문학 등에 정통한 일류 지식인이었고 스스로 유교 경전(『주역』, 『상서』, 『모시』, 『효경』 등)에 관한 저작을 집필하여 보급하는 데에 힘썼다. 책들의 수집을 진행한 결과, 송의 궁중 장서가 14,582권이었던 것에 비해 양의 궁중 장서는 23,106권으로 증가했다.

그리고 황제의 일상생활공간인 내성(內省)과 황실의 정원인 화림원(華林園)(그림 5-1)에 학술, 문화에 우수한 인물(특히 한문층)을 모아 문화사업을 차례차례 전개했다. 예를 들면, 천감 연간에는 유서(類書, 다양한 장르의 책을 인용하고 분류했던 책)의 편찬을 명하였고 516년(천감 15년)에 『화림편략』(華林遍略) 600권이 완성되었다. 푸천천(仵晨晨)의 2019년 연구에 따르면, 이 유서는 삼라만상을 망라하여 위진 시기 이래의 지식을 체계화하여 '지'(知)의 세계의 질서화를 도모했던 것이라고 한다. 말하자면, 중화 황제가 군림하는 세계(특히 유교적 세계)를 책 속에서 묘사하려고 시도했던 것이다.

유학의 측면에서도 성과가 올라갔다. 무제의 유학 진흥책 아래에서 한에서부터 남조까지의 『논어』 주석서를 집대성하여 황간(皇侃)이 찬술한 『논어의소』(論語義疏)가 편찬되었다. 이 책은 중국

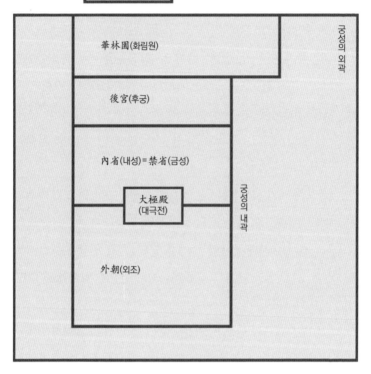

(그림 5-1) 건강 궁성 내부의 개념도
출전: 小林聰, 2007을 토대로 작성

에서는 훗날에 산일(散逸)되고 말았지만, 일본에 옛 사본이 남아 있어서 지금도 그 내용을 알 수 있다. 역사학 측면에서는 제의 역사서로, 소자현(蕭子顯)이 찬술한 『남제서』가 편찬되었고, 무제의 명령으로 전설상의 군주인 삼황오제부터 남조의 제에 이르는 『통사』(通史) 620권도 편찬되었다. 무제는 유서와 함께 거대한 역사서를 편찬하면서 왕조의 정통성을 다시금 주장했던 것이다.

무제가 교양을 중시하고 학문을 장려했던 것으로 인해 문학적 측면에서도 커다란 성과가 있었다. 황태자인 소통(蕭統, 소명태자 昭明太子라고 불린다)과 그의 측근들에 의해 편찬된 『문선』(文選)은 중국에서 예전부터 전해진 시문(詩文) 중에서 심오한 내용과 화려한 표현을 갖춘 작품을 엄선한 선집(選集)이었다. 이는 당 이후의 문학은 물론이고, 일본과 한반도의 문학에도 큰 영향을 끼쳤다. 소명태자가 사망한 이후, 새로 황태자가 되었던 소강(蕭綱)의 휘하에서는 기교(技巧)를 응축시킨 '궁체'(宮體)라고 하는 화려한 문체를 통한 시문의 창작도 유행했다. 그 이외에 위진 시대 이래의 문학 이론을 집대성하여 유협(劉勰)이 찬술한 『문심조룡』(文心雕龍)이나 예부터 전해져 오는 시를 비평하여 종영(鍾嶸)이 찬술한 『시품』(詩品) 등도 편찬되면서 문학 이론과 비평도 발전했다.

이렇게 양 시대에는 다수의 문화인이 배출되어 남조 문화의 전성기를 맞이하게 되었던 것이다. 그 문화는 동시대의 북조는 물론이고, 이후의 수와 당에도 큰 영향을 주었다. 또한, 한반도의 여러 국가들, 그 중에서도 백제는 여러 차례 양에 사신을 보내 그 문화를 적극적으로 받아들였다. 6세기 중반에는 다수의 백제인이 왜국으로 건너와서 중국의 학술과 문화를 전파했는데, 그 중심은 양 시대의 것이었다.

2. 황제보살의 빛과 그림자

무제의 불교 정책

양의 무제는 불교에 경도되었던 황제로도 잘 알려져 있다. 전한 말기(기원전 1세기 말 무렵)에 중국에 전파된 불교는 4세기의 오호 여러 정권들과 동진에서 본격적으로 퍼져나갔고, 백성들에서부터 지배자 계층에 이르기까지 신앙으로 삼게 되었다. 남북조시대에 접어들자 점차 인도의 승려들이 도래했고, 교학(敎學)의 측면에서 이루어진 발전도 눈에 띄었다. 즉위 이전부터 불교 신자였던 무제는 석가탄신일인 4월 8일에 즉위했고, 고승을 초빙하여 '가승'(家僧)으로 극진히 대접하기도 했다. 이러한 행동들은 단순한 개인적 신앙에 머무르는 것이 아니었고, 불교의 유행과 승단(僧團)의 영향력을 근거로 한 행위였다. 특히 승단을 통괄하는 승정(僧正)에 '가승'을 임명하면서 자신의 의향을 불교계에 쉽게 반영하도록 만들었다.

무제는 앞서 서술했던 유서의 편찬과 동시에 불교 경전의 주석과 초출(抄出)을 집대성한 불교 유서(『중경요초衆經要抄』, 『경율이상經律異相』)의 편찬도 명령했다. 이는 『화림편략』 등의 유서 편찬과 같은 문화사업이었고, 불교 세계의 파악을 지향한 시도였다. 또한, 『열반경』(涅槃經), 『반야경』(般若經)의 주석서를 승려에게 편찬하게 하여 불교 강의의 참고서로 삼았다. 그리고 불교의 윤회전생(輪廻轉生)을 부정하면서 죽음과 함께 정신도 없어진다고 주장했던 범진(范縝)의 '신멸론'(神滅論)에 대해 직접 '입신명성불의기'(立神明成佛義記)를 찬술하여 정신은 불멸한다는 반론을 펼치기도 했다.

무제의 불교 신앙은 유교에 근거한 국가의례의 공간에도 영향을 끼쳤다. 무제는 살생을 금지하는 가르침에 근거를 두어 517년(천감 16년)에 종묘제사를 할 때에 봉헌하는 것들에서 육류를 제외시켰다. 당시 승려와 비구니 중에서는 육식, 음주를 하는 사람도 있었다. 이에 대해 무제는 승려와 비구니에게 '단주육문'(斷酒肉文)을 주고, 음주와 육식을 하는 승려는 도적과 똑같기 때문에 왕법(王法)으로 다스리겠다고 말하면서 스스로 모범이 되도록 음주와 육식을 끊었다. 이 금지를 깨면 지옥으로 떨어질 것이라는 맹세까지 했다. 이에 대해서 승려와 비구니들로부터 많은 반론이 이루어졌지만, 공개토론을 거쳐 '단주육문'의 주장을 인정하게 되었고 승려와 비구니의 육식, 음주를 금지하는 조서가 발포되었다. 이는 사실상, 무제가 승단의 상위에 있었음을 의미한다(倉本尙德, 2017).

황제보살의 등장

무제는 519년(천감 18년) 4월 8일에 고승으로부터 보살계(菩薩戒)를 받았다. 보살계란, 선법(善法)을 실천하여 사람들을 교화한다는 보살이 지녀야 하는 계율로 재가(在家), 출가한 사람에게 공통되는 것이다. 실제로, 보살계를 처음 받았던 황제는 양 무제가 아니고 송의 명제였다. 그리고 무제가 젊었을 때에 교류했던 제의 소자량도 보살계를 받았다. 무제는 이러한 선례를 답습한 것이다. 이후 그는 '보살계제자황제'(菩薩戒弟子皇帝)를 칭했고, 신하들은 '황제보살'이라고 불렀다. 얼핏 보면, 불교에 황제가 복종하고 있는 것처럼 보일 것이다. 그러나 앞서 살펴보았듯이 실제로는 무제가 승단의 위에 있었다.

그 이후 무제는 521년(보통普通 2년)부터 527년(보통 8년)에 걸쳐 불교적 우주관에 근거를 두어 설계되었던 호화찬란한 동태사(同泰寺)를 건강성의 정북쪽에 건설하고, 불교를 받드는 사업의 중심으로 삼았다. 그가 불교에 경도된 모습은 왕래의 편리함을 위해서 성의 북쪽에 새롭게 대통문(大通門)을 설치했던 것으로도 파악할 수 있다. 건강에는 잇달아 사원이 건립되었고, 그 수가 500에 달했다고 한다. 또한 승속(僧俗), 남녀, 귀천을 따지지 않고 식사와 물품 등을 보시하고 강설(講說, 불교 경전의 강의와 해설)을 베푸는 무차대회(無遮大會)도 시행하였다.

게다가 무제는 사원에 자신을 보시하여 노예가 되는 사신(捨身)을 네 번(527, 529, 546, 547년)이나 실시했다. 사신의 구체적인 과정은 다음과 같다. 동태사에 황제가 행차하여 무차대회를 개최한다. 그리고 제위를 버려 사인(私人)이 되고, 황제의 옷을 벗어버리고 법의(法衣)를 입는다. 이제 사원의 잡역으로 복무하고, 승려와 비구니를 위해 불교 경전을 강의한다. 당연히 실제로 황제가 사원의 노예가 될 수는 없었기 때문에 신료들은 거액의 돈(『남사南史』 권7, 양 본기 중中에는 동전 1억만이라고 되어 있다)을 사원에 지불하고, 무제의 신병을 구매해서 되돌아오게 하는 형식을 취했다. 요컨대 공을 들이는 희사(喜捨)인 것이다. 이렇게 사신을 하고 나서 며칠 후에 궁전으로 돌아오면, 대사면과 연호 개정을 실시했다. 사신은 무제의 숭불 모습을 보여주는 일화로 알려져 있지만, 실제로 제의 소자량도 사신을 칭하면서 희사를 시행했고 무제는 그 선례를 답습한 것이었다. 다만 형식적인 측면에서 실제로 사원에 사신하여 노예가 된다는 발상은 제의 시대에는 보이지 않는다. 후나야마 토오루(船山徹)의 2019년 연구는 이러한 발상의 기원이 된 것은 남조와 무역 및 불교의 측면에서 왕래가 있었고 이전부터 사신을 수행했던 스리랑카 제왕일 것이라고 추정하고 있다.

또한 사신은 양 무제뿐만 아니라 남조 최후의 왕조인 진(陳)의 황제들도 행하고 있고, 무제의 개인적인 행위로 볼 수는 없다. 당시에 불교가 사람들 사이로 광범하게 침투하고 있었던 것, 모두 영토를 확장한 직후에 시행되었다는 것(527, 529년은 북위에게 승리했다. 546년에는 교주交州의 반란을 일단 진압했다. 547년에는 후경이 복속했다), 대사면과 연호 개정을 아울러 시행했다는 것 등을 근거로 보게 되면 사신은 불교를 통한 국가의 결집을 도모한 정치적 행위였다고 보아야 한다. 게다가 불교가 유행하고 있었던 북위를 향한 대항의식도 존재했을지 모르겠다.

불교적 외교

양 시대에는 불교가 외교의 측면에서도 큰 역할을 맡고 있었다. 이는 카와카미 마유코(河上麻由子)가 2011년의 연구에서 상세

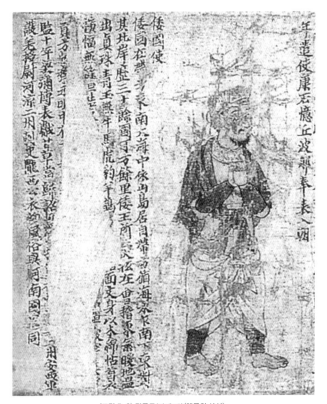

(그림 5-2) 직공도(職貢圖)(왜국의 사신)

히 논의하고 있다. 이미 동남아시아의 여러 국가들로부터 불교 용어를 많이 사용하여 송의 황제를 이상적인 숭불 군주로 여기는 상표문(上表文)이 보내졌다. 양 시대가 되면, 동남아시아는 물론이고 중앙아시아의 여러 국가들로부터도 불교적 조공이 성행했다. 그 중에서는 불상, 사리(舍利), 부처의 이(佛牙), 부처의 털(佛髮), 경전과 같은 불교의 문물을 헌상하는 국가도 있었다. 무제는 이러한 불교적 조공도 정교하게 받아들였다. 예를 들면, 527년(대통大通 원년) 3월에 사신을 한 직후에 마침 무제가 궁전으로 돌아왔던 그 날에 사자국(師子國, 스리랑카)의 사절이 내공(來貢)했다. 당연히 사자국이 파견했던 사절이 무언가를 알지는 못했겠지만, 이 타이밍에 조공을 한 것은 무제의 사신을 칭송한다는 효과를 기대하고 계획되었던 것이라고 보아도 좋을 것 같다.

이러한 무제의 숭불 사업과 불교 외교를 답습하여 한반도의 백제, 신라는 왕권의 주도로 숭불을 진행하였고 불교를 매개로 양과 우호적 관계를 구축하였다. 왜국은 제가 건국된 직후인 480년(건원 2년) 무렵에 파견했던 사신을 마지막으로 남조와의 왕래를 중단했지만, 예전처럼 6세기 전반에는 백제로부터 불교를 도입했다. 그 배경에는 불교의 지식이 국제관계 구축에 반드시 필요한 것이었기 때문이라고 생각된다.

국제적으로도 큰 존재감을 지녔던 양 무제인데, 그러한 분위기를 지금 전달하고 있는 회화가 남아 있다. 무제의 즉위 40년을 기념하여 소역(蕭繹, 무제의 일곱 번째 아들)이 작성한 '직공도'(職貢圖)이다(그림 5-2). 원본은 이미 소실되었지만, 후세의 사본이 전해져 보존되고 있다. 이 '직공도'에는 양 시대에 조공했던 합계 34개의 국가와 세력의 사절이 묘사되어 있다.

처음에 등장하는 것은 노국(虜國), 즉 동위이다. 북조와 남조는 494년(태화 18년)에 효문제가 제를 공격한 이래, 사실상 정식 사절의 왕래가 중단되어 있었다. 그러나 북위가 동서로 분열된 이후인 537년(대동 3년)에 동위에서부터 양으로 사절이 파견되었다. 물론, 동위 스스로는 조공이라고 생각하지 않았겠지만, 양에서는 이를 조공으로 취급했다. '직공도'에는 이때 사절의 모습이 묘사되었던 것이다(堀內淳一, 2014).

노국(동위) 다음에는 예예(芮芮, 유연), 토욕혼, 에프탈, 사산조와 같은 서북의 여러 세력(주로 유목민)과 백제, 왜, 고구려, 신라와 같은 동아시아의 여러 국가들, 동남아시아의 여러 국가들, 중앙아시아의 여러 국가들 등이 이어진다. 동위, 고구려, 에프탈처럼 실제 사절의 모습을 그린 것도 있지만 중천축, 북천축과 같이 불교적인 이미지로 묘사된 것, 직접적 교섭이 없었던 왜와 같이 문헌과 전문(傳聞)에 근거하여 그려진 것도 있다. 카와카미 마유코의 2015년 연구에 따르면, '직공도'에는 중화를 흠모하는 여러 국가들이라고 하는 구도가 내포되어 있고 무제의 덕을 칭송함과 동시에 양을 중화로 묘사하면서 그 응집력을 그림으로 보여주고 있다고 한다.

떠오르기 시작하는 사회 불안

이렇게 양 무제는 관료제도와 의례의 개혁을 진척시킴과 동시에 숭불사업을 통해 불교계도 장악하여 국내외에 커다란 영향력을 가지게 되었다. 특히 519년(천감 18년)의 보살계 수계 이후, 그의 통치 태도의 근간에 자비롭고 후한 '황제보살' 이미지가 자리를 잡게 되었다.

무제는 서서히 그 자화상에 사로잡혀 살생을 피하고 은사(恩赦)를 남발했다. 악행을 저지른 황족에 대해서도 관대하게 처분했다. 그래서 양 시대 중반에는 규율이 이완되면서 치안도 악화되었고, 관리에 의한 수탈도 진행되면서 중하층 사람들에게 불이익을 집중시키게 되고 말았다.

경제적 측면에서도 문제가 발생하고 있었다. 화폐경제가 활성화되었던 남조에서는 양 이전부터 동전의 부족이 골치아픈 현상이었다. 영역 내에서 동전을 대량으로 주조하기 위한 동을 확보할 수가 없었기 때문이다. 그래서 무제는 양질의 화폐 발행에 마음을 쓰면서 통화의 안정을 도모했다. 그러나 523년(보통 4년)에 방침을 크게 변경해 버렸다. 모든 동전을 폐지하고, 주조하기 쉬운 철전(鐵錢)으로 교체한 것이었다. 이렇게 되자 동에 비해 철의 입수가 용이했기 때문에 철전의 사주(私鑄, 민간에서 전錢을 주조하는 것)가 잇달았고, 화폐의 가치가 하락해 버리면서 인플레이션이 발생해 경제가 혼란에 빠지고 말았다. 그 결과, 궁핍해진 농민들이 증가하고 이들이 도시 지역으로 유입되어 심각한 사회문제를 야기하게 되었던 것이다. 귀족 사회의 재편성, 학술과 문화의 융성, 불교의 유행과 같은 화려한 문화 사상(事象)의 뒤편에서 서서히 사회는 불안정해지고 있었다.

게다가 중앙에서는 황족 내의 대립이 심화되었다. 그 계기는 무제를 지탱했던 황태자인 소통(蕭統)이 531년(중대통中大通 3년)에 31세의 젊은 나이로 사망한 것이었다. 남조에서는 유교에 근거하여 황태자가 사망했을 때에는 황태손을 세우는 것이 관습이었다. 그럼에도 불구하고, 무제는 소통의 동생 소강(蕭綱)을 황태자로 삼았다(그림 5-3).

그 배경에 대해서 오카베 타케시(岡部毅史)의 2009년 연구는 이미 당시에 나이가 60세를 맞이한 무제가 정무를 대행할 수 있는

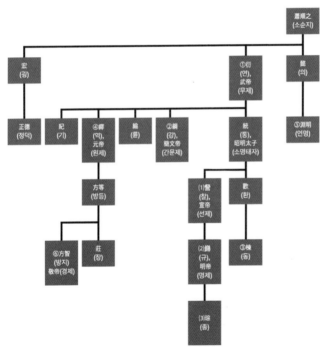

(그림 5-3) 양 황제 계보도
출전: 필자 작성

경험이 풍부한 황태자를 필요로 했기 때문이라고 보고 있다. 제1
장에서 살펴보았던 북위에서는 헌문제가 효문제에게 양위하여 태
상황제를 칭하고 정무를 장악했다. 이는 중국의 전통과 유목민
의 유연한 사고가 의외의 화학적 반응을 일으킨 결과였다. 그러나
위진 시기 이래 정통 중화왕조를 표방하고 있었던 남조에서는 자
발적 의사에 의한 황제의 생전 양위 등의 선택지는 없었고, 노령
이 되었어도 계속 재위하고 있을 수밖에 없었다. 소강은 늙어가는
무제의 보좌 역할로 황태자에 선발되었던 것이다. 그러나 이 결정
에 대해 황태손 후보였던 소통의 아들들과 황태자에 선발되지 못
했던 무제의 아들들이 크게 불만을 품었다. 훗날, 이것이 큰 재앙
을 초래하게 된다.

무제를 지탱했던 측근

이러한 상황 아래에서 양 초기부터 520년대까지 활약했던 주
사(周捨)와 서면(徐勉)을 대신하여 국정에 참여해 무제를 지탱했던
사람은 한문 출신인 주이(朱异)였다. 젊었을 때부터 박학하고 재
능이 많은 것으로 알려져 있었던 주이는 그 유학적 지식을 무제로
부터 인정받아 중서사인이 되었고, 무제의 측근으로 활약했다. 그
는 일류의 교양을 갖추었을 뿐만 아니라 산처럼 몰려드는 서류
업무를 곧바로 처리하는 유능한 관리이기도 했다.

주이는 주사가 실각했던 520년대 중반에 무제의 최측근이 되
어 다양한 관직을 겸임하면서 20년 이상 중서사인으로서 권력의
중추에 머물렀다. 귀족들은 한문 출신으로 재물을 비축하는 데

에 힘쓰는 주이를 깔보면서도 그가 휴가를 내어 집으로 돌아올 때마다 문 앞에 모여서 아첨을 떨었다고 전해지고 있다.

훗날, 주이는 후술할 후경의 난에 대한 대응에 실패하여 양의 멸망을 초래한 영신(佞臣)으로 간주되었고 매우 저평가되어 있다. 일본에서도 『헤이케모노가타리』(平家物語)의 첫머리에 "진의 조고 (趙高), 한의 왕망(王莽), 양의 주이(周伊 = 朱异), 당의 녹산(祿山, 안록산)"이라고 하는 것처럼, 왕조를 기울게 했던 악신(惡臣)의 대표격으로 묘사되고 있다. 확실히 주이는 양의 여러 문제를 근본적으로 해결하지 못했고, 무제의 뜻을 헤아리면서 명령을 담담하게 수행하는 데에 그쳤다. 그러나 그가 황태자 소강과 힘을 합쳐 이미 노령의 구간에 접어든 무제를 지탱하여 20년에 걸쳐 파탄을 초래하는 일이 없었다는 것도 사실이다. 오히려 중하급 귀족과 한문 출신의 관료들은 교양과 능력을 겸비한 무제의 측근으로 활약한 주이에 대해 동경심마저 품고 있었다.

북조와의 관계

이러는 사이에 북조와의 관계는 어떻게 되었을까? 양은 건국 이후 당분간은 북위와 자주 전투를 치렀고, 회남의 일부와 한중 (漢中, 현재 섬서성의 서남부) 등을 상실했다. 그러나 양도 선전하여 북위가 취했던 회남을 탈환했고, 507년(천감 6년) 종리(鍾離)의 전투와 511년(천감 10년) 구산(朐山)의 전투에서처럼 북위의 원정 군대를 괴멸로 몰아넣기도 했다. 말하자면, 일진일퇴의 공방전이 반복되고 있었던 것이다.

　무제에게 있어서 다행이었던 것은 520년대 이후 북위에서는 육진의 난이 발단이 되어 일어난 여러 반란들과 동서분열 등의 혼란이 지속되면서 양에 압력을 가할 여유가 없어져 버렸다는 점이었다(제4장에서 자세히 서술했다). 이 사이에 무제는 북벌을 추진하여 영토를 확대하는 것에 성공했다. 특히 무제는 회남의 수춘(壽春, 현재 안휘성 회남시淮南市 수현壽縣)에 집착하여 514년(천감 13년)부터 526년(보통 7년)에 걸쳐 회수를 막는 댐(회수언淮水堰)을 건설하고, 수춘에 수공(水攻)을 가하여 함락시켰다. 이를 기뻐했던 것인지, 무제는 이듬해 최초의 사신(捨身)을 수행했다. 그리고 그 기세로 회북으로도 손을 뻗쳤다. 다만, 거듭되는 댐의 붕괴 때문에 수춘 일대는 황폐해져 버렸다(榎本あゆち, 2020). 그리고 535년(대동 원년)에는 한중도 탈환했다.

　게다가 무제는 북위 말기의 혼란을 피해 망명을 왔던 북위의 황족을 이용하여 북위를 향한 개입도 시도했다. 예를 들면, 529년(대통 3년)에는 원호(元顥, 헌문제의 손자)를 '위주'(魏主)로 옹립하고 북벌했다. 다만 파견되었던 것은 진경지(陳慶之)가 이끄는 7천의 병력뿐이었고, 진심으로 화북 탈환을 목표로 삼았던 것인지의 여부는 잘 알 수가 없다. 제4장에서 서술했듯이 황제를 칭했던 원호는 진경지의 활약 덕택에 일시적으로 낙양 점령에 성공했다. 무제의 두 번째 사신은 이 직후에 행해졌다. 그러나 곧바로 이주영의 맹공격을 받으면서 낙양은 함락되고 말았다. 이때 진경지는 간신히 귀환했지만, 원호는 패사(敗死)했다. 무제는 그 이후에도 망명을 왔던 북위의 황족을 '위왕'(魏王)으로 세우고 북벌을 감행했지만, 모두 실패로 끝났다.

양과 북위와의 전투, 북위 말기의 혼란, 동서 분열의 영향으로 북위 황족 이외에도 양으로 망명한 사람들이 계속 이어졌다. 그 중에서 난흠(蘭欽, 선비계 사람으로 한중 탈환에서 활약했다), 양간(羊侃, 후술하는 후경의 난에서 활약한 한인)과 같이 양의 장군으로 활약했던 인물도 있다. 무제는 북조에서 온 망명자를 관용을 베풀어 받아들였고, 귀국을 원하면 흔쾌히 보내주었다(예를 들면 서위의 원훈인 하발승賀拔勝, 독고신獨孤信, 보육여충 등). 그 배경에는 무제가 자비 깊은 '황제보살'이라는 것을 연출하는 면도 있었지만, 망명자의 송환을 통해서 남북조 간의 연결을 유지하려는 목적이 있었던 것으로 생각된다(堀內淳一, 2018). 실제로, 양은 포로와 망명자의 귀환을 계기로 536년(대동 2년)에는 서위와, 537년(대동 3년)에는 동위와 화의를 맺었다. 이렇게 북조와의 관계는 서서히 양이 우위에 서게 되었고, 그 사회 문제는 좀처럼 드러나지 않았다.

3. 후경의 난과 양의 붕괴

후경의 난의 시작

양이 우위에 있는 상황과 잠깐 동안의 평화를 종결시켰던 것은 후경의 난이었다. 후경이라는 이름은 이미 제4장에서도 등장했지만, 그의 경력을 간단하게 돌아보고자 한다. 그는 503년(북위의 경명 4년)에 태어났다. 기묘하게도 이후에 후경이 옹립하게 되는 양의 간문제(소강)와 나이가 같다. 그가 태어난 집안은 회삭진 부근에서 힘

222

을 보유했던 북족의 중소세력이었고, 회삭진의 하급 관리가 된 후경은 이후에 동위의 실권을 장악한 고환과 친구로 사귀었다. 육진의 난에 의해 북위가 혼란 상태에 빠지자 이주영, 고환의 휘하에서 거듭 복무했고, 동위가 성립한 이후에는 하남 일대를 14년에 걸쳐 통치하면서 큰 존재감을 발휘했다. 그러나 훈귀의 억압을 시행한 고환, 고징 부자에 대해 서서히 불만을 품었고, 547년(동위의 무정 5년) 정월에 고환이 사망한 이후에 반란을 일으켰다.

후경은 서위와 양에 지원을 요청했다. 양에서는 지원 반대의 의견도 나왔지만, 무제는 하남을 지배하는 후경을 받아들인다면 중원 회복도 꿈이 아니라고 생각하여 요청을 받아들이고 후경을 하남왕으로 봉하였다. 후경의 복속을 기뻐한 것인지, 무제는 네 번째 사신을 수행했다. 그리고 조카인 소연명(蕭淵明)을 총사령관에 임명하고 지원 군대를 파견했다. 그러나 양의 군대는 동위 군대에게 대패했고, 소연명도 포로가 되고 말았다. 후경도 동위 군대에게 패배하여 548년(양의 태청太淸 2년) 정월에 회수를 건너 수춘으로 몸을 의탁했다. 이때 후경을 따랐던 자는 800명이었다고 한다.

이를 들은 동위의 고징은 소연명의 반환을 조건으로 강화를 제안했다. 그러자 무제의 의도를 짐작한 주이가 먼저 찬성했고, 신료들도 이를 따르고 말았다. 이를 알게 된 후경은 소연명과 교환하여 자신을 동위로 송환시키지 않을까 극도의 의심과 공포에 시달렸다. 궁지에 몰리게 된 후경은 무제에게 불만을 품은 소정덕(蕭正德, 무제의 조카)을 끌어들여 거병하기로 결심했다. 548년(태청

2년) 8월의 일이다. 거병의 격문(檄文)에는 군주 옆의 간신인 주이를 제거하겠다는 내용이 적혀 있었다.

　이때 후경의 군대는 불과 1,000명 뿐이었다. 거병의 소식을 들은 무제는 후경을 얕보면서 충분한 대응을 취하지 않았다. 그러나 후경의 군대는 수춘의 일부 호족들로부터 지지를 얻었고, 사회 불안으로 괴로워하던 빈궁한 농민들도 흡수하면서 수만 명으로 확대되었다. 소정덕의 인도 아래 장강을 건너 10월에는 건강성에 육박했다. 건강이 전투의 공간이 된 것은 무제와 동혼후가 싸웠던 501년(중흥 원년) 이래 대략 반세기 만의 일이었다.

무제의 사망

　후경은 소정덕을 황제로 옹립하고, 자신은 이주영과 고환이 이전에 취임했던 천주장군(天柱將軍)이라고 칭했다. 한편, 무제 측에서는 건강의 구원을 위해 무제의 아들들과 황족이 급히 달려왔지만, 주도권 싸움을 반복하면서 반란을 통제하는 행동을 하지 않고 방관할 뿐이어서 후경에게 유효한 대응을 하지 못했다. 무제의 후계자 문제를 발단으로 한 황족 사이의 심각한 불화가 여기에서 드러나고 말았던 것이다. 무제가 농성하는 건강에서는 황태자 소강과 양간의 지휘 아래에 겨우 후경 군대의 맹공을 견디고 있었다. 그러나 식량 부족이 심각해지면서 굶어죽은 사람이 대량으로 속출했고, 12월에는 양간도 병에 걸려 죽고 말았다. 거의 비슷한 시기에 주이도 병으로 죽었다. 후경의 군대도 식량이 부족했기 때문에 549년(태청 3년) 정월에 후경 군대와 건강의 구원 군대

쌍방이 퇴각하는 것을 조건으로 화의가 맺어졌다. 이를 받아들인 건강의 구원 군대는 철수했지만, 후경은 화의의 조건을 무시하고 포위를 풀지 않았다. 그리고 식량을 확보한 후, 화의를 깨고 건강을 공격했다. 그리고 3월 12일, 마침내 건강을 함락했다.

건강을 점령한 후경은 자신이 옹립한 소정덕을 폐위시키고, 무제를 섬기는 형식을 취했다. 그러나 노쇠하기는 했지만, 무제는 아직도 후경을 위압할 수 있을 정도의 위엄을 갖추고 있었다. 건강이 함락되던 날, 무제와 대면했던 후경은 무제의 얼굴을 똑바로 보지 못했고 질문에도 좀처럼 대답하지 못하는 모습이었다고 한다. 대면 이후에 후경의 측근에게 이야기했던 말이 전해지고 있다. "하늘의 권위를 범하기 어려운 것은 이를 일컫는 것이다. 두 번은 만나지 않을 것이다."(『양서梁書』 권56, 후경전)라고 말했다는 것이다. 후경은 그 이후에도 여러 모로 지시에 따르지 않는 무제를 거북하게 느꼈고, 유폐시켜 식사도 충분히 주지 않았다. 같은 해 5월 2일, 결국 무제는 굶어 죽었다. 향년 86세. 『남사』 권7의 양 본기 중(中)에는 무제의 죽음을 다음과 같이 묘사하고 있다.

병에 걸린 것이 오래되어 입 속에서 쓴맛을 느끼자 꿀을 찾았으나 주지 않았다. 그러자 다시 말하기를, "하荷, 하荷"라고 하면서 결국 세상을 떠났다.

"하, 하"는 목의 갈증을 호소하며 괴로워하는 소리였을까? 일설에는 군대에게 재공격을 명하는 호령(號令)이었다고 한다. 극도의 번영에서부터 나락의 밑바닥으로 추락했던 무제가 임종의 자리에서 보았던 것은 무엇이었을까?

양-한 혁명

무제가 사망한 이후, 후경은 무제의 황태자 소강을 황제(간문제簡文帝)로 옹립했고 자신의 딸을 비로 맞아들이게 하면서 양의 실권을 장악했다. 그리고 장강 하류 유역으로 세력을 확대해 갔다. 그는 동위의 관제를 일부 채용하여 측근 호위관에게 선비어에서 유래한 고진(庫眞) 직함을 주었다. 550년(대보 원년) 7월, 후경은 한왕(漢王)이 되었고 10월에는 우주대장군(宇宙大將軍), 도독육합제군사(都督六合諸軍事)를 칭하였다. 이러한 장군 호칭을 들은 간문제는 크게 놀라면서 "장군에 우주라는 호칭 따위가 있는가?"(『양서』권56, 후경전)라고 중얼거렸다고 한다.

황당무계한 전대미문의 장군 호칭이었지만, 아예 근거가 없었던 것도 아니다. 그 힌트는 북위 말기에 이주영이 칭했던 천주대장군(天柱大將軍)이다. '천주'는 한 제국 시대의 『회남자』(淮南子)라는 도가 계열 사상서에 보이는데, 하늘을 지탱하는 기둥을 지칭한다. 한편, '우주'는 시간과 공간을 의미하는 용어로 그 출전(出典)은 역시 『회남자』이다. 후경은 천주대장군을 뛰어넘는 칭호로, 같은 『회남자』에서 유래하면서 규모가 장대한 '우주'를 선택했을 것이다. 그리고 도독육합제군사에서 '육합'은 '천하'를 의미한다. 후경은 시간과 공간을 의미하는 장군 호칭으로 천하의 군사를 통괄한다는 의미의 직함을 칭했다. 득의양양함이 절정에 달한 모습을 확인할 수 있다.

그렇지만 양의 황족을 중심으로 각지에는 후경에 반대하는 세력이 존재하고 있었다. 특히 형주자사였던 소역(무제의 일곱 번째 아들)은 간문제의 즉위조차도 인정하지 않았고, 무제의 연호인 태청을 계속 사용하였다. 서쪽으로 진군하여 거듭 승리를 거둔 후경은 소역이 파견했던 왕승변(王僧辯)과 551년(대보大寶 2년) 6월에 파릉(巴陵, 현재의 호남성 악양시岳陽市)에서 충돌했다. 그런데 후경은 이 전투에서 대패를 당했고, 건강으로 도망쳐 돌아와 버렸다. 이후, 형세는 완전히 역전되었다. 기세를 탄 소역의 군대는 반격을 시작했고, 후경의 군대는 점점 물러났다. 인심의 일신(一新)을 계획했던 후경은 8월에 간문제를 폐위시키고 대신에 소동(蕭棟, 무제의 증손, 소통蕭統의 손자)을 옹립했다. 그 명목은 제위를 적통에게 돌려준다는 것으로, 즉 무제의 적자 소통의 계통에게 제위를 되돌린다는 것이었다. 그러나 조정 내부의 동요는 수습되지 않았다. 여기에 그치지 않고 유폐되어 있던 간문제를 10월에 살해(향년 49세)하면서 인심은 더욱 이반했다.

그래서 후경은 일발 역전을 노리면서 11월에 소동으로부터 선양을 받아 황제에 즉위했다. 연호를 태시(太始)로 정했고, 한(漢)을 건국했다. 1년 전에 동위의 고양이 북조에서 최초로 선양 혁명을 행하면서 북제(北齊)를 건국(자세한 내용은 제6장 참조)했기 때문에 양-한 혁명은 북족에 의한 두 번째 선양 혁명이 되는 셈이다. 다만 이미 고양은 부친 고환의 시대부터 한인을 표방했고, 후경도 즉위했을 때에는 조상을 한인이라고 했다. 또한 선양의 의례는 남조의 전례를 답습했고, 그 의식의 절차를 관리했던 사람은 일류 귀족인 왕극(王克, 본관은 낭야)이었다. 한의 제도는 그 상세한 내용을 알 수 없지만, 동위의 제도를 참고로 해서 일부 관직명을 변형시킨 흔적이 있다. 아무래도 후경은 관제는 북조(특히 동위), 의례는 남조에 따르면서 키메라와 같은 체제 구축을 도모하려고 했던 것 같다.

그러나 황제가 된 후경이었지만, 그 지배 영역은 건강 주변으로 한정되어 있었다. 소역은 부하인 왕승변과 진패선(陳霸先)을 파견하여 후경을 공격했다. 552년(한의 태시 2년, 소역은 태청 6년을 사용) 3월, 대패를 당한 후경은 건강을 포기했고 배를 타고 장강을 따라 내려가 도망치던 도중에 경구(京口) 부근에서 고진(庫眞) 양곤(羊鯤, 양간의 아들. 여동생이 후경의 측실이었다)에 의해 살해되면서 파란만장한 생애를 마감했다. 향년 50세. 갑판에서 검에 베인 후경은 선박 내부로 도망쳐 들어가서 칼로 배의 바닥을 도려내다가 찔려서 죽었다고 전해지고 있다. 최후까지 체념과는 거리가 멀었다.

원제(元帝)의 성쇠(盛衰)

소역이 후경을 타도한 것으로 양은 안정되었는가라고 묻는다면, 그렇지 않다. 시간을 조금 거슬러 올라가면, 소역은 후경에 의해 건강이 함락된 이후에도 후경은 신경쓰지 않고 형제와 조카(소통의 아들) 등과 격렬한 전투를 반복하고 있었다. 이 중에서 형인 소륜(蕭綸)은 후경 토벌 이전에 격파했지만, 제4장에서도 언급했듯이 조카인 소찰(蕭詧, 옹주자사)은 서위에 복속하여 소역의 머리를 노리고 있었다. 그리고 소역은 후경이 서쪽으로 올라갈 것을 염려하여 551년(태청 5년)에는 서위에 구원을 요청하면서 한중을 할양했다.

그 이후, 552년(태청 6년) 3월에 후경을 토벌하여 멸망시켰다는 것은 앞서 서술했다. 그런데 이번에는 사천을 통치하던 동생 소기(蕭紀)가 같은 해 4월에 황제를 칭하고 장강을 따라 내려왔다. 그래서 소역은 같은 해(승성承聖 원년) 11월에 황제(원제)로 즉위하고, 황폐해진 건강이 아니라 본거지인 형주(荊州)의 강릉(江陵)을 수도로 삼았다. 한편, 후경에게 선양했던 소동은 이미 552년(태청 6년) 3월에 건강이 점령된 직후, 소역이 뒤에서 조정하여 장강에 던져지면서 살해되었다(향년은 알 수 없다).

남은 문제는 동생 소기였다. 원제는 동생을 무너뜨리기 위해서 사용해서는 안 되는 수단을 활용하고자 했다. 553년(승성 2년) 3월, 서위에게 구원을 바라면서 사천에 대한 공격을 요청했던 것이다. 같은 해 7월, 서위와 원제의 협동 공격을 받은 소기는 패배하여 사망했다. 그러나 그 대가는 막대했고, 사천은 서위의 영토가 되고 말았다.

이야기는 여기에서 끝나지 않는다. 이 무렵에 양은 건강 주변에서 북제와 싸우고 있었는데, 사태를 타개하기 위해서 원제는 북제와의 관계 개선을 도모했다. 그러는 한편, 서위에게는 영토 경계를 원래대로 되돌릴 것(즉, 사천의 반환)을 제안해버렸다. 강릉을 호시탐탐 노리고 있었던 서위의 우문태는 이를 구실로 삼아 강릉에 대한 침공을 결단했다. 때마침 소찰이 강릉에 대한 공격을 요청해 왔고, 554년(양의 승성 3년, 서위의 공제 원년) 10월에 서위는 만뉴우근, 우문호(宇文護), 보육여충 등 5만의 병력을 파견하여 양양에서 소찰과 합류했다. 그리고 11월 5일에 강릉을 공격했다. 서위가 침공했다는 보고를 들은 원제와 신료들은 무언가 잘못된 소식이 아닐까하면서 대응을 하지 않았다. 이 지경에 이르러서도 서위와의 관계는 양호하다고 생각했기 때문이다. 그래서 충분한 대비를 하지 않았던 강릉은 1개월도 되지 않아 12월 2일에 함락되고 말았다.

항복하기 직전에 원제는 고금(古今)의 도서 14만 권에 불을 지르고, 그 속으로 뛰어들려고 했는데, 궁인들이 이를 말리자 보검을 기둥에 두드리면서 "문무의 도는 오늘밤 다했구나."(『태평어람太平御覽』 권619, 학부學部 13, 분서焚書에 인용된 『삼국전략三國典略』)라고 말했다고 한다. 훗날, 책에 불을 지른 이유에 대해 질문을 받자 원제는 "1만 권의 책을 읽으면서도 오늘과 같은 날을 맞이하게 되었기 때문이다."(『자치통감』 권165, 양기梁紀 21)라고 대답했다고 한다. 사실인지의 여부는 알 수 없지만, 문인으로서 탁월한 지식과 기량을 지녔고 많은 저작을 남긴 원제다운 감회이다. 그러나 패배의 원인은 일족에 대한 의심, 외교와 정치에서의 판단 착오였고 책 자체에는 죄가 없다. 원제에 의한 방화(放火)는 당 제국 시대에는 책이 당한 다섯 가지 재앙 중의 하나로 헤아려졌다.

12월 19일, 원제는 처형되었다. 향년 47세. 이때 서위의 포로가 되었던 10여 만의 관료와 백성들은 서위의 장군들에게 노비로 분여되었고, 혹독한 겨울에 장안까지 끌려갔다. 관료 중에서 재능과 학식이 있는 사람은 서위, 북주에서 복무하며 활약했지만 빈곤으로 괴로워하는 사람도 적지 않았다.

그 이후, 강릉에는 소찰을 양의 군주로 삼은 정권(후량, 555~587)이 설치되었다. 이후에 서위, 북주, 수의 괴뢰 국가로서 소찰(선제宣帝, 재위 555~562), 소규(蕭巋, 명제明帝, 재위 562~585), 소종(蕭琮, 재위 585~587) 3대에 걸쳐 지속되었고 그 영역 내에서는 황제를 칭했다. 후량은 강릉 주변을 통치하는 것에 불과한 약소국가였지만, 장강 중류 유역에서 서위, 북주, 수와 남조(양, 진)의 완충지대로서 기능했고 강남의 문화(유학, 역사학, 문학 등)를 북주와 수에 전달하는 역할도 맡았다. 예를 들면, 후량에서 복무했던 심중(沈重)은 양의 예악을 북주에 전달했다. 그러나 최종적으로는 587년(수의 개황開皇 7년)에 수에 병합되면서 멸망했다.

진패선의 대두

후경이 토벌되어 멸망한 후, 장강 하류 유역에서는 양의 혼란을 틈타 북제가 세력을 확장했고, 장강 북안까지 지배했다. 554년(승성 3년) 12월에 원제가 서위에 의해 처형되자 건강을 수비하던 왕승변과 진패선은 이듬해 2월에 원제의 아들 소방지(蕭方智)를 황제로 옹립했다(소연명은 이듬해에 병으로 사망했다. 향년 불명). 그러나 3월에 북제가 괴뢰정권을 만들기 위해서 포로로 잡았던 소연명(蕭淵明)을 '양주'(梁主)로 들여보냈다. 왕승변은 북제 군대의 공격을 받아 어쩔 수 없이 이를 받아들였다. 그러나 이에 반발한 진패선은 같은 해(소태 원년) 9월에 왕승변을 습격해서 살해하고 소연명을 폐위시킨 다음 다시 소방지를 황제(경제敬帝)로 옹립했다. 이 진패선이 훗날 남조 최후의 왕조인 진(陳)을 건국하게 된다.

이제 진패선의 출신을 살펴보자. 그는 503년(천감 3년)에 오흥(吳興, 현재의 절강성 호주시湖州市)의 토호 집안에서 태어났다. 이때까지 남조의 건국자였던 유유, 소도성, 소연이 한문(중하급 관료, 장군을 배출했던 가문)이었던 것에 반해 더 하급의 지방 유력자 출신이었던 것이다. 그는 향리(鄕里)에서 신분이 낮은 벼슬아치가 된 이후, 건강의 기름 창고를 지키는 사람이 되었고 이어서 양의 황족 소영(蕭暎)의 휘하에서 전령(傳令)으로 복무했다. 모두 유외관(9품 관제의 구도 밖에 있는 말단 관료)이었고, 그 관직 이력의 출발은 유유의 7품관(장군의 막료), 소도성의 8품관(장군의 막료), 소연의 8품관(황족의 막료)에 훨씬 미치지 못했다.

그러나 그는 능력을 인정받아 소영이 광주자사(현재 광동 일대의 지방장관)가 되자 막료(중직병참군中直兵參軍: 3반班 = 종8품)로 등용되었고, 군공을 세우면서 지방관이 되었다. 그리고 544년(대동 10년)에 소영이 사망하자 광주의 군권을 장악했다. 이 무렵 교주(交州, 현재 베트남 북부)에서는 토착민인 이분(李賁)이 거병하여 만춘국(萬春國)을 수립했다. 진패선은 이를 여러 차례 공격하여 공적을 세웠고, 위망(威望)이 높아져 갔다. 양 무제는 진패선의 활약에 힘입어, 546년(대동 12년)에 교주의 반란을 진압했다고 보았다. 세 번째 사신은 그 직후에 수행되었다.

그 사이에 진패선은 광주에 부임해 있던 강남의 한문, **한인층** 과의 유대를 심화시키면서 힘을 비축했다. 그리고 548년(태청 2년) 8월에 후경의 난이 발발하자 토벌 군대에 참가하기 위해 북상했 고, 그 과정에서 지방의 토호(비한인도 포함)와 계속 결탁하면서 세 력을 증강하였으며 3만의 병력을 이끌기에 이르렀다. 그 중에서 도 남월(南越)의 수장 세씨(洗氏, 여성)는 남방의 여러 세력들이 움 직이게 만들어 진패선의 북상을 지원했다. 이렇게 진패선은 551년 (대보 2년)에 소역이 파견했던 왕승변과 합류하여 건강으로 진군했 고, 이듬해 3월에 후경을 죽음으로 몰아넣었던 것이다.

후경이 토벌되어 멸망한 후, 건강을 맡게 된 사람은 왕승변이 었다. 그는 부친 왕신념(王神念)과 함께 북위에서부터 항복했던 인 물로, 명문 한인인 태원 왕씨라고 칭했지만 오환(烏丸) 사람이었다 고 하는 주장도 있다. 왕승변은 일찍 소역의 부하가 되어 여러 차 례 공적을 올리며 두각을 드러냈고, 후경 격파를 달성했다. 원제 가 사망한 후, 북제에게 종속하겠다는 방책을 취한 왕승변을 진 패선이 공격하고 경제를 옹립했다는 것은 앞서 서술했다. 이에 대 해 왕승변의 부하 및 지지자들에 의한 반란이 잇달았던 것은 물론 이고, 북제도 공격을 했다. 진패선은 침입하는 북제의 군대를 가 까스로 격파했고, 557년(태평 2년) 9월에 진공(陳公), 10월에는 진 왕(陳王)이 되었다. 그리고 결국에는 선양을 받아 황제(무제)로 즉 위하여 진을 건국했다. 이때 진패선의 나이 54세였다. 경제는 이 듬해 4월에 살해되었다. 향년 16세.

이미 사천, 호북은 서위(이어서 북주)의 영토가 되었고 강릉에는 후량이 존재하고 있었으며 회남도 북제에 의해 침식되어 있었다. 장강 중류 유역에는 진을 적대시하는 왕림(王琳, 원래 소역의 부하였다)이 할거했고 복건, 강서 등에서는 재지 유력자들이 사실상 독립 상태에 놓여 있었다. 진의 앞길에는 어려움이 많았던 것이다. 국내가 우선 안정적 모습을 보이게 되는 것은 두 번째 황제인 문제 시대였다(제6장 참조).

귀족 사회의 몰락

후경의 난으로 시작된 일련의 동란은 번영을 자랑했던 귀족 사회에 커다란 피해를 입혔다. 격렬한 공방전 그리고 후경의 군대와 양의 군대에 의한 약탈이 횡행하면서 찬란했던 대도시 건강은 황폐해졌고, 귀족부터 서민까지 도탄의 고통을 겪게 되었다. 이 고난에서 살아남아서 원제를 섬겼던 사람도 있었지만, 이번에는 서위에 의한 강릉 함락으로 인해 대다수가 납치되고 말았던 것이다.

앞서 서술했듯이 양의 무제는 일류 귀족에게서도 재능을 요구하면서 제도 개혁을 추진했다. 그러나 무제가 요구했던 재능이란 유학, 문학과 같은 교양적 측면이었고, 일부 예외를 빼면 일류 귀족이 행정, 군사적 측면에서 활약하지는 않았다. 또한, 황자의 비(妃)로 귀족의 딸(간문제의 황후 왕씨, 소명태자의 비 채씨)을 맞이한 것처럼 무제도 송, 제와 똑같이 귀족을 받아들이는 것에 힘썼다. 그 결과, 행정은 주이를 필두로 하는 한문이 담당했고 군사도 한문 및 북위에서 온 망명자들이 대부분 맡았다. 게다가 무제의 의도와는 반대로 교양조차 몸에 지니지 않은 일류 귀족들도 많았다.

양 말기에 서위로 연행되고도 북제로 도망가서 수 시대까지 느긋하게 살았던 안지추(顔之推)가 남긴 『안씨가훈』(顔氏家訓) 면학편(勉學篇)에는 다음과 같은 기록이 있다.

> 양조(梁朝)의 전성시대에 귀족 자제의 다수는 교양이 없었다. '우거(牛車)에 올라가서 떨어지지 않으면 저작랑(著作郞), 문서에 어떠하십니까라고 쓰기만 하면 비서랑(秘書郞)'이라고 하는 속담이 생길 정도였다.

그리고 안지추는 당시의 일류 귀족은 체격이 허약하여 추위와 더위를 견디지 못했고, 후경의 난 이후 길에 쓰러져 죽은 사람이 잇달았다고 증언하고 있다. 강릉을 함락했을 때 관료와 민중의 납치를 명했던 서위의 우문태는 재능과 학식이 있는 인물을 원하면서 많은 남조 계열 관료를 등용했지만, 남조의 귀족 사회 그 자체를 중시하지는 않았다.

물론, 이 동란에서 살아남은 일류 귀족도 있었고 진에서 복무하는 고위 관료가 되기도 했다. 그러나 그 숫자는 크게 감소했고, 영향력도 상실했다. 진에서는 진패선과 깊이 연결되어 있었던 강남의 한문, **한인**층과 지방의 토호, 만인(蠻人) 등의 비한인이 장군, 지방관료로 대두했다. 그리고 일류 귀족의 공백을 메우는 듯이 중하급 귀족과 한문 출신 인물이 귀족으로서의 자의식을 가지게 되었다.

양의 무제는 문무를 겸비한 보살황제로서 대략 반세기에 걸쳐 군림했고, 북조에 대해서 우위에 서 있을 정도였다. 남조의 문화도 전성기를 맞이했고, 대외적으로도 커다란 영향력을 지녔다. 그러나 그 그늘에서는 사회불안이 진행되고 있었고, 후경의 난이 발발한 이후 양은 사분오열의 상태에 빠졌으며 귀족 사회도 몰락하고 말았다. 강남의 토호에서부터 서서히 지위가 올라간 진패선이 건국한 진은 이러한 상황에 어쩔 수 없이 대응해야만 했다.

이제 다음 장에서는 제4장(북조: 북위 후기~동위, 서위)과 제5장(남조: 양)의 내용을 발판으로 삼아 세 개의 새로운 왕조(북제, 북주, 진)의 정립에서부터 수에 의한 남북통일에 이르기까지의 과정을 살펴보고자 한다.

제6장 또 하나의 삼국시대
(북제, 북주, 진)

북조4, 남조3

제4장에서 자세히 소개했던 것처럼, 북위는 효문제의 개혁에 대한 반동으로 육진의 난이 발생하면서 동서로 분열되고 말았다. 이 중에서 효문제의 노선을 계승했던 동위와 복고정책을 추진했던 서위는 결사적 전투를 되풀이했다. 한편, 제5장에서 살펴보았듯이 남조에서는 양의 무제가 거의 반세기에 걸쳐 군림했고, 사회 내부에 모순을 안고 있으면서도 혼란했던 북조에 비해 우위를 차지하기에 이르렀다. 그러나 그런 양도 동위에서 망명해 왔던 후경에 의한 반란으로 붕괴해 버렸다. 6세기 중반에는 중국 전체가 동란의 시대를 맞이하게 된 것이다. 머지않아 동위는 북제로, 서위는 북주로, 양은 진으로 대체되었다. 6장에서는 삼국의 정립에서부터 수에 의한 중국 통일까지를 개관하고자 한다.

高昌(고창)　　　突厥(돌궐)　　　契丹(거란)

吐谷渾(토욕혼)

敦煌(돈황)

幽州(유주)
瀛州(영주)

北齊(북제)

伏俟城(복사성)　　北周(북주)
晋州(진주)=
平陽(평양)
井州(병주)=晋陽(진양)

司州(사주)=鄴(업)
勳州(훈주)=玉壁(옥벽)
同州(동주)
雍州(옹주)=長安(장안)
洛州(낙주)=洛陽(낙양)

襄州(양주)=襄陽(양양)
揚州(양주)=
建康(건강)

漢中(한중)
後梁(후량)
郢州(운주)
吳興(오흥)

益州(익주)=成都(성도)
江陵(강릉)

湘州(상주)=長沙(장사)

陳(진)

廣州(광주)

交州(교주)

(그림 6-1) 북제, 북주, 진, 후량(572년)
출전: 『중국역사지도집 제4책』을 토대로 작성

1. 북제 - 격화하는 권력 투쟁

북제의 건국

동위에서는 실권을 장악하고 있었던 고환이 547년(무정 5년)에 사망하고, 장남인 고징이 그 뒤를 계승했다. 고징은 후경의 반란을 진압하고, 황제를 향한 길로 돌진했지만 549년(무정 7년)에 선노(膳奴, 상차림을 맡은 노예)인 난경(蘭京)에 의해 찔려 살해되고 말았다. 이에 대해서는 이미 제4장에서 서술했다.

갑자기 사망한 고징을 대신해 동위의 실권을 장악한 인물은 동생 고양(高洋)이었다. 그는 양음(楊愔)을 필두로 하는 한인 관료들의 지원 아래에 550년(무정 7년) 3월에 제왕(齊王)이 되었다. 그리고 7월에 동위의 효정제(孝靜帝)에게 선양을 압박했고, 결국 황제(문선제文宣帝)에 즉위하여 북제를 건국했다(그림 6-1). 북위는 선양을 받지 않고 건국된 국가이기 때문에 북조에서는 처음으로 선양에 의한 왕조 교체가 이루어진 것이다. 제위를 양위한 효정제는 551년(천보天保 2년)에 독살되었다. 향년 28세.

그러나 고양의 황제 즉위에 대해 모친인 누태후(고환의 정비)와 많은 훈귀들은 시기상조라고 하면서 반대했다. 이때 고양이 22세였다. 주로 육진의 북족 출신 인물들인 훈귀들은 군주에 대해 군사적인 카리스마를 요구했는데, 실적이 적은 고양에게는 부족함을 느끼고 있었던 것이다. 심지어 누태후는 "너의 부친은 용과 같았고, 너의 형은 호랑이와 같은 사람이었는데도 신하로서 끝을 냈는데, 어떻게 너 같은 사람이 선양을 받으려고 생각하느냐?"(『북제서北齊書』권30, 고덕정전高德政傳)라고 질책했을 정도였다. 고양 본인도 주위에서 자신의 즉위에 반대한다는 것을 자각하고 있었다. 그러나 부친과 형에 미치지 못하기 때문에라도 일찍 즉위해야 한다는 한인 관료의 의견을 채용하여 즉위를 결심했던 것이다.

효문제 노선의 계승과 『위서』의 편찬

훈귀로부터 지지를 별로 얻지 못했던 문선제는 한인 관료인 양음을 재상으로 임명하고, 동위와 마찬가지로 효문제 노선(북위 후기의 제도)을 계승하여 제도를 정비했다. 또한, 북위에서부터 북제로 이어진다는 정통성과 효문제 노선의 정당성을 주장하기 위해 한인 관료인 위수(魏收)에게 명하여 효문제의 개혁을 전면적으로 긍정하는 『위서』(魏書)를 편찬할 것을 지시했다(554년에 완성).

본래 북위의 효문제 이후, 한인 관료가 국사를 편찬하여 효문제의 중국화 정책을 정당화했다. 그러나 제4장에서 논의했듯이 520년대 중반에는 효문제의 노선에 반발하는 이주영이 북위의 실권을 장악했고, 북위 전기의 체제를 지향했다. 이와 아울러 사관(史官)에도 북족이 취임하게 되었기 때문에 일시적으로 국사의 편찬이 정체되고 말았다. 이러한 상황을 이어받은 문선제는 다시 역사서 편찬 사업을 효문제의 노선으로 되돌리고자 했던 것이다.

문선제의 목적을 달성하기 위해 『위서』는 효문제의 중국화 정책을 높이 칭찬하고 있다. 그리고 『위서』는 유목민에서 유래한 북위 전기의 관직 명칭을 되도록 삭제하면서 북위의 유목적 요소를 희석시키고 있다(佐川英治, 2005). 그 이외에 『위서』는 북위를 중화의 왕조로 선양(宣揚)하기 위해서 열전에 오호의 여러 정권들과 나란히 동진, 남조를 수록하고 있다. 북제는 서진으로부터 북위(동위도 포함), 그리고 북위에서 북제로 이어졌다는 정통관념을 가지고 있었다. 이 정통관념에 따르면, 오호의 여러 정권들과 동진, 남조는 정통이 아닌 왕조가 되는 것이다. 그래서 『위서』는 열전을 편성할 때에 동진을 '참진'(僭晉, 거짓된 진), 남조를 '도이'(島夷, 남방의 야만인)라고 부르며 폄하했다. 『위서』는 한인 귀족에 관한 서술을 둘러싸고 많은 비판을 받으면서 '예사'(穢史)라고도 불렸고, 이후에 개정이 이루어졌다. 그러나 문선제는 『위서』의 내용에 불만을 가지지 않았고, 위수를 처벌하지도 않았다.

폭군으로의 변모

이렇게 효문제의 노선을 계승한 문선제였지만, 한편으로는 훈귀의 지지를 획득할 필요가 있었다. 그래서 직접 군대를 이끌고 여러 차례 북방으로 원정을 감행했다. 예를 들면, 553년(천보 4년)에는 돌궐을 격파하고 강화를 체결했다. 이외에도 동북변으로 세력을 확장하고 있었던 거란과 유연의 잔존 세력으로도 친히 정벌을 수행하여 군사적 성과를 올렸다. 이후에도 북제의 역대 황제들은 친히 정벌을 행하여 훈귀들에게 군사적 카리스마를 보여주려 했다. 또한, 제5장에서도 다루었듯이 후경의 난이 발단이 되어 양이 혼란해진 기회를 이용해 남방으로 병력을 보내 장강 북안까지 영토를 확대했다. 그리고 동위 시대에 포로로 잡은 소연명을 건강에 들여보내서 괴뢰 정권의 수립을 시도했지만, 이것은 실패했다.

제도적인 측면에서는 북위 말기와 똑같이 훈귀에게 왕작을 사여했다. 그리고 559년(천보 10년)에는 황후의 호칭을 '가하돈황후'(可賀敦皇后)로 변경했다. 가하돈이란, 유목민 군주의 부인을 의미하는 말이다. 즉위 초기의 문선제는 훈귀의 딸을 황후로 세우라는 권유를 받았지만, 굳이 정비였던 한인 이씨를 황후로 삼았다. 그럼에도 불구하고, 훈귀를 배려하여 그 칭호를 바꾸었던 것이다. 그러나 이 칭호는 문선제가 사망한 이후에는 계승되지 않았다.

한편, 즉위 초기에는 정치와 군사에 힘쓰면서 한인 관료, 훈귀 쌍방의 지지를 확보하려고 노력했던 문선제였는데 그 스트레스 때문이었는지 술에 빠져 폭군으로 변하고 말았다. 554년(천보 5년) 이후로 점점 술에 취해 의심에 사로잡혀 훈귀와 한인 관료들을 살해하고 있다. 또한, 부친 고환의 측실이었던 이주씨(이주영의 딸)에게 관계를 강제로 압박했고, 이를 이주씨가 거부하자 그녀를 살해했다. 형 고징의 정비였던 원씨(동위 효정제의 여동생)와도 억지로 관계를 맺었다. 유목민의 풍습인 역연혼(부친이나 형의 처첩을 아내로 맞이하는 것)을 행하여 부친과 형의 권위를 덧붙이려 했다고도 이해할 수 있겠지만, 그 수법이 졸렬하다고 하지 않을 수 없다. 558년(천보 9년)에는 인망이 두터웠던 동생 고준(高浚)과 고환(高渙)을 쇠로 된 바구니에 넣어 직접 난도질한 다음에 불에 태워 살해했다. 그리고 559년(천보 10년)에는 동위의 황족이었던 원씨도 학살하면서 참살된 자가 721명이었고, 그 이외에도 죽은 사람이 3천 명에 달했다고 전해지고 있다.

이러한 행동과는 반대로, 문선제는 승려와 교유하면서 보살계를 받았고, 많은 불교 사원을 건립하여 좌선에 힘썼던 열성적인 불교 신자이기도 했다. 신앙과 행동의 차이에 어리둥절해질 뿐이다.

다만, 훈귀의 살해에 대해서는 그 이면에 양음 등 한인 관료가 움직이고 있었고, 고환과 고징부터 지속된 훈귀 억압의 흐름이라고 해석할 수도 있다. 그리고 동생과 원씨의 살해를 황제 권력의 안정을 시도했던 것이라고 파악한 연구자도 있다. 문선제의 행동에 일관성을 발견하기는 좀처럼 쉽지 않지만, 확실히 황족과 훈귀의 힘을 감소시켜서 황제권 강화를 도모했을 가능성은 있다.

효소제(孝昭帝)의 즉위와 진양

559년(천보 10년) 10월, 과도한 음주가 원인이 되어 문선제는 사망했다. 향년 31세. 곧바로 황태자 고은(高殷, 폐제)이 진양(晋陽)에서 즉위했다. 양음 등의 한인 관료는 폐제의 휘하로 권력을 집중시키려고 했지만, 이에 반발한 문선제의 동생 고연(高演)이 560년(건명乾明 원년) 2월에 업(鄴)에서 쿠데타를 일으키고 양음을 살해했다. 진양으로 향한 고연은 모친인 누태후와 훈귀의 지지를 얻어 실권을 장악했고, 8월에 황제를 폐위시키고 즉위했다(효소제, 그림 6-2). 한편, 폐제는 이듬해 9월에 살해되었다. 향년 17세.

이렇게 당시 훈귀의 거점이 되었던 곳이 진양이었다. 제4장에서도 서술했듯이 북위 말기의 진양에는 육진 출신의 많은 병사들이 거주하여 군사 거점으로 기능하고 있었다. 그래서 고환은 진양에 패부를 설치했던 것이다. 북제도 진양을 부도(副都)로 삼고, 진양과 업의 이원적 체제를 유지하고 있었다. 고연은 진양의 군사력

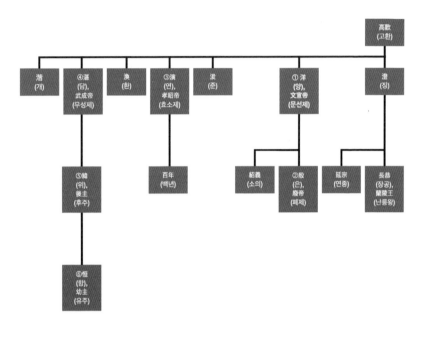

(그림 6-2) 북제 황제 계보도
출전: 필자 작성

을 배경으로 제위 찬탈에 성공했던 것이다.

업은 동생 고담(高湛)에게 맡긴 효소제는 훈귀를 중시하여 진양에 머무르면서 동북변에 할거하고 있던 고막해(庫莫奚)로 친히 정벌을 하는 등 정력적으로 활동했다. 그러나 561년(황건皇建 2년) 11월, 말에서 떨어지는 사고로 입은 부상이 원인이 되어 효소제는 사망하고 말았다. 향년 27세. 이를 대신해 즉위한 사람이 동생 고담(무성제武成帝)이다. 임종의 자리에 있었던 효소제는 누태후의 압력으로 황태자인 고백년(高百年)을 대신해 동생 고담을 후계자로 선택했고, 아들을 죽이지 말라는 유서를 남겼다. 그러나 그 소원도 소용이 없었고, 564년(하청河淸 3년)에 고백년은 9세의 어린 나이에 살해되고 말았다.

무성제와 '은행'

즉위한 무성제는 황제의 권력에 간섭하는 누태후와 훈귀, 황족에게 불만을 품고 있었다. 562년(청하 원년)에 누태후가 사망했을 때에는 술을 마시면서 음악을 들었고, 상복인 백포(白袍)를 던져버리고 해방감에 빠져들었다. 그 이후, 무성제는 황제권 강화를 위해 황제의 명령에 충실한 훈귀의 자제 중 일부를 중용했다. 그 중에서도 절대적인 신임을 얻었던 사람은 화사개(和士開)였다.

종래에 그들은 황제의 은총을 받아 대두한 '은행'(恩倖)으로 간주되었다. 그러나 최근에는 조금씩 역사상이 변하고 있다. 예를 들어 화사개는 당 초기에 편찬되었던 『북제서』에서는 서역 상인의 자손이라고 되어 있다. 그런데 화사개 본인과 그 친족의 묘지로부터 이주영, 고환을 섬겼던 북족 훈귀의 아들이었다는 점이 분명해졌다. 그는 무성제가 즉위하기 이전부터 막료로서 복무했고, 주의도통(主衣都統, 황제의 의복과 기물을 통괄)과 중서감(中書監) 등을 거쳐 황제의 신임을 받고 출세했던 것이다. 타쿠마 요시유키(田熊敬之)는 2020년의 연구에서 북위 후기, 동위, 북제에서 보이는 주의도통, 상식전어(嘗食典御, 황제의 식사를 통괄)가 유목적인 제도의 영향으로 설치된 황제 측근 관료로 훈귀와 한인 귀족의 자제는 물론이고, 한인(漢人) 한문(寒門) 계층과 소그드인 등에게도 열려 있었던 출세 루트 중 하나였음을 지적하고 있다. 히라타 요이치로의 2021년 연구에서도 '고진', '오하진'(烏賀眞), '대현진'(大賢眞)과 같은 선비어에서 유래한 시위가 황제에 중용되어 출세했다고 지적한다. 북제에도 유목에서 유래한 측근 관료로부터 출세하는 루트가 존재하고 있었던 것이다.

제2장에서 소개했듯이 남조의 은행은 조칙의 기초(起草)를 담당하는 중요 관직이기는 하지만 관품이 낮은 중서사인에 황제의 은총을 받았던 **한인**(寒人), 서인이 취임하여 능력을 펼쳤다. 그러나 화사개로 대표되는 북제의 '은행'은 훈귀의 자제였고, 황제의 측근 관료에서부터 정식으로 재상까지 올라갔으니 남조의 은행이 처한 상황과는 달랐다. 다만 북제의 정치와 제도에 대해서는 아직 연구가 진행 중에 있어서 '은행'을 대신할 용어도 제안되어 있지 않다. 그래서 여기에서는 편의상 '은행'이라고 작은따옴표를 붙여서 사용할 것이다.

무성제 시기의 여러 정책들

무성제는 565년(청하 4년)에 29세의 젊은 나이로 10세의 황태자 고위(高緯, 후주後主)에게 양위하고 태상황제가 되었다. 제1장에서 소개했던 북위의 헌문제에 이어서 두 번째 태상황제가 등장한 것이다. 화사개가 황제 2대에 걸쳐서 은총을 받을 수 있도록 한인 관료가 제안했던 것이라고 한다. 그러나 그뿐만이 아니라 문선제 이래로 동생에 의한 사실상의 제위 찬탈이 계속되고 있었던 것을 근거로 제위계승의 안정화를 계획하여 시행되었던 것이다.

무성제 시기에는 황제의 의향을 파악한 화사개와 조정(祖珽)

을 필두로 하는 한인 관료가 손을 잡고 정무를 맡았다. 역사서에
는 화사개에 의한 난맥(亂脈) 정치가 기록되어 있다. 예를 들면, 실
크로드 무역을 담당하고 있었던 소그인들은 화사개와 연결되면
서 북제 전역에서 활동의 공간을 확대했고 회남에서는 징세를 맡
았다. 그러나 신료들의 대부분이 화사개와 결탁했던 것도 있어서
북제의 정국 자체는 비교적 안정되었다. 이 시기에는 율령의 제정,
『주례』를 근거로 한 후궁 제도의 확립, 남조의 영향을 받은 아악
의 정비(종묘와 교사의 무악舞樂과 가곡의 통용) 등이 진척되어 중화제
국으로서의 체재가 마련되었다.

다만 조정 내에서는 선비어가 이리저리 사용되었고, 문선제의
황후 이씨와 효소제의 황후 원씨 등을 후궁으로 거두어들이는 역
연혼도 행해지는 등 북족의 기풍도 짙게 남아 있었다. 563년(청하
2년)에는 북주가 돌궐과 연합하여 진양을 습격했고, 이듬해에는
북주가 낙양에 침공했는데 모두 물리치는 데에 성공했다. 특히
낙양의 전투에서 활약했던 사람이 훈귀 곡률광(斛律光, 딸은 후주의
황후)과 황족 고장공(高長恭, 고징의 아들, 난릉왕蘭陵王)이었다. 북제
의 국력, 군사력은 아직 건재했다. 그러나 568년(천통 4년)에 무성
제가 32세의 젊은 나이로 사망하자 훈귀와 한인 관료 및 '은행'에
의한 복잡한 권력 투쟁이 지속되었고, 서서히 북주에 대한 우위를
상실하게 되었다.

과열된 권력 투쟁

무성제는 임종의 자리에서 화사개의 손을 잡고, 후주를 부탁

하면서 사망했다. 그래서 화사개의 전권(專權)은 지속되었다. 그는 호태후(무성제의 황후, 한인이다)와 사통하면서 그녀의 지지도 얻었다. 이러한 상황에 불만을 품었던 사람은 14세의 고엄(高儼)이었다.

그는 후주의 동모제(同母弟)인데, 부친 무성제에게 총애를 받아 수도인 업의 군사를 통괄하고 있었다. 571년(무평武平 2년), 화사개에 의해 군권을 박탈당하게 될 상황에 놓인 고엄은 쿠데타를 일으켜 화사개를 살해했다. 이를 알게 된 북제 제일의 명장이자 후주의 장인(丈人)이기도 했던 곡률광은 크게 웃으면서 "용의 아들이 결국 해냈구나. 진실로 보통 사람이 아니구나."(『북제서』 권 12, 고엄전)라고 말했고, 사태를 원만하게 처리하기 위해 고엄을 설득하여 군대를 해산시켰다.

이에 대해 한인 관료인 조정은 후주가 중용하는 '은행'들과 결탁하여 고엄을 살해했고, 이후에는 조정에게 적대감을 품고 있었던 곡률광을 죽음으로 몰아넣었다. 훈귀의 대표격인 곡률광의 주살은 훈귀 억압, 황제권 강화의 일환으로 여겨진다. 그러나 그 결과, 북주에 대한 방어력도 저하되고 말았다.

행정, 군사에서 큰 영향력을 지닌 조정은 573년(무평 4년) 2월에 많은 문인들을 모아 문림관(文林館)을 설립했다. 이 문림관에서는 남조의 양에서 편찬되었던 『화림편격』을 토대로 중화의 역사를 계승하는 정통국가로서 북제를 위치시키는 유서(類書)인 『수문전어람』(修文殿御覽) 360권을 편찬하였다. 조정은 문화 정책의 측면에서도 북제의 중화화(中華化)를 추진했던 것이다.

그리고 조정은 '은행'과의 대결을 결심했다. 그런데 이 대결에서는 황제의 총애를 받고 있었던 '은행'들이 승리를 거두었다. 573년(무평 4년) 5월, 조정은 실각하여 병으로 사망했고 10월에는 문림관에 모였던 한인 관료들의 대부분도 살해되었다. 이러는 동안에 명장으로 알려진 난릉왕 고장공도 후주로부터 의심을 받아 사형에 처해졌다.

북제가 권력 투쟁으로 나날을 보내고 있는 사이에 남조의 진이 회남으로 병력을 진격시켰다. 북제는 이에 대응하지 못했고, 회남은 573년(무평 4년)에 진에게 빼앗기고 말았다. 한편, 돌궐과의 관계는 개선되는 경향을 보였다. 본래 돌궐은 북주와의 관계를 중시했는데, 572년(무평 3년)에 화북의 정세를 잘 알고 있었던 타발가한(他鉢可汗, 탑파르 카간)이 즉위하자 북주, 북제의 대립 구도를 유지하여 돌궐이 우위에 있는 상황을 확립하기 위해 서서히 북제에 접근하는 태도를 보여주게 되었던 것이다.

북제의 멸망

한인 관료에게 승리한 '은행'은 결국 북제의 군사와 행정을 장악했다. 말하자면, 후주는 '은행'을 통해 권력의 일원화에 성공한 것이었다. 그러나 그 대가는 컸다. 황족, 훈귀가 억압되면서 군사력이 저하되었을 뿐만 아니라 '은행'에 의한 난맥 정치가 계속되어 환관, 소그드 상인의 자제 등이 관위와 왕작을 얻어 권력을 과시했다. 결국에는 후주가 아꼈던 페르시아 개에게도 관위를 부여할 정도가 되었다고 일컬어진다.

이러한 상황에서 575년(무평 6년)에 북주의 무제가 직접 군대를 이끌고 낙양을 침공했다. 그러나 낙양의 수비는 견고했고, 북주의 군대를 격퇴하는 것에 성공했다. 이듬해(무평 7년) 10월, 북주의 무제는 하동에서부터 진양을 향해 침공해 왔다. 12월, 후주는 진주(晉州, 현재 산서성 임분시臨汾市)까지 직접 출정하여 무제가 이끄는 북주의 군대와 후주가 이끄는 북제의 군대가 충돌했다. 후주도, 무제도 군사적 경험은 적었고 일진일퇴의 공방이 계속되었다. 이 단계에서도 진양을 중심으로 한 북제의 군사력은 쇠퇴하지 않았던 것이다. 그러나 후주가 '은행'인 목제파(穆提婆)의 철수 의견을 받아들여 애첩과 함께 진양으로 도망친 결과, 북주의 군대가 대승을 거두었다. 북주의 무제가 진양을 향한 진격을 시작하자 후주를 단념해버린 장수들은 차례차례 북주에 항복했다. 패전의 계기를 만들었던 목제파도 그 대열에 가담했다.

후주는 진양을 고연종(高延宗, 고징의 아들)에게 맡기고 돌궐로의 망명을 시도했으나 부하의 반대로 인해 업으로 향했다. 진양에 남은 고연종은 황제를 자칭했고, 무제를 맞아 싸웠으나 힘이 미치지 못해 진양은 함락되었다. 이듬해 577년(무평 8년) 정월, 후주는 8세의 황태자 고항(高恒, 유주幼主)에게 양위하고 태상황제를 칭했다. 이때 이미 북주의 군세가 육박하고 있었고, 업을 떠난 후주와 유주는 영주자사(瀛州刺史)인 고개(高湝, 고환의 아들)에게 조서를 보내 양위하면서 후주는 무상황(無上皇), 유주는 수국천왕(守國天王)을 칭했다. 그러나 사신이 북주에 항복했기 때문에 양위의 조서는 고개에게 전달되지 못했다.

북주의 무제는 정월에 업을 함락하고, 같은 달에는 내통했던 '은행'인 고아나굉(高阿那肱)의 인도를 받아 도망치고 있던 후주와 유주를 사로잡았다. 사실상 북제가 멸망한 것이다. 2월에는 산서 북부에서 저항하고 있었던 고소의(高紹義, 문선제의 아들)도 돌궐에 망명했고, 3월에 잔존 세력이 항복하면서 북주에 의한 화북 통일이 이룩되었다. 그 이후, 북주에 항복했던 목제파가 모반한다는 소문이 퍼졌기 때문에 후주와 유주는 이에 연좌되어 자살하게 되었다. 후주는 향년 22세. 유주는 향년 9세.

한편, 돌궐로 망명했던 고소의는 문선제를 '영웅천자'라고 칭했던 돌궐의 타발가한에 의해 받아들여졌다. 북제의 잔존 세력은 고소의의 휘하에 모였고, 580년(대상大象 2년)까지 북주에 대한 저항을 지속했다. 그러나 결국은 북주와의 관계 개선을 도모했던 돌궐의 배신으로 북주에 양도되어 581년(개황 원년)에 유배지인 사천에서 사망했다. 이렇게 완전히 북제는 멸망했다.

북제의 정치적 동향을 단적으로 요약하면, 복잡한 권력 투쟁이 지속되었던 결과 북주에게 멸망을 당했던 것이라고 할 수 있다. 다만 그 배경에는 강력한 군대를 이끄는 훈귀와 북위 이래의 한인 귀족 그리고 황제의 경쟁자가 되려는 황족을 억누르면서 황제권 강화를 도모하는 움직임이 항상 존재했다. 게다가 북제에 대해서는 북족의 요소가 많이 강조되고 있는데, 제도적 측면에서는 주로 북위 효문제의 노선을 계승했고 중화의 황제로서 군림하고 있었다는 점을 잊어서는 안 된다. 실제로, 이후의 수와 당은 북제의 제도를 축으로 여러 제도들의 정비를 추진했다.

2. 북주 - 화북 통일로의 길

북주의 건국

이어서 북주로 눈을 돌리고자 한다. 제4장에서도 서술했던 것처럼, 북위가 동서로 분열된 이후에 관중을 지배하던 서위의 실권을 장악했던 사람은 우문태였다. 서위에서는 북위 효문제의 노선에 반발했고, 국성재흥(國姓再興, 북족의 성을 원래대로 되돌리는 것)과 육관제(『주례』의 관제를 채용) 등 복고적인 정책이 차례차례 시행되었다. 우문태는 제위 찬탈도 시야에 넣고 있었던 것으로 보이지만, 실행으로 옮기지는 않고 556년(공제 3년) 10월에 52세의 나이로 사망했다. 우문태가 생전에 후계자로 선정했던 사람은 우문태와 그 정비(북위 효무제의 여동생) 사이에서 태어난 우문각(宇文覺, 우문태의 셋째 아들)이었다. 그러나 아직 15세인 우문각은 당연히 나란히 존재하는 원훈을 억제할 수 없었다. 그래서 우문태는 임종의 자리에서 조카인 우문호(宇文護)에게 후사를 부탁했다.

이때 우문호가 44세였다. 원훈에 비하면 공적은 열등했지만, 군사와 행정의 경험을 쌓아서 친족이 적은 우문태의 입장에서는 의지하게 되는 존재였다. 우문호는 군사를 통괄하는 도독중외제군사부(都督中外諸軍事府)를 장악하고, 원훈인 만뉴우근(『주서』에서는 우근으로 나온다) 등의 협력을 얻어 불만을 품은 일부 원훈들을 억누르고 557년(효민제孝閔帝 원년) 정월에 우문각을 천왕에 옹립하여 북주를 건국하는 데 성공했다. 황제가 아니라 천왕을 칭했던 것은 『주례』에 의거했던 것이다. 진시황제가 기원전 221년에 창출했던 '황제'라고 하는 군주 호칭은 서주(기원전 11세기~기원전 8세기)의 제도를 전하고 있는 것으로 여겨졌던 『주례』에는 나오지 않는 것이었기 때문이다.

북주를 건국한 직후인 2월, 우문호는 반항적인 태도를 보였던 원훈인 을불귀(乙弗貴, 『주서』에서는 조귀趙貴로 나온다)와 독고신(獨孤信)을 숙청했다. 이때 막 양위했던 공제(향년 21세)와 불과 3세인 그 아들도 살해되었다('탁발초묘지拓跋初墓誌' 참조). 우문호는 천관부(天官府)의 장관인 대총재(大冢宰, 행정장관)에 취임하여 북주의 실권을 장악했다. 그런데 이번에는 천왕인 우문각이 불만을 품고 말았다. 그는 친정(親政)을 희망하면서 측근과 함께 우문호를 주살하려고 계획했던 것이다. 이를 알게 된 우문호는 같은 해 9월에 신료들의 찬성을 얻어 우문각을 폐위시키고 살해했다. 향년 16세. 그는 이후에 효민제라는 시호로 불렸다.

이를 대신해서 옹립된 사람은 우문태의 장남 우문육(宇文毓, 명제明帝)이었다. 명제는 유능한 인물이었기 때문에 우문호는 559년(명제 3년) 정월에 행정권을 반납했고, 명제에 의한 친정이 시작되었다. 명제는 같은 해 8월에 황제의 호칭, 연호를 부활시켰고 측근 관료(내사內史, 어정御正)의 지위를 향상시키는 등 서서히 황제권 강화를 시도했다. 그래서 우문호는 560년(무성 2년) 4월에 명제를 독살했다고 한다. 향년 27세. 명제의 아들을 후계자로 추대하자는 의견도 나왔지만, 우문호는 명제의 유조(遺詔)를 존중하여 우문태의 넷째 아들 우문옹(宇文邕, 무제武帝, 그림 6-3)을 옹립했다.

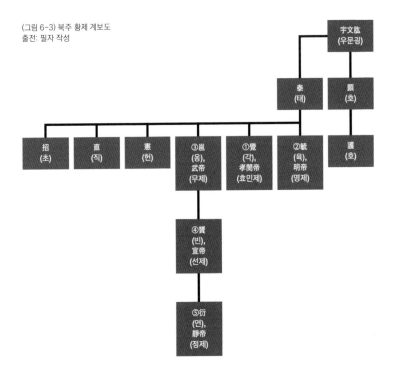

(그림 6-3) 북주 황제 계보도
출전: 필자 작성

宇文肱
(우문굉)

泰
(태)

顥
(호)

招
(초)

直
(직)

憲
(헌)

③邕
(옹),
武帝
(무제)

①覺
(각),
孝閔帝
(효민제)

②毓
(육),
明帝
(명제)

護
(호)

④贇
(빈),
宣帝
(선제)

⑤衍
(연),
靜帝
(정제)

우문호 집정 시기의 실상

무제가 즉위한 이후 561년(보정保定 원년) 정월, 우문호는 정식
으로 도독중외제군사에 취임했고 동주(同州)에 패부(霸府)를 설치
하였다. 그리고 천관부에 나머지 다섯 부를 예속시키면서 군사와
행정의 실권을 장악했다. 이 책에서는 북주 건국부터 572년(천화
天和 7년) 우문호가 주살될 때까지를 우문호 집정 시기라고 부를
것이다.

종래에 우문호 집정 시기는 당 초기에 편찬되었던 『주서』의 기
록에 의거하여 원훈을 억압하고, 부패한 인사가 횡행하여 '우문호

파벌'과 '친주제파'(親周帝派)가 암투를 벌인 시대로 인식되어 왔다. 그러나 실제로는 관직, 혼인의 측면에서 원훈에 대한 배려가 부족하지 않았고 원훈의 다수도 우문호의 행동(효민제의 폐위, 명제와 무제의 옹립)을 지지했다. 또한 우문호는 한인도 적극적으로 측근, 행정 관료로 등용했다. 남조계 관료의 등용도 추진하면서 유신(庾信)과 같이 문학적 측면에서 높은 평가를 받아 황족의 문학 스승이 되는 사람도 나타났다. 그 때문인지 북주에서는 '도이'와 같이 남조를 이적으로 취급하는 용어는 많이 사용되지 않았다. 북주의 황족도 중요거점에 파견되어 경험을 쌓은 뒤에 중앙으로 불려와 돌아와서 관료나 장군으로 활약했다. 예를 들어 우문헌(宇文憲, 우문태의 다섯 번째 아들)은 우문호에게 신임을 받아 요직을 역임했고, 여러 차례 북제와 전투를 벌였다. 그 이외에 서위 시대와 마찬가지로 불교를 두터이 보호하여 불교 신앙을 이용해 지방에 북주의 영향력 침투를 도모했다. 이러한 배려의 결과, 북주 건국 초기를 제외하면 황족과 신료들에 의한 반란이나 여러 세력의 심각한 대립은 발생하지 않았다. 대부분의 북족과 한인이 우문호에게 협력하여 정권을 지탱하고 있었다. 종래의 우문호 집정 시기의 모습은 『주서』가 만들어낸 허상이었던 것이다(會田大輔, 2007).

다음으로 제도적인 측면에 주목해보자. 우문호는 서위 시대의 제도를 계속 계승하면서 남아 있던 여러 제도(관제, 병제, 법제, 예제, 악제樂制 등)의 정비를 추진했다. 여기에서는 관제로 한정해서 한 가지만을 소개하고자 한다. 그것은 바로 황제의 시위(侍衛, 궁백宮伯과 제시諸侍: 호위와 대책 논의 역할)이다. 이 시위가 신료들의 자제가 입관(入官)하는 코스 중의 하나로 기능하게 만들었던 것이다. 이는 제1장에서 소개했던 북위 전기의 유목적 관제인 내조관과 유사하다. 다만 폭넓은 역할을 맡아 군사, 행정을 지탱했던 북위 전기의 내조관과는 달리 북주의 시위 임무는 호위와 대책 논의 역할 정도로 제한되었다. 게다가 시위들의 일부는 우문호의 아들과 연계되어 있어서 황제를 감시하는 역할로도 기능하고 있었다. 복고 정책을 전개했던 서위, 북주에서도 북위 전기의 제도를 완전히 재현할 수는 없었던 것이다. 한편, 이 제도는 수와 당의 관료가 벼슬로 복무하는 경로의 하나인 위관(衛官) 코스로 계승되었다(會田大輔, 2015).

대외정책에서는 돌궐과의 통혼에 성공했던 것이 큰 성과로 언급될 수 있다. 550년대에 유연을 대신해 몽골 고원의 패자가 된 돌궐은 558년에 이란을 지배하던 사산조와 연합하여 중앙아시아의 에프탈을 격파했고, 소그디아나까지 지배 아래에 두었다. 560년대 중반에는 에프탈을 멸망시켜서 중앙아시아를 수중으로 흡수했다. 급격하게 팽창했던 돌궐은 알타이 산맥을 경계로 동쪽(동돌궐)은 3대 군주인 목간가한(木杆可汗, 무칸 카간, 초대 군주 이리가한의 아들로 재위 기간은 553년부터 572년까지이다), 서쪽(서돌궐)은 실점밀가한(室點蜜可汗, 이스테미 카간, 이리가한의 동생)이 다스렸다.

돌궐과 우문씨의 혼인은 서위 시대부터 계획된 것이었지만, 돌궐의 변심에 의해 지연되었고 북제와의 격렬한 눈치싸움이 진행되었다. 우문호는 끈질기게 교섭을 진행했고, 돌궐과 제휴하여 북제의 진양에 침공하는 등 동맹의 실적을 계속 쌓았다. 그리고

568년(천화 3년)에 목간가한의 딸을 무제의 황후(아사나황후)로 맞이하는 데에 성공했다.

이외에 우문호는 청해를 지배하던 토욕혼에 진격하여 영토를 획득했다. 또한 북제와 남조의 진에 여러 차례 침공했지만, 이 전투는 모두 패배로 끝나면서 영토 확장에는 실패했다. 이는 북주의 국력과 군사력이 아직 충분하지 않았다는 것을 의미한다.

무제의 친정

한편, 우문호 집정 시기에 문제가 없었던 것은 아니다. 불교를 두터이 보호한 결과, 사원과 승려의 수가 늘어났고 이것은 재정적 문제가 되고 있었다. 또한 북족 원훈과 공신 중에서는 횡포를 부리는 사람도 존재했다. 우문호는 그들의 지지를 얻었기 때문에 그러한 행위를 묵인했던 것이다. 그리고 누구보다도 불만을 품었던 사람은 실권을 빼앗긴 무제 본인이었다. 그는 형들의 말로를 보고 이를 경계로 삼아 즉위 이후에는 제사와 학술에만 관심을 가지는 척했다. 그러나 그 뒤에서는 우문호를 주살할 기회를 노리고 있었다.

그리고 마침내 572년(천화 7년) 3월 18일, 무제는 동생 우문직(宇文直)과 소수의 측근과 함께 우문호를 주살하는 데 성공했다. 이때 우문호가 60세였고, 무제가 30세였다. 술에 취해 있는 질노태후(叱奴太后, 무제의 생모)에게 간언을 해주기를 바란다고 하면서 궁중으로 우문호를 불렀고, 황태후를 향해 간언을 하던 우문호의 뒤에서부터 무제가 직접 옥정(玉珽, 옥으로 만든 홀笏)으로 구타하고 우문직이 숨통을 끊었던 것이다. 성공을 거둔 이유는 시간을 두면서 소수의 신뢰할 수 있는 측근을 획득했던 것과 정보 누설을 경계하여 시위에게조차도 계획을 알리지 않았던 것에 있었다. 우문호를 주살한 이후, 무제는 곧바로 시위를 장악하고 우문호의 아들과 측근을 배제(주살, 제명)했다. 이때 원훈을 포함한 신료들은 무제에게 저항하지 않았고, 그 자리에서 복종했다. 신료들의 입장에서 보면, 무제와 우문호의 대립은 친족 간의 싸움에 불과했고 승자 쪽에 붙으면 그만이기 때문이었다.

우문호를 주살한 이후, 무제는 친정을 개시했다. 우선 천관부와 나머지 다섯 부를 동격화하여 천관부 장관인 대총재의 권한을 축소했다. 그리고 측근 관료인 내사(북위의 중서中書에 해당한다. 임무는 조칙의 기초)의 권한을 강화하여 육부를 통괄하게 했다. 이를 통해 무제가 행정의 실권을 완전히 장악했다. 같은 해 4월에는 장남 우문빈(宇文贇)을 황태자로 삼으면서 제위의 형제계승에 종지부를 찍었다.

군사적 측면에서는 도독중외제군사를 폐지하고, 황제 직속의 금위관(사무司武, 사위司衛 등)을 다수 설치했다. 574년(건덕建德 3년) 12월에는 모병(募兵)을 추진함과 동시에 24군의 병사를 시관(侍官)으로 개칭하고, 금위의 위상을 부여했다. 이 개혁은 의제적 부락병제의 요소가 있었던 24군에게 금위의 위상을 부여하여 황제의 영향력을 강화하고자 한 것이었다. 이렇게 무제는 북위 말기부터 지속되었던 이중 권력구조를 해소했고, 황제 자신이 군사와 행정을 장악하는 황제 전권체제를 구축했던 것이다(그림 6-4).

또한 남조의 문학, 학술을 배운 무제는 남조의 악제(종묘와 교사의 무악과 가곡의 통용) 도입을 추진하여 예악의 측면에서 중화 황제가 되고자 힘썼다. 혼인과 인사의 측면에서도 원훈의 자제를 중시하여 정권의 안정화를 도모하는 한편, 금위 장관의 일부에 한인을 등용하는 등 서서히 북족 중시의 노선을 바꾸어 갔다. 그리고 절약, 감세 등의 조서를 내려 부국강병 정책을 추진하여 북제 침공의 준비도 추진했다.

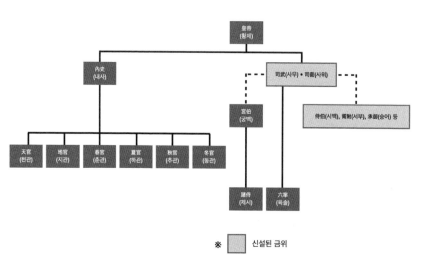

(그림 6-4) 북주 무제가 친정한 시기의 관제구조
출전: 필자 작성

574년(건덕 3년) 5월에는 부국강병 정책의 일환으로 불교, 도교를 탄압하는 정책을 단행했다. 이때 무제는 사원과 불상을 파괴하게 하였고, 승려와 도사를 환속시키는 한편 통도관(通道觀)이라고 하는 유교, 불교, 도교 세 종교를 연구하는 기관을 설치했다. 그리고 그 자신은 도교를 후원하여 도교의 유서(類書)인『무상비요』(無上秘要)의 편찬을 명했고, 도교에 근거한 의례도 행했다. 즉, 대대적으로 탄압을 받았던 것은 불교였다. 당시 불교는 사람들 사이에 광범하게 침투했기 때문에 불교 신자인 황족, 공신, 지방의 호족, 백성 등이 불만을 품었을 가능성이 높다. 무제는 사람들의 불만을 다른 곳으로 돌리기 위해 북제 침공을 추진하지 않으면 안 되었다.

화북 통일로의 길

무제는 화북 통일을 향한 외교에 힘썼다. 먼저 적국인 북제와도 575년(건덕 4년)까지 해마다 사절을 교환했다. 사절을 통해 북제를 방심하게 만들고, 군비를 정돈할 시간을 벌고자 했던 것이다. 또한, 우문호 집정 시기에 충돌을 반복했던 남조의 진과도 관계 회복을 추진했고 함께 북제를 토벌하기로 계획했다. 그 결과, 진은 573년(건덕 2년)에 북제를 침공했고 회남을 획득했다. 그리고 우문호 집정 시기에 여러 차례 압력을 가했던 계호(稽胡, 북주와 북제의 국경지대에 흩어져 살고 있었던 목축민)와의 본격적인 전투는 회피했다.

한편, 572년(건덕 원년)에 타발가한이 즉위한 돌궐은 서서히 북제와 연합하려는 태도를 보여주고 있었다. 그래서 무제는 돌궐에 세폐(매년 증여하는 물자)를 보내고, 장안에 머무르는 돌궐인들을 우대했다. 그 결과, 타발가한은 "남쪽에 두 명의 효성스럽고 공순한 아들(북제와 북주)을 살려두면, 궁핍할 걱정은 없다."(『주서』권 50, 돌궐전)라고 호언장담하기에 이르렀다. 무제는 북제 침공을 위해 돌궐에 대해서는 정중하게 접근했던 것이다.

북제 침공을 향해 차근차근 준비를 진행한 무제였지만, 그에게 큰 문제가 한 가지 있었다. 그것은 전장에서의 경험이 없었다는 점이다. 북조에서는 북족이 군사의 중추를 차지하고 있었기 때문에 군사 능력을 갖추고 싸우는 황제의 모습이 요구되었다. 북주에서도 북족의 원훈, 공신의 영향력이 강했고 똑같은 상태에 있었으리라 생각된다. 무제는 황제 전권체제를 정당화하고 북제 침공을 추진하기 위해서라도 적극적으로 군사적 능력을 보여주지 않으면 안 되었다. 그래서 무제는 강무(講武, 열병식과 군사 훈련) 및 병법 강의를 통해 장병과의 관계 강화를 도모했다.

그리고 마침내 575년(건덕 4년) 7월, 무제는 낙양으로 침공했다. 이에 대해 일부 신하들은 낙양이 북제가 적을 맞아 싸울 태세가 정비된 곳이고, 과거의 낙양 공격도 실패했다는 점을 근거로 하동에서부터 진양으로 진격해야 한다고 진언했다. 무제는 반대를 무릅쓰고 직접 6만의 병력을 이끌고 하양(河陽)을 향해 진격했는데, 예상대로 낙양을 함락시키지는 못했다. 무제는 병에 걸렸다는 이유로 9월에 철수했다. 무제의 첫 출전은 실패로 끝났던 것이다.

이듬해에 무제는 내분이 발생한 토욕혼으로 황태자 우문빈을 파견하여 공격하게 했다. 북주의 군대는 토욕혼의 가한인 과려(夸 呂)를 도망치게 만들었고, 근거지인 복사성(伏俟城)을 점령했다. 이 원정은 황태자에게 군사적 경험을 축적하게 함과 동시에 북제로 침공할 때에 배후지를 견고하게 하려는 목적이 있었다고 생각된다.

그리고 1년 전의 실패를 반성하면서 576년(건덕 5년) 10월에 병 주(并州, 진양)를 목표로 하동에서부터 진주(晉州, 평양平陽)로 진군 하기로 결정했다. 원정을 주저했던 여러 장군들을 무시하고, 무제 는 우문헌을 필두로 친족에게 군대를 통솔하게 하고 직접 원정을 개시했다. 무제가 진주를 점령하자 북제의 후주도 친히 정벌을 떠 났고, 12월에 양군이 격돌했다. 앞서 서술했듯이 호각의 전투였 음에도 불구하고, 북제의 후주가 도주한 결과 북주의 군대가 크 게 승리했다. 무제가 진양으로 향하자 북제를 단념해버린 장수들 이 차례차례 항복해 왔다. 북제의 후주가 업으로 도망치자 남아 있던 고연종은 황제를 자칭하고 진양성 밖에서 무제를 맞아 싸 웠다. 전쟁의 형세는 북주 군대의 우위로 진행되었지만, 초조해진 무제가 직접 진양성 안으로 돌입한 결과 북제 군대의 반격을 받고 말았다. 이때 무제는 시신(侍臣)의 태반을 잃는 대패를 당했고, 목 숨만 겨우 건져 탈출해야 하는 지경에 빠졌다. 결국에는 진양 함 락에 성공했지만, 살얼음판을 밟는 것과 같았던 싸움이었다.

이듬해인 577년(건덕 6년) 정월에는 업을 함락했고, 도망치던 후주와 유주를 사로잡았으며 3월에는 잔존 세력도 항복시켜 화 북 통일을 달성했다. 이 무렵 북제의 인구는 대략 2천만 명, 북주 의 인구는 대략 1천만 명이었는데 아직 인구도, 경제력도 북제가 북주를 뛰어넘고 있었다. 그래서 북제가 짧은 기간에 멸망한 것은 예상하지 못한 일이었고, 주변 세력에 준 충격이 컸다. 북주의 강대화를 염려한 돌궐은 북제의 망명 정권을 옹립하여 적대했고, 진도 회남을 둘러싸고 북주와 전투를 치렀다. 계호도 돌궐과 연합하여 반란을 일으켰다. 한편, 청해의 토욕혼과 한반도의 백제, 고구려는 북주에 사신을 파견했다. 북주의 화북 통일을 기점으로 유라시아 대륙 동부에 변동이 발생하기 시작했던 것이다. 그 이후, 돌궐을 토벌하기로 결심한 무제였는데, 원정 도중인 578년(건덕 7년) 6월에 병으로 사망하고 말았다. 향년 36세.

천원황제(天元皇帝)의 좌절

무제의 뒤를 이은 사람은 황태자 우문빈(선제宣帝)이었다. 그는 황제권 강화를 도모하며 숙부인 우문헌과 무제의 일부 측근을 숙청했고, 원훈을 계속 존숭하면서도 중앙에서부터 멀리 떨어지게 했으며 정역(鄭譯)을 필두로 하는 한인 관료를 중심으로 측근 정치를 전개했다. 또한, 화북 통일로 인해 옛 북제 관료가 대량으로 유입되는 것을 받아들여 북제 계열도 시야에 넣는 인사, 혼인, 제도 개혁(복제服制, 악제)을 실시했다. 그리고 낙양의 재건을 명령하여 부도(副都)로 삼았다. 무제가 폐허로 만들었던 불교도 부분적으로 부활시켰다.

그런데 그는 579년(대상 원년) 2월에 21세의 젊은 나이로 갑자기 불과 7세의 황태자인 우문연(宇文衍, 정제靜帝)에게 양위하고 천원황제라고 자칭했다. 얼핏 보면, 북위 헌문제와 북제 무성제가 칭했던 태상황제와 유사한데 실제는 크게 달랐다. 천원황제는 정식으로 백관을 통솔했을 뿐만 아니라 예제의 측면에서 황제를 초월하는 권위를 드러냈고, 게다가 '천'을 자칭하면서 자신을 '상제'(上帝)와 같은 위치에 올려놓았던 것이다. 아무래도 그는 남북통일이 시야에 들어오는 와중에 중화 황제로서의 정당성을 강화하기 위해서 새로운 권위 창출을 시도하여 호천상제(昊天上帝, 하늘의 최고 신)와 동일화한 천원황제를 자칭했던 것 같다. 말하자면, 황제보다도 높은 칭호를 만들어낸 것이다. 실제로, 579년(대상 원년)에 불교와 도교의 조상(造像) 금지를 해제한 이후에 "황제는 두 형상(불상, 천존상天尊像)과 함께 남면하여 앉았고, 대대적으로 잡희(雜戱)를 행하여 수도의 사람들에게 자유롭게 감상하게 했다."(『주서』 권7, 선제기의 대상 원년 10월 조목)라고 되어 있듯이 불교와 도교의 지존과 함께 천원황제(호천상제=유교의 지존)가 남면하는 모습을 사람들에게 공개하여 그 권위를 과시했다. 580년(대상 2년) 3월에 다섯 명의 황후를 둔 것도 호천상제를 둘러싸고 있는 '오제'(五帝, 다섯 명의 천신으로 청제, 적제, 황제, 백제, 흑제이다)를 모방했을 가능성이 있다.

종래에 그는 일상적인 궤도를 벗어난 폭군으로 일컬어져 왔다. 그러나 무제 친정 시기와 선제 시기의 정책(황제 전권체제의 구축) 및 측근 관료의 인적 구성에서는 연속성이 확인되고, 화북 통일에 걸맞은 제도를 만드는 것에도 힘썼다. 중화 황제로서의 의식도 명확해져서 진을 이적으로 취급하게 되었다. 외교, 군사의 측면에서도 진과의 전투에서 승리하여 회남을 획득했고, 계호의 반란도 진압했으며 돌궐과의 화친을 시도하여 공주를 시집보내는 교섭을 행하고 있어서 단순한 폭군이라고 할 수는 없다. 얼핏 보면, 엉뚱한 천원황제 자칭도 그 나름의 의미가 있었던 것이다. 그러나 중국의 전통에서 봐도, 유목민의 가치관에서 봐도 하늘과 군주의 동일화는 이상한 모습이었다. 그래서 천원황제의 시도는 신료들이 이해할 수가 없었고, 서서히 고립이 심화되고 말았다. 생각대로 되지 않아 초조했던 탓인지 사소한 언동을 이유로 신료들이나 후비를 '천장'(天杖)으로 때리는 모습을 보였고, 문자 그대로 폭군이 되어버렸던 것이다(會田大輔, 2016).

그런데 580년(대상 2년) 5월, 천원황제는 22세의 젊은 나이로 갑자기 사망했다. 그의 죽음 이후로 천원황제의 호칭은 자연스럽게 없어졌다. 어린 정제를 대신해 실권을 장악했던 사람은 선제의 장인 보육여견(普六如堅), 즉 수를 건국하게 되는 양견(楊堅)이다.

북주의 멸망

보육여견은 서위, 북주의 원훈인 보육여충(普六如忠)의 적자(嫡子)였고, 그의 부인은 북주 초기에 숙청되었던 독고신의 딸이었다. 우문호 집정 시기에 금위관과 지방장관 등을 역임했지만, 큰 공적을 올리지는 못했고 수많은 원훈 자제들 중 한 사람에 불과했다. 그런 그에게 전환의 계기가 찾아온 것은 573년(건덕 2년)의 일이다. 원훈의 자제와 관계 강화를 시도했던 무제가 보육여견의 딸 여화(麗華)를 황태자비로 선택한 것이다. 그 이후 그는 북제에 대한 공격에서 공적을 세우기도 했지만, 무제가 살아있을 때에는 두드러지는 지위에 오르지는 못했다.

그러나 선제가 즉위하고 딸이 황후가 되자 사무상대부(司武上大夫, 금위의 장관), 사보관(四輔官, 선제가 설치했던 최고 고문관)인 대후승(大後丞), 대전의(大前疑) 등을 역임하면서 권위가 커졌다. 다만 이 무렵의 그는 북주의 실권을 장악하지는 못했다. 오히려 선제로부터 의심의 눈초리를 받게 되었다. 그래서 그는 어려움에서 벗어나기 위해 지방장관으로 전임시켜달라고 청원했는데, 길을 떠나기 직전에 선제가 갑자기 사망했다.

선제가 사망하자마자 보육여견은 선제의 측근이었던 정역 등의 손을 빌려 유조를 위조하여 좌대승상(左大丞相), 도독중외제군사가 되어 행정, 군사의 실권을 장악했다. 그러자 옛 북제 영역인 하북을 통괄하고 있었던 위지형(尉遲逈)이 반란을 일으켰다. 위지형은 우문태의 조카였고 우문태, 우문호, 무제를 지탱했던 원훈이었다. 또한, 손녀는 선제의 황후 중 한 사람(천좌대황후天左大皇后)이 되었다. 선제는 보육여견과 긴장 관계에 놓여 있었기 때문에 굳이 원훈인 위지형의 손녀를 황후의 한 사람으로 맞아들였던 것이다. 그러나 이미 남편이 있었던 그녀에게 억지로 관계를 압박하면서 그 남편을 살해하고 후궁에 들였다고 전해지는데, 이것이 사실이라면 도리에 어긋난 것이라고 하지 않을 수 없다.

어쨌든, 우문씨와 깊은 관계에 있었던 위지형은 보육여견의 실권 장악을 몹시 불쾌하게 여겨 거병했던 것이다. 이전에 북제에 복무했던 사람들도 반란에 가담했고, 정제의 장인인 사마소난(司馬消難, 북제의 훈귀의 아들)도 운주(郿州, 현재 호북성 안륙安陸)에서 거병하는 등 각지에서 반란이 잇달았다. 위지형은 진, 돌궐에 사신을 보내 제휴를 도모했고 보육여견을 포위하려고 했다. 그러나 보육여견은 병주(幷州, 산서성 북부), 유주(幽州, 하북성 북부), 낙양 등을 다스리고 있었던 원훈들을 자신의 편으로 만드는 것에 성공했다. 북위 말기부터 지속된 동란을 버텨냈던 북족 출신의 원훈들은 생존에 필요한 냉철한 감각을 잊지 않았고, 북주의 명맥이 끝나고 있다고 판단한 것이었다. 그리고 보육여견은 돌궐의 왕족에게 북주의 천금공주(千金公主, 무제의 동생 우문초宇文招의 딸)를 시집보내면서 화친을 맺어 돌궐의 개입을 막았다.

유리한 정세를 구축한 그는 명장 위효관(韋孝寬)을 파견하여 위지형을 격파했고, 각지의 반란군을 각개격파하여 진압에 성공했다. 그리고 무제의 동생들을 숙청하고 조정 내부에서도 반대세력을 소탕했다. 또한 서위와 북주에서 행해졌던 국성재흥을 취소하고, 한인 성씨의 부활을 인정했다. 북주에서 이미 홍농(弘農) 양씨(관중의 한인 호족)를 칭하고 있었던 보육여견도 양견으로 성을 바꾸었다. 실권을 장악한 양견에게 원훈, 한인 관료의 대부분이 복종했다. 무제, 선제에 이어 지속된 황제 전권체제에 대한 불안, 폐불(廢佛)에 의한 인심의 이반, 화북 통일 이후 북제 계열 관료들의 유입에 의한 혼란과 위기감, 돌궐 및 진과의 대립이라는 긴박한 국제정세, 어린 군주의 카리스마 부족 등의 이유들이 겹쳐졌기 때문이다. 그리고 581년(대정 원년) 2월, 양견은 정제로부터 선양을 받아 황제에 즉위했고 개황(開皇)이라고 연호를 바꾸고 수를 건국하였으며 북주의 황족을 숙청했다. 이로부터 3개월 후, 정제도 9세의 어린 나이에 살해되었다.

북주는 서위의 육관제, 북족 중시 노선을 계승했다. 그러나 북주에서도 화북 통일과 중화 통일이 시야에 들어오게 되면서 서서히 복고정책과 북족 중시 노선으로부터 이탈을 도모하는 움직임이 나타났다. 다만 완전하게 이탈을 달성했던 것은 다음 수 시대의 일이다. 그렇다고 하더라도 수와 당이 서위, 북주의 지배자 계층과 병제, 관제의 일부 등을 계승했던 것도 분명하다. 유라시아 대륙 동부에서 대제국을 구축한 수와 당은 효문제의 노선을 계승한 북제와 복고정책을 전개한 북주 양쪽을 계승하여 성립했던 것이다.

3. 진 – 남조 최후의 왕조

무제의 고뇌

마지막으로 남조의 진으로 눈을 돌려보려 한다. 제5장에서도 서술했듯이 557년(영정永定 원년) 10월에 진패선은 54세에 황제(무제)로 즉위하여 진을 건국했다. 그러나 그의 앞길에는 많은 난제가 놓여 있었다. 사천은 북주에 의해 점령된 상황이었고, 장강 중류 유역의 강릉에는 북주의 괴뢰인 후량(後梁)이 존재하고 있었다. 그리고 그 동쪽에서는 양 말기의 명장이었던 왕림(王琳)이 진에 반기를 든 세력을 규합하여 북제의 지원을 받아 소장(蕭莊, 양원제의 손자)을 '양주'(梁主)로 옹립하여 할거하고 있었던 것이다. 또한 진은 명목적으로는 화중, 화남도 지배하고 있었지만 실제로는 지방 세력이 할거했고 실효적인 통치는 이루어지지 못했다. 예를 들어 복건의 진보응(陳寶應)은 주위 만인(蠻人)의 풍습을 받아들여 그들의 지지를 모으고 있었다. 이렇게 진의 영토는 매우 협소했고, 강남 주변을 유지하는 것에 불과했다.

국내에서는 후경의 난으로 시작된 동란의 결과, 일류 귀족층이 쇠퇴하고 한문, **한인** 계층과 지방의 토호, 비한인(만인 등)이 공신으로 대두했고 진 시대 중반까지 고위 관료에 취임했다. 살아남은 일부 일류 귀족은 명색을 갖추는 차원에서 고위 관료가 되었지만, 정책에 영향력을 가지고 있지는 않았다. 오히려 진에서는 공신의 지지를 얻기 위해 귀족이 아니더라도 고위 관료가 되기만 하면, 그 아들에게 귀족의 기가관(起家官)으로 여겨지는 관직을 부여했다. 이를 임자제(任子制)라고 한다. 제, 양에서도 시행되었지만 진 시대 초기에 법제화되었다. 그리고 한문 계층이 황제의 측근으로 활약하기 위한 지위였던 중서사인을 확충하고, 중서사인성(中書舍人省)을 설치하여 국정을 담당하게 했다.

강남의 토호 출신으로 개인적 능력을 통해 황제까지 오른 무제는 안과 밖으로 문제들을 가진 상황에서 새로운 왕조의 정통성을 확보하기 위해 고심했다. 여러 가지 상서로운 일들을 날조하는 이외에도 불교의 권위를 이용하고자 했다. 황폐해진 건강의 불교 사원 재건, 불아(佛牙, 부처의 유골) 공개, 재가나 출가 및 남녀를 불문한 무차대회(無遮大會) 개최, 그리고 사신(捨身)까지 수행하였다. 진 무제는 황제보살을 칭했던 양 무제의 숭불정책을 계승하는 것으로 지배의 정통성을 드러냈던 것이다.

한편, 진에서는 뒤에서 서술하듯이 문제, 후주도 사신을 행했지만 양의 무제와는 달리 그 일정은 하루 정도였고 장소도 궁중의 태극전(太極殿)이었으며 내용도 간략했다. 또한, 황제가 참회하는 것으로 백성의 구제를 바라는 형식에 비중이 두어졌다.

분투(奮闘)하는 문제(文帝)

무제는 559년(영정 3년) 6월에 사망했다. 향년 56세. 건국 이후 불과 2년 만의 일이었다. 이때 무제의 아들 진창(陳昌)은 북주에 억류되어 있었다. 양 말기에 강릉이 함락될 때에 납치되어 버렸기 때문이다. 그래서 무제의 황후 장씨(章氏)와 신료들은 무제를 뒷받침했던 진천(陳蒨, 무제의 조카)을 황제(문제)로 추대했다. 문제는 560년(천가 원년) 2월에 건강으로 침입해 왔던 왕림을 기적적으로 격파하여 왕림이 북제로 망명하도록 몰아넣었고, 장강 중류 유역까지 세력을 확대하는 것에 성공했다. 이를 본 북주는 진의 혼란을 노리고 무제의 아들인 진창을 돌려보냈다. 그러나 진창은 귀국 도중 배가 침몰하여 익사하고 말았다. 말할 것도 없이 귀국을 싫어했던 문제의 계략이었다.

이후 문제는 북주와의 대결을 결심했다. 얼마 전에 왕림, 후량, 북주에 대항하여 싸우는 과정에서 장사(長沙) 일대(현재 호남성 장사시)가 후량의 지배 아래로 들어가고 말았다. 그래서 문제는 왕림의 타도를 계기로 영토의 확장을 도모했던 것이다. 561년(천가 2년)에는 후량, 북주의 군대를 철수하도록 몰아넣었고 장사를 진의 지배 휘하로 편입하는 데에 성공했다. 패배를 당한 북주는 진과의 관계 개선을 시도했고, 문제의 동생 진욱(陳頊)과 그 가족을 돌려보냈다. 이에 대한 대가로 진은 북주가 사천과 한동(漢東)의 전역을 지배하는 것을 정식으로 인정했다. 이후 당분간 북주와 진의 관계는 안정되었다. 그리고 문제는 화중, 화남에 할거하고 있던 지방 세력을 차례대로 타도하면서 진의 영역 확장에 성공했다. 내정에도 힘쓴 결과, 서서히 강남의 경제는 회복되어 갔다. 또한, 귀족과의 관계도 중시하여 낭야 왕씨로부터 황태자비를 맞아들였다.

확장 노선을 취한 선제

566년(천강 원년) 4월, 문제는 44세의 나이로 사망했다. 뒤를 이은 사람은 13세의 황태자 진백종(陳伯宗, 폐제)이었다. 황태자가 어린 것을 불안하게 생각한 문제는 자신의 측근과 함께 동생 진욱에게 보정(輔政)을 맡겼다. 그러자 진욱은 문제 측근의 숙청을 진행하고, 실권을 장악해 버렸다. 진백종을 지키기 위해 생모인 심태후(沈太后, 문제의 황후)도 쿠데타를 기획했지만 실패로 끝났다.

이에 불안을 느낀 사람은 문제의 신임을 얻어 장강 중류 유역을 맡고 있었던 상주자사(湘州刺史) 화교(華皎)였다. 그는 567년(광대光大 원년) 4월에 반란을 일으켜 후량에 귀속하고, 북주에 구원을 요청했다. 진은 북주와 다시 전쟁을 치르게 된 것이다.

진은 곧바로 오명철(吳明徹) 등에게 8만의 군대를 이끌게 하여 화교를 토벌하기 위해 출격시켰다. 후량의 2대 황제인 소규(蕭巋)는 즉각 북주에 사신을 보내 지원군을 요청했다. 북주의 우문호는 진과의 대결을 결심하고 구원군을 보냈는데, 같은 해 9월에 북주, 후량, 화교의 수군은 진의 군대에 대패를 당하고 말았다. 승리의 기세를 탄 오명철은 후량의 수도인 강릉을 공격했다. 후량과 북주는 그럭저럭 이를 격퇴하는 것에 성공했지만, 일련의 전투로 인해 많은 장병들을 잃었고 장강 중류 유역에서의 군사적 주도권을 진에게 빼앗기고 말았다.

568년(광대 2년) 11월, 결국 진욱은 태황태후 장씨(무제의 황후)

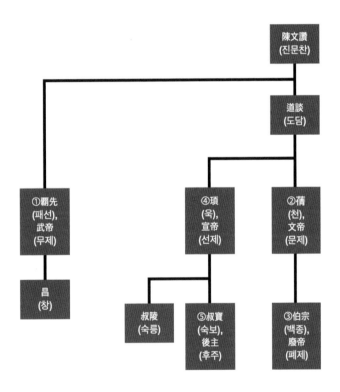

(그림 6-5) 진 황제 계보도
출전: 필자 작성

의 명령을 칭하며 진백종을 폐위시키고 이듬해 정월에 황제(선제, 그림 6-5)로 즉위했다. 그리고 570년(태건太建 2년) 4월에 폐제를 살해했다. 향년 17세. 선제는 광주의 지방 세력을 무너뜨리면서 진의 영역 내부를 완전히 공고하게 만들고, 같은 해 7월에 5만의 병력을 파견하여 다시 강릉에 침공했다. 북주는 간신히 격퇴하는 데 성공했지만, 남쪽으로 진격하기 위해 필요한 함선과 거점을 상실했기 때문에 다시 진과의 관계 개선을 시도했다.

한편, 선제는 571년(태건 3년) 4월에 북제에 사신을 보내 연합하여 북주를 공격하자고 제의했다. 그러나 북제가 거절했기 때문에 선제는 북주와 동맹을 맺게 되었다. 573년(태건 5년)에는 오명철에게 북벌을 명하여 회남의 탈환에 성공했다. 이때 진의 군대를 맞아 싸운 사람은 북제로 망명했던 왕림이었다. 왕림이 진의 포로가 되자 진의 군대에 다수가 존재했던 왕림의 원래 부하들은 오열하면서 구명해줄 것을 탄원했다. 이렇게 강한 애정에 위기감을 품은 오명철은 도리어 왕림을 처형해 버렸다. 그리고 이전에 왕림이 옹립했던 소장은 북제로부터 양왕으로 봉해졌지만, 특별히 양의 부흥을 위한 지원을 받지는 못했고 북제 멸망 이후에 업에서 사망했다. 향년 31세. 확장 노선을 취했던 선제 시기에는 신라와 고구려가 조공했다.

그런데 영토 확장에 성공했던 선제였지만, 한 가지 계산 착오가 있었다. 그것은 북주의 무제가 577년(태건 9년)에 화북 통일을 달성해 버린 것이다. 선제는 북주에 의한 옛 북제 영역의 통치가 안정되기 전에 영토를 확장하려고 생각했고, 북주와 대결하겠다는 자세를 취했다. 이로 인해 상황은 아주 달라지게 되었다. 북벌 군대를 이끌고 있었던 오명철은 578년(태건 10년)에 북주 군대에 의해 큰 패배를 당했고, 사로잡히고 말았다. 이후 579년(태건 11년)에는 명장 위효관이 이끄는 북주의 군대가 공격해 들어와서 진은 다시 회남을 상실하고 말았다.

진의 후주와 수의 문제

580년(태건 12년) 5월에 북주의 천원황제가 갑자기 사망하고 양견이 실권을 장악하자 위지형의 반란이 일어났다. 이때 진은 위지형에게 호응하여 강북으로 진격했다가 패배해 물러났다. 그 이후에도 진이 북벌을 시도했기 때문에 581년(태건 13년/수의 개황 원년) 2월에 수를 건국한 양견(문제)은 진을 향한 공격을 명령했다.

그러나 582년(태건 14년) 정월에 선제가 53세의 나이로 사망하고, 그의 아들 진숙보(陳叔寶, 후주)가 즉위하자 수는 상중(喪中)에 토벌하는 것은 예에 맞지 않는 것이라고 하면서 남벌을 중지했다. 그러나 중지의 실제 이유는 수의 국내가 불안정했고, 게다가 돌궐도 남하의 자세를 드러내고 있어 진을 공격할 시기가 무르익지 않았기 때문이었다. 이후 수 문제는 도리어 저자세로 진과 통교했다.

예를 들면, 582년(태건 14년/수의 개황 2년) 6월에 조문 사신을 파견했을 때에 진의 후주는 답례의 문서 말미에 "그쪽은 안을 다스리는 것을 잘 부탁드리오. 이쪽은 천하가 평안하오."(『남사』 권 10, 진본기 하)라고 하여 윗사람으로의 관점에서 글을 적어서 문제를 불쾌하게 만들었다. 신료들 사이에서는 진의 토벌을 요청하는 목소리도 나왔지만, 문제는 이를 물리치고 그 이후에도 진과의 통교 관계를 지속했다. 그리고 진에서부터 수에게로 넘어가겠다고 청하는 장수가 나타나도 진과의 우호 관계를 이유로 거부했다. 이러한 조치들은 공격의 준비가 정돈될 때까지 진을 방심하게 만드는 것을 노렸던 것이었다.

한편, 진의 후주는 즉위에서부터 파란을 머금고 있었다. 선제가 사망한 다음 날, 엎드려 울고 있는 후주의 뒤에서 제위를 노리던 동생 진숙릉(陳叔陵)이 작은 칼을 들고 덤벼들었던 것이다. 머리에 상처를 입어 매우 당황한 후주를 돕기 위해서 유태후(柳太后, 선제의 황후), 동생, 유모 등이 나누어 들어와서 진숙릉을 사로잡아 기둥에 묶어놓으면서 후주는 목숨을 건졌다. 그 이후에 틈을 타서 탈출한 진숙릉은 거병을 시도했는데, 1천 명 정도의 병력 밖에 모으지 못하여 곧바로 진압되어 버렸다. 이러한 뜻밖의 사건을 거치고 후주가 즉위했다.

즉위 이후에 후주는 세금 감면, 농업 진흥의 조서를 발표하는 등 정무에 힘썼고, 꼭 무능했던 것은 아니었다. 그러나 서서히 정무에 염증을 느끼더니 화려한 궁전을 짓고 총애하는 비빈들 사이를 떠돌아다녔고, 총애하는 장귀비(張貴妃)를 무릎에 품고 환관이 전하는 백관들의 상주(上奏)를 들었다고 한다. 또한 문학에 재능을 발휘했던 후주는 재상인 강총(江總)도 포함된 문인들과 부지런히 놀고 연회를 베풀면서 시문을 주고받는 것을 즐겼고, 아름다운 작품에는 곡조를 붙여서 후궁의 미녀들에게 읊으라고 했다고 전해지고 있다. 그 중에는 "아름다운 여인의 뺨은 꽃의 이슬을

머금은 듯하고, 옥과 같은 초목에 빛이 흘러 뒤뜰을 비춘다"라고
하여 요염한 장귀비의 미모를 노래한 후주의 대표적 작품인 '옥수
후정화'(玉樹後庭花)도 있다.

진의 멸망

재상조차 정무를 팽개친 상황에서 후주는 신임하는 은행에게
조정의 정무를 맡겼다. 은행은 선제 시기의 북벌과 후주에 의한
궁전 건설로 인해 악화된 진의 재정을 바로 세워야 해서 상업에
관여하고 있었던 고위 관료와 장군들로부터도 상세(商稅)를 거두
었기 때문에 반발을 사고 말았다. 그러나 보다 큰 문제는 조정 내
부에서 심각한 충돌이 발생했다는 것이다.

진에서는 폐제와 선제 시기 무렵에 양 말기와 진 초기에 대두
했던 토호 출신의 중앙 고관들이 병으로 사망하는 등으로 인해 퇴
장하는 한편, 제와 양 시기까지는 중하급 귀족이나 한문이었던
관료들 사이에서 귀족의식이 싹트고 있었다. 그들은 선제 시기의
북벌 과정에서 다시 대두했던 토호 출신 장군을 경계하면서 사이
가 나빠졌다. 여기에 은행들과의 대립도 더해져서 문관과 무관이
협력하는 분위기가 없어져 버렸던 것이다.

그러는 사이에 수는 착착 진을 평정할 준비를 진행하고 있었
다. 587년(정명禎明 원년/수의 개황 7년)에 후량을 병합하여 장강 중
류 유역의 중요 거점인 강릉을 확보했고, 588년(정명 2년/수의 개황
8년) 3월에 진의 후주를 폭군이라고 격렬하게 비판하면서 진의 토
벌을 선언했다. 10월에는 문제의 차남 양광(楊廣)을 최고사령관으

로 삼아 정식으로 진을 토벌하라는 명령을 내렸다. 수는 대략 30만의 대군을 파견하여 단숨에 회남, 장강 중류 유역에서부터 진격했다. 589년(정명 3년/수의 개황 9년) 정월, 건강은 간단하게 함락되었고 진은 멸망했다. 후주는 우물 속에 총애하는 비와 함께 숨어있다가 사로잡혔다고 전해진다. 장안으로 연행된 후주는 살해되지 않았고, 604년(인수仁壽 4년)에 천수를 다하였다. 향년 52세.

이렇게 삼국시대부터 헤아리면 대략 400년 동안 지속되었던 분열 시대는 종결을 맞이했고, 중화는 다시 통일되었던 것이다.

진은 양 말기의 동란으로 극도의 혼란에 빠졌던 강남을 어떻게든 정비하면서 북주 및 북제와 대항했다. 또한 몰락했던 일류 귀족을 대신해 중하급 귀족과 한문 계층이 귀족으로서의 자의식을 가지고 남조의 귀족 사회와 문화를 계승하고자 했다. 그러나 새로운 사회, 제도, 문화를 창출해낼 만큼의 시간이 남아있지 않았다. 그렇지만 중화 통일을 달성한 수는 진에서부터 전파되었던 남조 문화를 적극적으로 받아들여 양제(煬帝) 시기에 그 성과가 꽃을 피우게 된다.

종장

남북조시대의 다이너미즘(역동성)

이 책은 서장에서부터 제6장까지의 내용을 통해 북조, 남조의 역사를 개관했다. 이를 발판으로 종장에서는 남북조 전체를 시야에 넣어서 이 시대의 역동성에 대해서 간결하게 정리하고자 한다.

유라시아 대륙 동부의 연동성

유라시아 대륙 동부에서는 남흉노의 후한 복속(1세기)부터 북위의 화북 통일(5세기)까지 유목민(특히 흉노와 선비)의 유입과 거병이 지속되었다. 남북조시대는 그 귀결이라고 해도 과언이 아니다. 유목민과 화북의 한인이 충돌에서부터 융합으로 전환했던 북조, 강남으로 도망친 한인에 의해 전통의 재구축이 진행된 남조, 그리고 몽골 고원을 지배했던 유연과 돌궐. 남북조시대는 화북, 강남,

몽골 고원이 충돌과 교섭을 반복하며 역동적으로 연동했던 시대였다(그림 7-1).

(그림 7-1) 유라시아 대륙 동부의 세력도(5세기)
출전: 窪添慶文 2020, 115쪽을 토대로 작성

　그 대표적인 사례는 초원과 화북의 중간지대(농목경계지대)인 육진에서 태어나 유연과 북위의 전투 과정에서 발생했던 육진의 난에서 살아남아 북위 말기와 동위의 동란을 거친 끝에 양으로 망명한 이후 반란을 일으켜 귀족 사회를 붕괴로 이끌었던 후경을 언급할 수 있다.

　그리고 시야를 넓히면 고차, 에프탈과 같은 중앙유라시아 유목민의 흥망성쇠와 연동되었던 것 이외에 조공국인 고구려, 백제,

왜와 같은 동아시아의 여러 국가들 및 임읍을 필두로 하는 동남
아시아의 여러 국가 등과도 연결점을 가지고 있다. 남북조시대는
중국 국내뿐만 아니라 유라시아 대륙 동부 전체를 시야에 넣어서
논의할 필요가 있는 것이다.

또한, 최근에는 이러한 여러 세력들을 연결하는 존재로서 실
크로드 무역을 담당했던 소그드인에 주목이 집중되고 있다. 남북
조시대의 소그드인은 실크로드에 연결된 하서(河西, 현재 감숙성의
북서부), 북조의 중요 도시였던 낙양, 장안, 진양, 업과 남조의 중
요 도시였던 양양, 성도(成都, 현재 사천성 성도시) 등에 집락을 형성
했을 뿐만 아니라 유목민(유연→돌궐)의 영역에도 진출하여 상업
네트워크를 구축했다. 북조의 소그드인 집락에서는 소그드인이
살보(薩保, 소그드인 집락을 통괄하는 관리)로 취임하여 일정한 자치
를 행했다. 동위, 북제의 소그드인은 무역의 이익을 활용하여 관
계(官界)로도 진출하여 '은행'의 일부를 배출했다. 한편, 서위와 북
주에서는 소그드인 향병을 이끌고 군사의 한 측면을 맡기도 했고
동시에 상업 네트워크를 유지하면서 교역 활동에 부지런히 힘쓰
기도 했으며 때로는 돌궐과의 중개인 역할을 맡았다.

제도 및 문화의 전파와 융합

이러한 연동성의 영향은 제도와 문화적인 측면에서도 살펴볼
수 있다. 제1장에서 보았듯이 북위 전기에는 중국의 제도, 문화
를 도입하는 한편으로 유목에서 유래한 내조관, 서교제사, 풍습
등을 굳건히 유지했다. 효문제의 개혁으로 인해 중국화가 진행된

이후에도 유목적 요소의 일부는 중국적 제도(관제, 병제, 복식, 도성 등)에 녹아들어가는 형태로 수, 당에 계승되었다. 또한, 중국 문화와 유목민이 접촉, 융합하는 과정에서 의외의 화학적 반응이 일어나 그때까지 유목세계에도, 중국에도 존재하지 않았던 태상황제, 자귀모사제, 천원황제 등도 출현했다. 그 중에서는 후세에 계승되지 않았던 제도도 있지만, 그러한 제도의 모색과 고투의 흔적을 이야기하면서 시대의 역동성을 느끼게 된다.

한편, 남조에서는 화중과 화남에 거주하는 여러 민족들(백월百越, 만인 등)을 토벌과 동화의 대상으로 보았고 한인과 여러 민족 사이에서 제도, 문화적 측면의 융합은 일어나지 않았다. 그러나 제2장에서 서술했듯이 서진 말기에 잃어버렸던 예악을 재구축하는 과정에서 강남 토착 한인의 문화와 습속을 받아들였고, 새로운 '전통'이 창출되었다. 또한, 건강을 천하의 중심으로 보는 움직임도 진척되었다. 남조에서도 위진 시기의 제도와 문화를 그대로 계승하지는 않았던 것이다.

그리고 북조와 남조도 사신, 망명자의 왕래를 통해 서로 영향을 주고받았다. 예를 들면, 제3장에서 상세히 서술했던 북위 효문제의 개혁에서는 중국화를 추진하는 것에 있어서 남조의 제도와 문화를 전달했던 망명자가 큰 역할을 맡았다. 그리고 북위 후기의 제도는 유목민에게도 영향을 주었고, 6세기 전반의 유연과 토욕혼은 중국적 관직명의 일부를 도입했다. 남조에서도 북조에서 온 투항자, 망명자가 군사의 일부를 담당했던 이외에 양의 무제는 효문제의 개혁에 자극을 받아 천감의 개혁을 추진했다. 남조에서 귀족 사회의 유지, 불교의 유행(양 무제의 숭불 등)도 남조의 국내뿐만이 아니라 북조와의 전쟁 속에서 이해해야 하는 것이다 (제5장 참조).

남북의 통일을 달성한 수 그리고 당은 중국화를 추진했던 북위 후기와 북제의 제도 및 의례를 국제(國制)의 기본 축으로 고정시켰고, 유목적 요소가 있는 북주의 제도도 일부 받아들였다. 그리고 남조의 의례, 학술, 문화의 영향도 받았다. 말하자면, 남북조의 제도와 문화가 융합해서 성립된 왕조였다. 최근에 북위 전기부터 수, 당까지를 '탁발국가'(拓跋國家)라고 부르면서 유목적 요소의 연속성을 과도하게 강조하는 경향이 있지만, 이것은 실태에 들어맞지 않는 것이라고 하지 않을 수 없다.

또한, 동아시아의 여러 국가들은 북조와 남조 양쪽에서부터 제도와 문화를 받아들여 각각 국가 건설을 추진해 갔다. 이 중에 왜, 일본이 남조 문화의 영향을 강하게 받았다는 것은 이미 많은 연구자가 지적하고 있다. 그러나 의외로 북조의 영향도 받았다. 예를 들면, '태상천황'(太上天皇)이 있다. 697년에 지통천황(持統天皇)이 직계 계승을 실현하기 위해 15세의 손자인 경황자(輕皇子, 문무천황文武天皇)에게 양위하고 '태상천황'(상황)이 되어 양위 이후에도 천황을 지탱하는 대권을 보유했다. 이후, 일본에서는 양위가 활발하게 행해지게 된다. 이때 지통천황이 참고했던 것은 북위 헌문제의 사례였다고 생각된다. 왜냐하면, 같은 시대의 당조에서는 태상황의 사례(고조 이연)는 있어도 태상황제의 사례는 없고 율령에도 규정이 없었기 때문이다.

고대 일본은 7세기에 서서히 중국의 제도를 도입했지만, 그 과정에서 한문 전적(典籍)의 수입을 통해 『위서』에 기록되어 있었던 '태상황제'의 지식을 입수했을 것이다. 그리고 당의 율령을 토대로 독자적인 율령을 편찬하여 천황제를 확립하면서 시대적 상황에 맞게 '태상천황' 제도를 창출했던 것이다. 즉, 일본의 '태상천황' 제도는 중국 문화와 유목민의 접촉 과정에서 탄생했던 '태상황제'를 일본의 천황제로 교묘하게 받아들이면서 만들어진 것이었다.

아래로부터의 에너지

남북조시대의 역동성은 유라시아 규모의 연동성 및 제도와 문화의 융합, 전파뿐만이 아니다. 북조, 남조 모두 사회 내부의 하층에서부터 치솟아 올라오는 에너지가 시대를 움직였다는 점도 언급할 수 있다.

남조는 얼핏 보면 고정적인 귀족 사회가 존재하고 있었지만, 제2장에서 소개했듯이 실제로는 유동적인 측면도 있어서 왕조 교체가 일어날 때에 한문에서부터 귀족으로 신분이 상승하는 사례도 여기저기에서 확인되었다. 그리고 황제권 강화를 도모한 황제들에 의해 중서사인 등 황제 측근에 **한인**(寒人)이 등용되어 귀족, 한문과 연합하여 정치를 만들었다. 한문, **한인** 계층도 지방장관이 된 황족 및 유력한 장군의 휘하에서 적극적으로 결집하면서 황실 간의 투쟁과 왕조 교체의 원동력으로도 작용했다. 귀족 사회의 아래에서 한문, **한인** 계층은 끊임없이 지위 향상을 시도하며 고투하고 있었던 것이다.

그러나 양의 무제처럼 능력을 중시하여 한문, **한인** 계층을 수용하고자 하는 움직임도 존재했지만, 총체적으로 말하면 남조는 아래로부터의 에너지를 제대로 건져내지는 못했다고 생각된다. 후경의 난이 발단이 된 양 말기의 동란으로 귀족 사회가 붕괴하면서 그때까지 중앙의 시야에 들어오지 않았던 지방의 토호나 여러 민족들(만인 등)이 대두했던 진 왕조도 귀족 사회의 가치관에서부터 빠져나오지 못한 채 같은 길을 답습했다. 다만, 남조 후기에는 양의 사책(斜策, 시험을 통한 관료 등용)과 같이 귀족 사회로부터 이탈하려는 조짐은 존재했다.

한편, 북조는 어떠했는가? 본래 선비 탁발부가 건국했던 북위는 위진 시대 이래 귀족 사회와는 관련이 없었고, 화북 통일을 이룩했던 원동력도 북족의 군사력이었다. 북위 전기는 부족 해산을 단계적으로 추진하는 한편으로 관제와 의례의 측면에서 북족 중시와 유목적 습속의 유지를 통해서 북족을 정교하게 통치하고 있었다. 또한, 한인 호족은 북위 전기 내내 북족의 하위에 위치하고 있었다.

그러나 중국화를 추진한 효문제의 개혁으로 인해 왕조 주도로 귀족제가 도입된 결과, 중하층 북족의 불만이 높아졌고 육진의 난의 발단이 되어 대동란이 일어나고 말았다. 한편, 한인 귀족과 호족은 중앙에서는 권력자와 가까웠고, 지방에서는 영향력을 행사하면서 지위의 향상을 도모했다. 북위 말기 이후에 중하층 북족과 한인 호족은 계속 대립하면서도 고환과 우문태 휘하에 결집하여 동위-북제, 서위-북주를 수립했다. 북제와 북주에서는 권력 투쟁의 격렬함이 크게 달랐지만, 두 정권에서 모두 중하층 북족과 한인 호족이 대두했다는 것은 공통점이다.

특히 국력과 군사력의 측면에서 열세였던 서위, 북주에서는 인재를 중시하지 않을 수가 없었다. 우문태를 섬겼던 소작(蘇綽)이 초고를 작성했던 지방관의 마음가짐에 대한 '육조조서'(六條詔書)의 네 번째 조항에서 "지금의 선거(選擧, 인재 등용)는 마땅히 자음(資蔭, 친척이나 조상의 공로에 따라 관위에 오르는 것)에만 한정하지 않고, 다만 사람을 얻는 것에 있다."(『주서』 권23, 소작전)라고 했던 것처럼, 서위에서는 능력에 따라 다양한 사람들이 관직에 취임하는 기회를 얻었다. 물론, 관직 임용의 기본은 임자(任子, 관료의 아들을 등용)였고 원훈과 공신의 자제들이 운신의 폭이 넓었지만 군사적 공적을 올린 병사나 문학적 재능을 지닌 서민이 관직을 얻게 될 가능성도 있었던 것이다.

이러한 기풍은 수에 계승되어 중국 통일 이후 과거제도 창출과 연결되었다. 또한, 수와 당에서는 위진 시기 이래의 귀족이 관직을 점유하는 비율이 격감했고, 북위 말기 이후에 대두했던 사람들(특히 서위, 북주에서 복무했던 원훈과 공신)의 자손이 다수를 점하게 되었다. 다만 수와 당에서도 관료 등용의 기본은 임자였고, 과거에 합격한 관료가 대두하게 되는 것은 7세기 말 성신황제(聖神皇帝) 무조(武照)(이른바 측천무후)의 시대였다. 그리고 북위 후기에 귀족으로 인정받았던 화북의 명족(名族)에 대한 존숭의 이념도 유지되고 있어서 귀족의 영향이 완전히 소멸되었던 것은 아니다.

종교의 활성화

남북조시대에는 종교적 측면에서도 커다란 변화가 일어났다. 불교와 도교가 사람들 사이로 침투했던 것이다. 이 중에서 인도에서 유래한 불교가 북조, 남조의 황제 권력과 긴밀한 관계를 가지게 된 것에 대해서는 제1장, 제3장, 제5장 등에서 언급했다. 또한 불교는 북조와 남조 양쪽에서 황제로부터 서민에 이르기까지 광범한 신앙이 되었을 뿐만 아니라 유학자와의 논의와 그에 대한 응수 및 인도 승려가 잇달아 도래하여 경전 번역을 추진한 결과, 교학의 측면에서도 심화되어 여러 학파가 정교하고 치밀한 이론을 경쟁하듯이 내놓았다. 그리고 인도에서 유래한 불교를 뿌리내리게 만들기 위해서 왕성하게 위경(僞經)이 편찬되어 불교의 중국화도 진척되었다. 예를 들면, 조상 공양의 불교행사인 우란분회(盂蘭盆會)는 유교에서 말하는 효의 정신을 불교에 받아들였던 위경인 『우란분경』(盂蘭盆經)에 근거를 두고 있다. 이 불교행사가 이른 시기에 치러진 사례로는 양 무제가 538년(대동 원년)에 동태사에서 시행했던 우란분재(盂蘭盆齋)를 언급할 수 있다.

한편, 도교에 대해서는 본문 중에서는 북조의 사례(제1장, 제6장)로 다루는 데에 그쳤지만, 실제로는 남조에서도 융성했다. 특히 송의 명제에게 존숭을 받았던 육수정(陸修靜)과 양의 무제와 친교(親交)가 있어 편지로 상담에 응하여 '산중재상'(山中宰相)이라 불렸다고 하는 도홍경(陶弘景)은 도교의 경전과 이론의 체계화를 진척시켜 도교의 발전에 크게 공헌했다. 또한, 도교의 교리와 교설은 불교의 한역(漢譯) 경전으로부터 자극을 받으면서 심화되었다. 이렇게 도교도 민중들 사이로 광범하게 유포되어 갔던 것이다. 북조에서는 도교의 조상비(造像碑)도 각지에서 만들어졌고, 그 중에는 불교의 존상(尊像)과 도교의 존상이 나란히 새겨진 것도 있었다.

그런 반면에 도교와 불교는 격렬한 논전(論戰)을 되풀이했다. 예를 들면, 송의 도사(道士)인 고환(顧歡)은 '이하론'(夷夏論)을 저술하여 도교도 불교도 사람들의 본성을 완성시킨다고 하는 교화의 목적은 동일하지만, '이'(서역)와 '하'(중국)에서는 풍속이 다르기 때문에 도교만을 신봉해야 하고 불교 등은 필요가 없다고 주장했다. 이에 대해 불교도들로부터 격렬한 반론을 받았다. 이렇게 교섭과 충돌을 계속 반복하면서 불교와 도교는 중국에 뿌리를 내리게 되었던 것이다.

활발해진 여성

남북조시대의 역동성을 느끼게 하는 또 하나의 모습이 있다. 그것은 여성의 활약이다. 이 책에서도 북위의 풍태후(제1장, 제3장), 호태후(제3장, 제4장), 북제의 누태후(제4장, 제6장)의 사례를 언급했듯이 북조에서는 여성 권력자가 자주 출현했다. 유교적 가치관에 근거한 정사(正史)는 그녀들에 대해 비판적이지만, 실제로 그녀들의 능력은 남성 권력자에 비해도 아무런 손색이 없다. 그리고 권력자는 물론이고, 관료의 부인들도 실제로 활동적이었다. 남조의 양과 북조의 서위, 북제, 북주, 수에서 복무했던 안지추는 그의 저서인 『안씨가훈』의 치가편(治家篇)에서 북제의 여성에 대해 아래와 같이 기록하고 있다.

> 업(鄴) 지역의 풍습에서 집안은 전적으로 부인의 힘으로 유지
> 되고 있다. 소송을 일으켜 옳고 그름을 다투고, 마무리를 짓기
> 위해서 유력자를 방문하고 응접하느라 부인들이 탄 마차가 거
> 리에 가득하고 고운 의상이 관청에 넘치고 있다. 자식을 대신하
> 여 직책을 구하기도 하고, 남편을 위해 출세가 늦다고 호소하기
> 도 한다. …… 부부 사이의 관계로 보아도 서로 '자네'라고 부르
> 는 경우도 있었다.

그리고 원래 중국 관료의 혼인형태는 일부일처제에 첩을 많이
두는 것이었는데, 북족 사이에서는 대부분의 경우가 일부일처였
다. 그래서 첩을 향해 격렬하게 질투하는 정처(투부妬婦)의 존재도
지적되고 있다. 그리고 말을 타고 활과 화살을 정교하게 다루는
여성의 모습도 사료의 곳곳에서 확인된다. 그 배경으로 지적되고
있는 것은 유목민 여성이 가족과 사회 내에서 발언권이 크다는 것
이다(서장 참조). 북조에서는 유목민의 풍습을 계승하여 여성이 활
발하게 활동했다는 것이다. 이러한 기풍은 수와 당에도 이어져서
7세기 말에는 중국 유일의 여성 황제인 성신황제 무조가 등장하
게 된다. 다만 당 제국 시대에는 유교 윤리가 다시 엄격해지면서
당대 후기가 되면 서서히 여성의 활발한 모습이 보이지 않게 된다.

한편, 남조에서는 북조와 같은 여성 권력자가 나타나지 않았
다. 그러나 황제의 딸(공주)이 정치에 관여하는 사례와 유교 도덕

에서부터 벗어나 행동하는 사례도 존재한다. 예를 들면, 송의 문제는 누이 유흥제(劉興弟, 회계공주會稽公主)를 존경했고 황제의 가문에 관계된 것은 반드시 누이에게 상담했다. 그리고 송의 유초옥(劉楚玉, 산음공주山陰公主)은 동모형제인 전폐제(前廢帝)가 즉위하자 아래와 같이 말했다.

> 저와 폐하는 비록 남녀의 차이는 있지만, 모두 선대 황제의 자식입니다. 폐하의 후궁에는 수만 명의 여성이 있는데, 저는 오직 부마(駙馬, 사위) 한 사람 뿐입니다. 이러한 불공평함은 도대체 어떻게 된 것입니까?

그래서 '면수'(面首, 용모가 아름다운 남자)라고 이름을 붙인 30명을 내려주었다. 그 이외에 황제의 딸인 공주가 질투 등의 이유로 남편을 학대하는 경우도 있었다. 그 배경에는 공주가 일반 여성과는 다른 특수한 지위에 있다는 점도 존재하지만, 여기에 더하여 카와이 야스시의 2015년 연구에서는 동진 말기에 여성이 반란군에 의해 장군으로 임명되었던 사례, 동진과 남조의 도교에서 여성도 선계(仙界)와 도관(道觀)에서는 남성과 동등한 지위에 놓인 존재라고 간주되었다는 것 등을 언급하며 동진과 남조에서 기성질서와 윤리규범에 얽매이지 않는 풍조가 나타났다는 것을 지적하고 있다.

이렇게 남북조시대에 여성이 활발해진 것은 사실이다. 다만 그이면에는 가혹한 현실도 존재했다. 북조에서는 북족의 혼인 연령이 남녀 모두 10대 전반이었고, 어렸을 때에 임신과 출산을 반복하게 되었다. 그래서 산욕(産褥)으로 사망한 여성도 많았다. 그리고 한번 전란이 발생하면, 여성은 성폭력의 대상이 되기도 했다. 결코 여성에게 있어서 살기 쉬운 시대였다고 할 수는 없다는 점에 주의할 필요가 있다.

남북조시대는 유라시아 대륙 동부의 여러 세력들이 연동하여 제도 및 문화가 융합, 전파되었던 시대였다. 그리고 아래로부터의 에너지가 사회를 동요시켰고, 불교와 도교가 서로 영향을 주고받으면서 활성화되었으며 시대의 파고 속에서 여성의 활동이 활발해진 시대이기도 했다.

남북조시대라고 하면, 수와 당에 계승되었던 제도와 문화에 초점이 맞추어지는 경향이 많다. 이 책에서도 그러한 사례를 소개했고, 그것 자체에 다른 의견은 없다. 그러나 북조와 남조를 탄생시킨 사람들은 격동의 시대에서 살아남기 위해서 거듭 시행착오를 겪었고, 당연하게도 수와 당에 제도를 전달하기 위해서 살았던 것이 아니다. 수많은 가능성 중에서 사람들이 선택했던 길의 방향이 수와 당이었던 것이다. 이 책을 통해서 그러한 사람들의 모색, 고투의 흔적을 느끼실 수 있다면 다행이겠다.

덧붙이는 말

"남북조시대의 개설을 써보지 않으시겠습니까?"

2017년 11월 30일, 진보초(神保町)의 찻집에서 중공신서(中公新書)의 편집자 후지요시 료헤이(藤吉亮平, 현재는 문예편집부에 재직)씨께서 이렇게 말씀을 꺼내셨을 때에 심박수가 뛰어오르면서 반(半)패닉 상태가 되어 승낙했던 기억이 난다.

다만 수락한다고 말을 했지만, 내심 매우 불안했다. 왜냐하면, 남북조시대의 개설서라고 하면 명저로 이름이 높은 카와카츠 요시오(川勝義雄)의 『위진남북조』와 카와모토 요시아키(川本芳昭)의 『중화의 붕괴와 확대 – 위진남북조』가 위상이 굉장히 높아서 일개 젊은 연구자(이 업계에서는 30대 중반이어도 젊은 사람이다)에게는 너무 무거운 짐과 같다고 생각했기 때문이다(그리고 집필 도중에 쿠보조에 요시후미의 『북위사』도 출판되었다).

그러나 한번 뿐인 인생, 이러한 기회는 두 번 오지 않을 수도 있겠다, 쓰지 않고 후회하는 것보다 쓰고 후회하는 편이 좋겠다고 생각하여 집필에 힘을 쏟게 되었다. 신형 코로나바이러스 유행이 그칠 줄을 모르고, 병과 죽음이 지금까지보다도 훨씬 나의 신변에 가까이 있다고 느끼게 되어버린 현재에 그러한 기분은 더욱 더 강해지고 있다.

그렇지만 필자가 지금까지 낸 연구 성과는 북조 후기의 정치사와 제도사 범주에 머무르고 있고 카와카츠 요시오, 카와모토 요시아키, 쿠보조에 요시후미 선생이 자신의 연구 성과를 생각대로 활용하면서 개설서를 집필하지는 않았던 것도 사실이다. 그래서 이 책에서는 세대나 소속 따위를 의식하지 않고 최근에 나온 우수한 연구 성과를 적극적으로 소개하는 형식을 취했다.

필자는 지도교수이신 케가사와 야스노리(氣賀澤保規) 선생님 아래에서 학부, 대학원과 메이지 대학에서 공부했고 박사 학위를 취득한 이후에는 도쿄대학의 사가와 에이지(佐川英治) 선생님의 연구실을 들어갈 곳으로 삼아 일본학술진흥회 특별연구원(PD)이 되었다(2013년부터 2016년까지). 현재는 복수의 대학들에서 비상근 강사로 근무하고 있다. 이 기간에 쿠보조에 요시후미 선생으로부터 석각 연구의 기초를 배운 것은 커다란 재산이 되었다. 위진남북조사연구회, 당대사연구회와 같은 학회와 오호의 모임, 북조사연구회, 젊은 아시아사논단과 같이 규모가 작지만 친밀한 연구회, 대학원생이 주도하여 행해졌던 석각연구회와 같이 스스로 운영하는 세미나를 통해서 세대와 소속을 불문하고 많은 연구자와 교류할 기회를 얻었던 것도 행운이었다. 또한, 대학원의 선배와 후배 및 같은 세대의 연구자 동료와의 친분 덕분에 앞이 보이지 않는 고통스러운 나날을 뛰어넘어 연구를 계속할 수 있었다. 최근에는 보다 아래 세대의 연구자로부터 자극을 받는 것도 많아졌다. 본래 면식이 없어도, 설령 고인이 되셨다고 하더라도 논문과 저작을 읽는 것으로 유형, 무형의 영향을 받게 되는 것이다.

이렇게 필자는 많은 연구자와의 교류를 통해서 연구를 거듭 축적할 수 있었다. 그 학은(學恩)은 헤아릴 수도 없다. 그래서 이 책을 집필할 때에는 필자 개인은 물론이고, 학계의 성과도 모두 아울러 사회에 내놓아야겠다는 생각을 하게 되었다. 이 책을 읽은 여러분들에게 남북조시대와 함께 남북조사 연구가 지닌 매력의 일단이 전달될 수 있다면, 그 이상의 기쁨은 없을 것이다.

물론, 이 책에서 미처 다루지 못했던 뛰어난 연구 성과도 허다하다. 지면의 제한이 있었다고 해도 각 시대의 정치, 제도, 군사의 상세함과 사회경제사, 고고학, 종교, 문학, 미술과 같은 문화사의 성과를 충분히 반영하지 못했던 것은 단적으로 말해서 필자의 능력 부족 때문이었다. 이 책을 읽으시는 여러분들께서 이 책의 배후에 보다 풍성한 연구의 세계가 펼쳐져 있다는 것을 의식해주신다면 다행이겠다.

마지막으로 감사의 말씀을 드리고자 한다. 남북조라고 하는 마이너(minor)한 시대를 제목에 붙인 이 책을 손에 집어주신 독자 여러분들께는 그저 감사드린다는 한 마디를 올린다. 또한, 집필

기간 중에 메이지 대학 문학부와 도요대학(東洋大學) 문학부에서 이 책의 개요를 강의할 기회를 얻었다. 많은 질문을 해주신 학생 여러분들께도 감사를 드리고 싶다.

이 책 간행의 주역을 꼽으라면, 지명도가 0인 필자에게 말을 걸어주시고, 한 장을 써서 보여드릴 때마다 많은 날카로운 코멘트를 붙여주시면서 거친 초고를 아주 읽기 쉽게 만들어주셨던 편집 담당자 후지요시 료헤이씨이다. 후지요시 료헤이씨로부터 많은 조력을 얻었음에도 불구하고, 완성까지 4년이나 걸리고 말았던 것은 오로지 필자의 게으른 집필 때문이었다. 그 사이에 후지요시 료헤이씨는 중공신서 편집부에서 문예편집부로 이동하셨고, 뒤를 이어받으신 중공신서 편집부장이신 타나카 마사토시(田中正敏)씨의 격려를 받아 어쨌든 원고를 써서 드릴 수가 있었다. 이 자리를 빌려 후지요시 료헤이씨와 타나카 마사토시씨에게 사의를 표하고자 한다.

이 책을 집필하던 중에 사생활의 측면에서도 큰 변화가 일어났다. 둘째 아들이 태어난 것이다. 날마다 부모를 계속 움직이게 하면서 치유를 해 주고 있는 장남, 차남과 연구와 집필에 대해서 무의식중에 많은 말을 내뱉게 되는 필자의 이야기를 들어주고 때로는 초고를 읽고 정확한 조언을 해준 아내에게도 감사드린다.

마지막의 마지막은 중국사 연구의 길로 나아간 필자를 따뜻하게 지켜봐주셨던 아버지와 어머니에게. 새로운 책의 기획이 결정되어 곧바로 소식을 전했을 때에 "정말 대단하구나."라면서 기뻐하셨던 아버지와 어머니. 그러나 집필은 예상 이상으로 시간이 걸리고 말았고, 겨우 출판의 전망이 보였던 이번 여름에 아버지는 갑작스러운 병으로 입원하시게 되었다. 아버지에게 문병을 가서 가늘게 야윈 손을 붙잡으면서 "10월에 정말로 중공신서가 출판돼요."라고 말씀드렸을 때에 "그러니?"라고 하셨던 목소리를 잊을 수가 없다. 그 1주일 후, 아버지는 세상을 떠나셨고 이 책의 실물을 보여드리지 못하게 되었다. 이렇게까지 나의 게으른 집필을 후회해 본 적이 없다. 오만 가지의 생각을 계속 지니면서 이 책을 아버지 가즈히코(和彦)께 바치고자 한다.

2021년 8월 16일
아이다 다이스케

이 책은 JSPS 과연비(科研費) JP18K12527에 의한 연구 성과의 일부이다.

참고문헌

남북조시대의 개설서(이 책 전체의 참고서)

川勝義雄, 『中國の歷史3 魏晉南北朝』(講談社學術文庫, 2003년. 초판은 1974년 출간)

川本芳昭, 『中國の歷史5 中華の崩壞と擴大 魏晉南北朝』(講談社學術文庫, 2020년. 초판은 2005년 출간)

窪添慶文, 『北魏史 – 洛陽遷都の前と後』(東方書店, 2020년)

谷川道雄, 『隋唐世界帝國の形成』(講談社學術文庫, 2008년. 초판은 1977년 출간)

松丸道雄 他 編, 『中國史2 – 三國 ~ 唐』(山川出版社, 1996년)

宮崎市定, 『大唐帝國 – 中國の中世』(中公文庫, 1988년. 초판은 1968년 출간)

宮崎市定, 『九品官人法の研究 – 科擧前史』(中公文庫, 1997년. 초판은 1956년 출간)

譚其驤 主編, 『中國歷史地圖集』 第4冊(中國地圖出版社, 1982년)

머리말

赤上裕幸, 『「もしもあの時」の社會學 – 歷史にifがあったなら』(筑摩書房, 2018년)

妹尾達彦, 『長安の都市計劃』(講談社, 2001년)

妹尾達彦, 『グローバル・ヒストリー』(中央大學出版部, 2018년)

南川高志 編, 『歷史の轉換期2 378年 失われた古代帝國の秩序』(山川出版社, 2018년)

서장

(일본어)

赤木崇敏, 「ソグド人と敦煌」(森部豊 編, 『ソグド人と東ユーラシアの文化交渉』, 勉誠出版, 2014년)

板橋曉子, 「西晉愍帝政權再興 – 長安からの'中興'と秩序形成」(『東方學』 132, 2016년)

小野響, 「前趙と後趙の成立 – 五胡十六國時代における匈奴漢崩壞後の政治史的展開」(『立命館東洋史學』 36, 2013년)

川本芳昭, 『東アジア古代における諸民族と國家』(汲古書院, 2015년)

佐川英治, 「漢帝國以後の多元的世界」(南川高志 編, 『歷史の転換期2 378年 失われた古代帝國の秩序』, 山川出版社, 2018년)

佐藤賢, 「鮮卑拓跋氏の南下傳說と神獸」(『九州大學東洋史論集』 38, 2010년)

曾布川寬・吉田豊 編, 『ソグド人の美術と言語』(臨川書店, 2011년)

田中一輝, 『西晉時代の都城と政治』(朋友書店, 2017년)

田村實造, 『中國史上の民族移動期 – 五胡・北魏時代の政治と社會』(創文社, 1985년)

福原啓郎, 『西晉の武帝 司馬炎』(白帝社, 1995년)

船木勝馬, 『古代遊牧騎馬民の國 - 草原から中原へ』(誠文堂新光社, 1989년)

松下憲一, 「北魏部族解散再考 - 元萇墓誌を手がかりに」(『史學雜誌』 123-4, 2014년)

松下憲一, 「北魏の後宮制度」(『北大史學』 56, 2016년)

三崎良章, 『五胡十六國の基礎的研究』(汲古書院, 2006년)

三崎良章, 『五胡十六國 - 中國史上の民族大移動(新訂版)』(東方書店, 2012년)

エチエンヌ・ドゥ・ラ・ヴェシエール(影山悦子 譯), 『ソグド商人の歷史』(岩波書店, 2019년)

(중국어)

王安泰, 『再造封建 魏晉南北朝的爵制與政治秩序』(臺大出版中心, 2013년)

胡鴻, 『能夏則大與漸慕華風 - 政治體視角下的華夏與華夏化』(北京師範大學出版集團, 2017년)

周偉洲, 『漢趙國史』(廣西師範大學出版社, 2006년)

張金龍, 『北魏政治史』 一(甘肅敎育出版社, 2008년)

제1장

(일본어)

內田吟風, 『北アジア史研究(匈奴篇、鮮卑 柔然 突厥篇)』(同朋舍, 1975년)

內田昌功, 「北燕馮氏の出自と『燕志』『魏書』」(『古代文化』 57-8, 2005년)

岡田和一郎, 「前期北魏國家の支配構造 - 西郊祭天の空間構造を手がかりとして」(『歷史學研究』 817, 2006년)

岡田和一郎, 「「征服」から專制へ - 中國史上における北魏國家の形成」(渡邊信一郎・西村茂雄 編, 『中國の國家體制をどうみるか - 傳統と近代』, 汲古書院, 2017년)

岡村秀典, 『雲岡石窟の考古學 - 遊牧國家の巨石佛をさぐる』(臨川書店, 2017년)

川本芳昭, 『魏晉南北朝時代の民族問題』(汲古書院, 1998년)

川本芳昭, 『東アジア古代における諸民族と國家』(汲古書院, 2015년)

窪添慶文, 『魏晉南北朝官僚制研究』(汲古書院, 2003년)

窪添慶文, 『墓誌を用いた北魏史研究』(汲古書院, 2017년)

佐川英治, 『中國古代都城の設計と思想 - 圓丘祭祀の歷史的展開』(勉誠出版, 2016년)

佐川英治, 「北魏道武帝の『部族解散』と高車部族に關する覊縻支配」(宮宅潔 編, 『多民族社會の軍事統治 - 出土史料が語る中國古代』, 京都大學學術出版會, 2018년)

佐川英治, 「漢帝國以後の多元的世界」(南川高志 編, 『歷史の轉換期2 378年 失われた古代帝國の秩序』, 山川出版社, 2018년)

佐藤智水, 『北魏佛教史論考』(岡山大學文學部, 1998년)

佐藤賢, 「北魏前期の「內朝」・「外朝」と胡漢問題」(『集刊東洋學』 88, 2002년)

佐藤賢, 「崔浩誅殺の背景」(『歷史』 103, 2004년)

佐藤賢, 「北魏內某官制度の考察」(『東洋學報』 86-1, 2004년)

佐藤賢, 「もうひとつの漢魏交替 - 北魏道武帝期における'魏'號制定問題をめぐって」(『東方學』 113, 2007년)

徐沖, 「赫連勃勃 - '五胡十六國'史への省察を起點として」(窪添慶文 編, 『魏晉南北朝史のいま』, 勉誠出版, 2017년)

春名宏昭,「太上天皇制の成立」(『史學雜誌』99-2, 1990년)

堀內淳一,「北朝社會における南朝文化の受容 - 外交使節と亡命者の影響」(東方書店, 2018년)

町田隆吉,「北魏太平眞君四年拓跋燾石刻祝文をめぐって」(『アジア諸民族における社會と文化 - 岡本敬二先生退官記念論集』, 國書刊行會, 1984년)

松下憲一,「北魏胡族體制論」(北海道大學出版會, 2007년)

松下憲一,「北魏崔浩國史事件 - 法制からの再檢討」(『東洋史研究』69-2, 2010년)

松下憲一,「北魏部族解散再考 - 元萇墓誌を手がかりに」(『史學雜誌』123-4, 2014년)

松下憲一,「北魏の後宮制度」(『北大史學』56, 2016년)

三崎良章,「五胡十六國 - 中國史上の民族大移動(新訂版)」(東方書店, 2012년)

(중국어)

張金龍,「北魏政治史」二(甘肅教育出版社, 2008년)

張金龍,「北魏政治史」三(甘肅教育出版社, 2008년)

張金龍,「北魏政治史」四(甘肅教育出版社, 2008년)

張金龍,「北魏政治史」五(甘肅教育出版社, 2008년)

羅新,「中古北族名號研究」(北京大學出版社, 2009년)

羅新,「王化與山險 - 中古邊裔論集」(北京大學出版社, 2019년)

제2장

(일본어)

石見淸裕,「梁への道 - 「職貢圖とユーラシア交通」(鈴木靖民・金子修一 編, 『梁職貢圖と東部ユーラシア世界』, 勉誠出版, 2014년)

榎本あゆち,「中國南北朝寒門寒人研究」(汲古書院, 2020년)

小尾孝夫,「劉宋前期における政治構造と皇帝家の姻族・婚姻關係」(『歷史』100, 2003년)

小尾孝夫,「劉宋孝武帝の對付鎭對策と中央軍改革」(『集刊東洋學』91, 2004년)

小尾孝夫,「建康とその都市空間」(窪添慶文 編, 『魏晋南北朝史のいま』, 勉誠出版, 2017년)

小尾孝夫,「義熙土斷における劉裕の政治的意圖 - 僑豫州および僑淮南郡の實土化をめぐって」(『東洋史研究』77-1, 2018년)

川合安,「南朝貴族制研究」(汲古書院, 2015년)

川合安,「南朝の士庶區別」(『東北大學東洋史論集』12, 2016년)

河內春人,「倭の五王」(中公新書, 2018년)

佐川英治,「中國古代都城の設計と思想 - 圜丘祭祀の歷史的展開」(勉誠出版, 2016년)

佐川英治,「六朝建康城と日本藤原京」(黃曉芬・鶴間和幸 編, 『東アジア古代都市のネットワークを探る - 日・越・中の考古學最前線』, 汲古書院, 2018년)

鹽澤裕仁,「後漢魏晋南北朝都城境域研究」(雄山閣, 2013년)

洲脇武志,「王儉の學術」(榎本淳一・吉永匡史・河內春人 編, 『中國學術の東アジア傳播と古代日本』, 勉誠出版, 2020년)

戶川貴行,「東晋南朝における傳統の創造」(汲古書院, 2015년)

戶川貴行,「東晋南朝における民間音樂の導入と尺度の關係について」(『東洋史研究』73-4, 2015년)

戶川貴行,「漢唐間における郊廟雅樂の樂曲通用 - 皇統と天の結びつきからみた」(川原秀城 編, 『中

國の音樂文化 - 三千年の歴史と理論」, 勉誠出版, 2016년)
戸川貴行, 「南北朝における天下の中心について - 影長との關係からみた」(『唐代史研究』 21, 2018년)
中村圭爾, 『六朝貴族制研究』(風間書房, 1987년)
中村圭爾, 『六朝江南地域史研究』(汲古書院, 2006년)
藤井律之, 「江南開發と南朝中心の世界秩序の構築」(南川高志 編, 『歴史の轉換期2 378年 失われた古代帝國の秩序』, 山川出版社, 2018년)
堀内淳一, 『北魏社會における南朝文化の受容 - 外交使節と亡命者の影響』(東方書店, 2018년)
安田二郎, 『六朝政治史の研究』(京都大學學術出版會, 2003년)
吉川忠夫, 『劉裕 - 江南の英雄 宋の武帝』(中公文庫, 1989년. 초판은 人物往來社에서 1966년 출간)
渡邊將智, 「范曄『後漢書』の人物評價と後漢中後期の政治過程」(『古代文化』 69-1, 2017년)

(중국어)

北村一仁, 「論南北朝時期的"亡命" - 以社會史側面爲中心」(『魏晉南北朝隋唐史資料』 22, 2005년)

제3장

(일본어)

會田大輔, 「北魏後半期の州府僚佐 -「山公寺碑」を中心に」(『東洋學報』 91-2, 2009년)
岡部毅史, 『魏晉南北朝官人身分制研究』(汲古書院, 2017년)
角山典幸, 「北魏洛陽城 - 住民はいかに統治され, 居住したか」(窪添慶文 編, 『魏晉南北朝史のいま』, 勉誠出版, 2017년)
梶山智史, 「北朝の墓誌文化」(窪添慶文 編, 『魏晉南北朝史のいま』, 勉誠出版, 2017년)
川本芳昭, 『魏晉南北朝時代の民族問題』(汲古書院, 1998년)
窪添慶文, 『魏晉南北朝官僚制研究』(汲古書院, 2003년)
窪添慶文, 『墓誌を用いた北魏史研究』(汲古書院, 2017년)
小林聰, 「北朝時代における公的服飾制度の諸相 - 朝服制度を中心に」(『大正大學東洋史論集』 3, 2010년)
佐川英治, 「三長・均田兩制の成立過程 -『魏書』の批判的檢討をつうじて」(『東方學』 97, 1999년)
佐川英治, 「北魏の編戸制と徵兵制度」(『東洋學報』 81-1, 1999년)
佐川英治, 「北魏均田制の目的と展開 - 奴婢給田を中心として」(『史學雜誌』 110-1, 2001년)
佐川英治, 「中國古代都城の設計と思想 - 圓丘祭祀の歷史的展開」(勉誠出版, 2016년)
佐藤智水, 『北魏佛敎史論考』(岡山大學文學部, 1998년)
鈴木眞, 「禮制改革にみる北魏孝文帝の統治理念」(『社會文化史學』 37, 1997년)
關尾史郎, 「北魏における勸農政策の動向 - 均田制發布以前を中心として」(『史學雜誌』 91-11, 1982년)
長堀武, 「北魏の俸祿制施行とその意義」(『集刊東洋學』 47, 1982년)
堀内淳一, 「北朝社會における南朝文化の受容 - 外交使節と亡命者の影響」(東方書店, 2018년)
松岡弘, 「北魏漢化政策の一考察 - 皇太子恂の反亂」(『駿台史學』 98, 1996년)
松下憲一, 『北魏胡族體制論』(北海道大學出版會, 2007년)

松下憲一, 「北魏の後宮制度」(『北大史學』56, 2016년)
松下憲一, 「李沖」(窪添慶文 編, 『魏晉南北朝史のいま』, 勉誠出版, 2017년)
山下洋平, 「北魏文明太后崩御時における孝文帝の服喪儀禮」(『東方學』135, 2018년)
吉田愛, 「北魏雁臣考」(『史滴』27, 2005년)
吉田愛, 「北魏後期の軍馬供給 – 洛陽遷都後の北魏から北齊期を中心に」(鶴間和幸・村松弘一 編, 『馬が語る古代東アジア世界史』, 汲古書院, 2018년)
李貞德 著, 大原良通 譯, 『中國儒教社會に挑んだ女性たち』(大修館書店, 2009년)

(중국어)
張金龍, 『北魏政治史』六(甘肅教育出版社, 2008년)
張金龍, 『北魏政治史』七(甘肅教育出版社, 2011년)
張金龍, 『北魏政治史』八(甘肅教育出版社, 2008년)
羅新, 『王化與山險 – 中古邊裔論集』(北京大學出版社, 2019년)

제4장

(일본어)
會田大輔, 「北周宗室の婚姻動向 – 「楊文愻墓誌」を手がかりとして」(『駿台史學』144, 2012년)
會田大輔, 「北周武帝の華北統一」(窪添慶文 編, 『魏晉南北朝史のいま』, 勉誠出版, 2017년)
榎本あゆち, 『中國南北朝寒門寒人研究』(汲古書院, 2020년)
岡田和一郎, 「北齊國家論序說 – 孝文體制と代體制」(『九州大學東洋史論集』39, 2011년)
窪添慶文, 『魏晉南北朝官僚制研究』(汲古書院, 2003년)
小林安斗, 「鮮卑のえがいた理想國家と華夷觀 – 六世紀中國における胡漢問題についての一試論」(『千葉史學』41, 2003년)
佐川英治, 「孝武西遷と國姓賜與 – 六世紀華北の民族と政治」(『岡山大學文學部紀要』38, 2002년)
谷川道雄, 『增補 隋唐帝國形成史論』(筑摩書房, 1998년)
津田資久, 「侯景 – 南北朝を驅け拔けた六鎭武人の挽歌」(鶴間和幸 編, 『俠の歷史 東洋編』上, 清水書院, 2020년)
平田陽一郎, 『隋唐帝國形成期における軍事と外交』(汲古書院, 2021년)
堀井裕之, 「西魏・北周政權の北邊經營 – オルドス地域を中心に」(『明大アジア史論集』23, 2019년)
堀內淳一, 『北朝社會における南朝文化の受容 – 外交使節と亡命者の影響』(東方書店, 2018년)
前島佳孝, 『西魏・北周政權史の研究』(汲古書院, 2013년)
室山留美子, 「出土刻字資料研究における新しい可能性に向けて – 北魏墓誌を中心に」(『中國史學』20, 2010년)
山下將司, 「西魏・恭帝元年「賜姓」政策の再檢討」(『早稻田大學院文學研究科紀要』45-4, 1999년)
山下將司, 「唐初における『貞觀氏族志』の編纂と八柱國家の誕生」(『史學雜誌』111-2, 2002년)
吉田愛, 「北魏雁臣考」(『史滴』27, 2005년)

(중국어)

長部悅弘, 「北魏孝莊皇帝時期的洛陽政界與爾朱氏軍閥集團」(『張廣達先生八十華誕祝壽論文集』, 新文豊出版公司, 2010년)

佐川英治, 「北魏六鎭史研究」(『中國中古史研究』 5, 2015년)

佐川英治, 「北魏末期的北邊社會與六鎭之亂 – 以楊鈞墓誌和韓買墓誌爲線索」(『魏晋南北朝隋唐史資料』 36, 2017년)

張金龍, 『北魏政治史』 九(甘肅敎育出版社, 2008년)

呂春盛, 『關隴集團的權力結構演變 – 西魏北周政治史硏究』(稻鄕出版社, 2002년)

제5장

(일본어)

榎本あゆち, 『中國南北朝寒門寒人研究』(汲古書院, 2020년)

岡部毅史, 「梁簡文帝立太子前夜 – 南朝皇太子の歷史的位置に關する一考察」(『史學雜誌』 118-1, 2009년)

岡部毅史, 「陳の武帝とその時代」(窪添慶文 編, 『魏晋南北朝史のいま』, 勉誠出版, 2017년)

川合安, 「北魏・孝文帝の官制改革と南朝の官制」(『特定研究報告書 文化における‘北’』, 弘前大學人文學部人文學科, 1989년)

河上麻由子, 『古代アジア世界の對外交渉と佛敎』(山川出版社, 2011년)

河上麻由子, 「「職貢圖」とその世界觀」(『東洋史研究』 74-1, 2015년)

河上麻由子, 『古代日中關係史 – 倭の五王から遣唐使以降まで』(中公新書, 2019년)

倉本尚德, 「南朝佛敎と社會 – 王法と佛法の關係」(窪添慶文 編, 『魏晋南北朝史のいま』, 勉誠出版, 2017년)

小林聰, 「泰始禮制から天監禮制へ」(『唐代史研究』 8, 2005년)

小林聰, 「晋南朝における宮城內省區域の展開 – 梁陳時代における內省の組織化を中心に」(『九州大學東洋史論集』 35, 2007년)

小林聰, 「晋南朝における宮城の構造と政治空間 – 入直制度と‘內省’に關する一試論」(『近世・近代日本社會の展開と社會諸科學の現在』, 新泉社, 2007년)

津田資久, 「侯景 – 南北朝を驅け拔けた六鎭武人の挽歌」(鶴間和幸 編, 『俠の歷史 東洋編』 上, 淸水書院, 2020년)

戶川貴行, 「南北朝の雅樂整備における『周禮』の新解釋について」(窪添慶文 編, 『魏晋南北朝史のいま』, 勉誠出版, 2017년)

平田陽一郎, 『隋唐帝國形成期における軍事と外交』(汲古書院, 2021년)

付晨晨, 「齊梁類書の誕生 – 初期類書の系譜と南朝士人」(『史學雜誌』 128-2, 2019년)

船山徹, 『六朝隋唐佛敎展開史』(法藏館, 2019년)

堀內淳一, 「「魯國」か「虜國」か」(鈴木靖民・金子修一 編, 『梁職貢圖と東部ユーラシア世界』, 勉誠出版, 2014년)

堀內淳一, 『北朝社會における南朝文化の受容 – 外交使節と亡命者の影響』(東方書店, 2018년)

森三樹三郎, 『梁の武帝 – 佛敎王朝の悲劇』(法藏館文庫, 2021년. 초판은 平樂寺書店에서 1956년 출간)

安田二郎, 『六朝政治史の研究』(京都大學學術出版會, 2003년)

吉川忠夫, 『侯景の亂始末記 – 南朝貴族社會の命運』(志學社, 2019년. 초판은 中公新書에서 1974년 출간)

제6장

(일본어)

會田大輔, 「北周宇文護執政期再考 – 宇文護幕僚の人的構成を中心に」(『集刊東洋學』 98, 2007년)

會田大輔, 「北周宗室の婚姻動向 – 「楊文愻墓誌」を手がかりとして」(『駿台史學』 144, 2012년)

會田大輔, 「北周侍衛考 – 遊牧官制との關係をめぐって」(『東洋史研究』 74-2, 2015년)

會田大輔, 「北周天元皇帝考」(『東方學』 131, 2016년)

會田大輔, 「北周武帝の華北統一」(窪添慶文 編, 『魏晋南北朝史のいま』, 勉誠出版, 2017년)

稻住哲朗, 「北齊祖珽考 – その政治姿勢を中心として」(『東洋學報』 89-2, 2007년)

岩本篤志, 「徐顯秀墓出土貴石印章と北齊政權」(『史滴』 27, 2005년)

岩本篤志, 『唐代の醫藥書と敦煌文獻』(角川學藝出版, 2015년)

榎本あゆち, 『中國南北朝寒門寒人研究』(汲古書院, 2020년)

岡田和一郎, 「北齊國家論序說 – 孝文體制と代體制」(『九州大學東洋史論集』 39, 2011년)

梶山智史, 「魏收『魏書』の時代認識」(榎本淳一・吉永匡史・河内春人 編, 『中國學術の東アジア傳播と古代日本』, 勉誠出版, 2020년)

古勝隆一, 「衰世の菩薩戒弟子皇帝 – 南朝における王權と佛敎」(『東方學報』(京都) 95, 2020년)

佐川英治, 「東魏北齊革命と『魏書』の編纂」(『東洋史研究』 64-1, 2005년)

田熊敬之, 「北齊「恩倖」再考 – 君主家政官としての嘗食典御・主衣都統を中心に」(『史學雜誌』 129-7, 2020년)

谷川道雄, 『增補 隋唐帝國形成史論』(筑摩書房, 1998년)

津田資久, 「王琳 – 南朝梁の殘光」(鶴間和幸 編, 『俠の歷史 東洋編』上, 淸水書院, 2020년)

戶川貴行, 「大中小祀の成立 – 北朝の樂曲編成からみた」(『中國 – 社會と文化』 31, 2016년)

戶川貴行, 「華北における中國雅樂の成立 – 五~六世紀を中心に」(『史學雜誌』 129-4, 2020년)

平田陽一郎, 『隋唐帝國形成期における軍事と外交』(汲古書院, 2021년)

付晨晨, 「『修文殿御覽』編纂再考 – 南朝類書の北傳と北朝類書の誕生」(『東方學』 140, 2020년)

前島佳孝, 『西魏・北周政權史の研究』(汲古書院, 2013년)

松下憲一, 「后妃のゆくえ – 北齊・北周の後宮」(『愛知學院大學文學部紀要』 46, 2016년)

橫山裕男, 「北齊の恩倖について」(中國中世史研究會 編, 『中國中世史研究 續編』, 京都大學學術出版會, 1995년)

(중국어)

會田大輔, 「北周政治史與六官制」(『中國中古史研究』 7, 2019년)

王怡辰, 『東魏北齊的統治集團』(文津出版社, 2006년)

張金龍, 『治亂興亡 – 軍權與南朝政權演進』(商務印書館, 2016년)

呂春盛, 『北齊政治史研究 – 北齊衰亡原因之考察』(國立臺灣大學文學院, 1987년)

呂春盛, 『陳朝的政治結構與族群問題』(稻鄕出版社, 2001년)

종장

(일본어)

荒木敏夫,「「讓位」の誕生」(歷史學硏究會 編,『天皇はいかに受け繼がれたか - 天皇の身體と皇位繼承』, 績文堂出版, 2019년)

大澤正昭,『唐宋時代の家族・婚姻・女性 - 婦は强く』(明石書店, 2005년)

川合安,「南朝の公主 - 貴族社會のなかの皇帝の娘たち」(小濱正子 編,『ジェンダーの中國史』, 勉誠出版, 2015년)

神塚淑子,『道敎思想10講』(岩波新書, 2020년)

山下將司,「漢文墓誌より描く六世紀華北分裂期のソグド人」(『日本女子大學紀要 文學部』69, 2020년)

주요 인물 소개

서장

유연(劉淵, ?~310): 오호 여러 정권 중 한(漢)의 초대 황제(재위 308 ~310). 흉노 유력자의 아들이다. 팔왕의 난 도중에 흉노의 독립을 도모하여 산서에서 거병하고, 한왕(漢王)을 칭했다. 308년에 황제에 즉위했다.

탁발십익건(拓跋什翼犍, 318~376): 오호 여러 정권 중 대(代)의 왕(재위 338~376). 대왕 탁발울률(拓跋鬱律)의 아들이다. 338년에 대왕에 즉위한 이후, 세력을 확대하고 군주권 강화를 시도하여 제도 정비를 추진했다. 북위 건국 이후에 묘호(고조)와 시호(소성황제)를 추증받았다.

제1장

탁발규(拓跋珪, 도무제, 371~409): 북위의 초대 황제(재위 386~409). 탁발십익건의 손자이다. 386년에 위왕(魏王)을 칭하고, 후연(後燕)과의 사투를 통제하면서 하북, 산서로 침공해 진출했다. 398년에 황제에 즉위하여 국호를 위라고 했다. 유목적 제도와 의례를 계속 유지하면서 중국적 관제를 도입했다.

최호(崔浩, 381~450): 위진 시대 이래의 명문 한인. 북위의 명원제와 태무제를 섬겼고 화북 통일과 황제권 강화에 공헌하였으며 명문 한인의 기용을 적극적으로 추진했다. 북위의 정통성 강화를 위해 도교에 경도되어 불교 탄압을 제안했다. 450년에 발생했던 국사사건으로 인해 주살되었다.

第2장

유유(劉裕, 무제, 363~422): 송의 초대 황제(재위 420~422). 한문 출신이다. 동진 말기 손은의 반란 진압에서 활약하면서 명성이 높아졌다. 오호 여러 정권들 중 남연(南燕)과 후진(後秦)을 멸망시켜 권위를 높였고, 420년에 선양을 받아 황제에 즉위하여 송을 건국했다.

유준(劉駿, 효무제, 430~464): 송의 4대 황제(재위 453~464). 문제의 셋째 아들이다. 문제가 황태자에 의해 살해되자 곧바로 거병하여 황제에 즉위했다. 한문, **한인**을 측근으로 삼아 황제권 강화에 힘썼고, 건강을 천하의 중심으로 간주하였으며 예악의 개혁도 시행했다.

第3장

풍태후(馮太后, 442~490): 오호 여러 정권 중 북연 군주의 손녀이다. 북위 문성제의 황후이다. 헌문제 즉위 이후 일시적으로 임조(臨朝)했던 이외에 효문제 시기에도 실권을 장악하여 정치를 맡으면서 삼장제, 균전제 등을 도입했다.

탁발굉(拓跋宏, 효문제, 467~499): 북위의 7대 황제(재위 471~499). 헌문제의 장남으로, 471년에 양위를 받아 즉위했다. 490년에 풍태후가 사망한 것을 계기로 친정(親政)을 시작했다. 예제, 관제, 풍습 등 다방면에 걸친 중국화 정책을 추진했고, 494년에는 낙양으로 천도했다.

제4장

이주영(爾朱榮, 493~530): 계호(契胡)의 부족장의 아들이다. 북위가 육진의 난(523년에 발생)으로 혼란 상태에 빠졌을 때에 대두하여 528년에 하음의 변을 일으켜 황태후, 관료들을 학살하고 북위의 실권을 장악했다. 각지의 반란 집단을 격파했지만, 효장제에 의해 주살되었다.

고환(高歡, 496~547): 회삭진 출신이다. 육진의 난 이후 이주영을 섬기면서 활약했다. 이주영이 사망한 이후, 532년에 이주씨를 타도하고 북위의 실권을 장악했다. 534년에 효무제가 관중으로 망명한 이후, 효정제를 옹립하고 업으로 천도했다(=동위의 성립). 북위 효문제의 노선을 계승했고, 서위와의 사투를 전개했다.

우문태(宇文泰, 505~556): 무천진 출신이다. 육진의 난 이후, 이주영을 섬겼다. 북위 말기에 관중을 지배하면서 효무제의 망명을 받아들였다. 서위의 실권을 장악하고, 동위와의 사투를 반복했다. 국성재흥과 육관제의 시행과 같은 복고정책을 단행했다.

第5장

소연(蕭衍, 무제, 464~549): 양의 초대 황제(재위 502~549). 제의 건국자 소도성의 먼 친척이다. 제의 동혼후의 학정(虐政)에 들고 일어나 502년에 황제에 즉위해 양을 건국했다. 천감의 개혁을 행하고, 귀족 사회를 바로 세우는 것에 힘썼다. 불교에 경도된 황제로도 알려져 있다.

후경(侯景, 503~552): 회삭진 출신이다. 이주영, 고환을 섬기면서 활약했다. 동위에서는 하남 지역을 맡았다. 고환이 사망한 이후에 거병했지만, 패배하여 양으로 망명했다. 그러나 548년에 양에서도 반란을 일으켜 장강 하류 유역에 큰 타격을 입혔다. 551년에 한(漢)을 건국했지만, 이듬해에 패배하여 사망했다.

진패선(陳霸先, 무제, 503~559): 진의 초대 황제(재위 557~559). 지방의 토호 출신이다. 광주의 지방관으로서 힘을 비축하여 후경의 반란 진압을 위해 북상하여 활약했다. 양 말기에 실권을 장악하고 557년에 황제에 즉위하여 진을 건국했다.

고양(高洋, 문선제, 529~559): 북제의 초대 황제(재위 550~559). 고환의 둘째 아들이다. 550년에 황제에 즉위하여 북제를 건국했다. 당초에는 행정과 군사에 힘썼지만, 치세 후반에는 황족, 훈귀, 한인 관료를 터무니없이 살해했다.

우문옹(宇文邕, 무제, 543~578): 북주의 3대 황제(재위 560~578). 우문태의 넷째 아들이다. 형인 명제가 사망한 이후, 우문호에 의해 옹립되어 즉위했다. 572년에 우문호를 주살하고, 친정을 시작하여 황제 권력의 강화에 힘썼다. 577년에 북제를 멸망시키고 화북 통일을 이룩했다.

진욱(陳頊, 선제, 530~582): 진의 4대 황제(재위 569~582). 진 무제의 조카이다. 양 말기에 서위에 의해 납치되어 북주에 억류되어 있었는데, 문제 즉위 이후에 귀환했다. 폐제가 즉위한 이후, 실권을 장악하고 569년에 황제로 즉위했다. 여러 차례 북제, 북주와 싸웠다.

남북조시대 연표

서력	사항	
220	조비, 후한의 헌제로부터 선양을 받아 황제에 즉위(문제) = **위 건국** 탁발역미(신원제), 탁발부의 수장이 되다(전설)	
258	탁발역미, 부족연합 확립	
263	위, **촉한을 멸망**시킴	
265	사마염, 위의 원제로부터 선양을 받아 황제에 즉위(무제) = **서진 건국**	
277	탁발역미 사망	
280	서진, **오를 멸망**시키고 중국 통일	
291	팔왕의 난 발발	
304	유연, 한왕을 칭함 = **한 건국**	
306	팔왕의 난 종결	
308	한의 유연, 황제에 즉위	
310	한의 유연 사망. 유총이 즉위함 서진, 탁발의로(목제)를 대공에 봉건 = **대의 성립**	
311	한, 낙양을 점령	
315	서진, 탁발의로를 대왕으로 봉건	
316	탁발의로 사망 한, 장안을 점령 = **서진 멸망**	
	오호의 여러 정권(주로 대) → 북조	**동진 → 남조**
317	탁발울률, 대왕에 즉위	사마예, 진왕을 칭함 = **동진 성립**
318		사마예, 황제에 즉위(원제)
321	탁발울률 사망	
338	탁발십익건, 대왕에 즉위	
370	전진의 부견, **전연을 멸망**시킴	
373		동진의 실권을 장악한 환온 사망

376	전진, 전량을 멸망시킴 전진, 대를 공격 탁발십익건, 아들에 의해 암살됨 **= 대 멸망**	
383	전진, 비수의 전투에서 동진에게 패배	전진의 군대를 비수의 전투에서 격파
385	전진의 부견, 요장에 의해 살해됨	
386	탁발규, 대왕에 즉위. 위왕으로 개칭 **= 북위의 건국**	
395	북위, 참합피 전투에서 후연 군대 격파	
398	탁발규, 황제에 즉위(도무제)	
399		손은의 난 발발
402	유연의 사륜이 가한을 칭함	손은의 난 진압, 환현이 동진의 실권을 장악함
403		환현, 동진의 안제로부터 선양을 받아 황 제에 즉위 **= 초 건국**
404		유유의 쿠데타. 환현이 패배해 사망. **동진의 재흥**
407	**후연 멸망** 혁련발발, 하를 건국	
409	도무제, 자귀모사제 창출 도무제, 아들에 의해 암살됨 탁발사 즉위(명원제)	
410		유유, 남연을 멸망시킴
411		유유, 노순의 반란을 진압
413		유유, 토단을 시행함
416		유유, 북벌하여 낙양을 점령
417		유유, 장안을 점령하여 후진을 멸망시킴
418	하, 동진 군대를 격파하고 장안 점령	유유, 송공이 됨. 안제를 살해하고 사마덕문을 옹립(공제) 하의 공격으로 장안 함락
419		유유, 송왕이 됨
420		유유, 공제로부터 선양을 받아 황제 즉위 (무제) **= 송 건국**

422		무제 사망. 유의부가 즉위(소제)
423	북위, 송의 군대를 격파하고 낙양 점령 명원제 사망, 탁발도 즉위(태무제)	
424		소제가 폐위되고 유의륭 즉위(문제)
425	하의 혁련발발 사망	문제의 친정 시작
427	태무제, 하의 수도인 통만성 점령	
431	토욕혼의 공격으로 **하 멸망**	
436	**북위, 북연을 멸망**시킴	
439	북위, **북량을 멸망**시킴. 사실상의 화북 통일	
440		유의강, 좌천됨
442	북위, **후구지를 멸망**시킴	
446	태무제, 폐불 단행	
450	최호가 주살됨. 태무제의 남벌	문제, 북벌에 실패
451	태무제, 황태자 탁발황 숙청	문제, 유의강 숙청
452	환관 종애가 태무제를 암살함 탁발준 즉위(문성제)	문제, 북벌에 실패
453		문제, 황태자에 의해 암살됨 유준, 황태자를 토벌하고 즉위(효무제)
455		효무제, 아악을 정비
464		효무제 사망. 유자업 즉위(전폐제)
465	문성제 사망. 탁발홍 즉위(헌문제). 풍태후의 임조	전폐제가 암살됨. 유욱(劉彧) 즉위(명제)
469	북위, 송을 공격하여 산동, 회북 획득	북위의 공격으로 산동, 회북 상실
471	헌문제, 양위하여 태상황제를 칭함. 탁발굉(효문제) 즉위	
472		명제 사망. 유욱(劉昱) 즉위(후폐제)
476	헌문제 사망. 풍태후가 북위의 실권 장악	

477		소도성, 유욱을 폐위하고 유준 옹립(순제)
479		소도성, 순제로부터 선양을 받아 황제에 즉위(고제) = **제 건국**
482		고제 사망. 소이 즉위(무제)
484	봉록제 시행	
485	삼장제, 균전제 시행	
490	풍태후 사망. 효문제, 친정 시작	
491	묘호를 변경	
492	덕운을 변경. 봉작 개혁	
493	효문제, 낙양 천도의 조서 발포	무제 사망. 소소업 즉위(폐제)
494	낙양 천도	소란, 소소업과 소소문을 폐위시키고 즉위(명제)
495	조정 내에서 선비어 사용 금지	
496	북족의 성을 한성으로 개칭 성족분정. 원순의 난 진압. 목태, 육예 등 의 반란 미수사건	
498	북위, 제를 공격하여 하남 서남부 획득	북위의 공격으로 하남 서남부 상실 명제 사망. 소보권 즉위(동혼후)
499	효문제 사망. 원각 즉위(선무제)	
500		소연의 거병
501	낙양의 외곽성을 건설, 원구를 옮겨서 지음	소연, 소보융을 옹립(화제) 동혼후, 부하에게 피살됨
502	낙양에 태극전을 준공	소연, 화제로부터 선양을 받아 황제에 즉 위(무제) = **양 건국**
508		관제 개혁(천감의 개혁)
515	선무제 사망. 원후 즉위(효명제) 호태후가 북위의 실권 장악	
516		『화림편략』 완성
519	우림의 변	무제, 보살계 수계
520	원차, 호태후를 유폐하고 실권 장악 유연의 가한 아나괴, 북위에 투항	

523	아나괴, 가한으로 복귀 육진의 난 발발	철전 주조
525	호태후, 다시 북위의 실권 장악	
526		양, 북위 군대를 격파하고 수춘을 획득
527		동태사 완성 무제가 사신(捨身)함
528	효명제, 호태후에게 독살됨 원쇠 즉위(유주) 이주영, 원자유를 옹립(효장제)하고 호 태후와 유주 등을 살해(하음의 변)	
529	양에 옹립되었던 원호가 낙양 점령 이주영, 낙양 탈환	원호를 위주로 옹립하여 낙양 점령 무제가 사신함
530	효장제, 이주영을 주살 이주조, 효장제를 살해	
531	이주조, 원공(절민제)을 옹립 고환, 하북에서 거병	소통(소명태자) 사망
532	고환, 이주씨를 격파 고환, 원수를 옹립(효무제)	
534	효무제, 관중으로 망명 고환, 원선견을 옹립(효정제) = **동위 성립**, 업으로 천도 우문태, 효무제를 암살	
535	우문태, 원보거를 옹립(문제) = **서위 성립**	
537	사원의 전투	
538	하교의 전투	
543	망산의 전투	
546	돌궐, 유연과 대립 옥벽성의 전투	진패선, 이분의 반란을 일단 진압 무제가 사신함
547	동위의 고환 사망. 하남에서 후경이 반란을 일으킴	무제, 후경을 지원함. 무제 무제가 사신함
548	후경, 양으로 망명	후경의 난 발발
549	동위의 고징, 암살됨 서위, 한성을 호성으로 되돌림	후경의 공격으로 건강 함락 무제 사망. 소강 즉위(간문제)
550	동위의 고양, 효정제로부터 선양을 받아 황제로 즉위(문선제) = **북제 건국**	후경, 한왕이 됨

551	서위의 문제 사망. 탁발흠 즉위(폐제)	후경, 간문제를 폐위하고 소동 옹립 후경, 황제에 즉위 = **한 건국**
552	돌궐, 유연 격파. 아나괴가 자살함	왕승변, 진패선이 후경을 토멸 양의 소역, 황제에 즉위(원제)
553	서위, 사천을 점령	원제, 서위에 사천 공격을 요청
554	우문태, 탁발흠을 폐위하고 탁발곽을 옹립(공제)	서위의 공격으로 강릉 함락, 원제 사망
555	서위, 강릉에 괴뢰 정권 후량을 수립 북제, 건강에서 소연명을 옹립	양의 소방지(경제) 즉위 북제가 소연명을 양주로 옹립 진패선이 왕승변을 살해하고 소연명을 폐위시키고 다시 소방지(경제)를 옹립
556	서위, 육관제 시행. 우문태 사망	
557	서위의 우문각, 공제로부터 선양을 받아 천왕에 즉위(효민제) = **북주 건국** 북주의 우문호, 효민제를 폐위하고 우문 육 옹립(명제)	진패선, 경제로부터 선양을 받아 황제에 즉위(무제) = **진 건국**
559	북주의 명제, 황제 호칭을 부활 북제의 문선제 사망. 고은 즉위(폐제)	무제 사망. 진천 즉위(문제)
560	북주의 명제 사망. 우문호, 우문옹(무제)을 옹립 북제의 고인, 고은을 폐위시키고 황제에 즉위(효소제)	문제, 왕림을 격파
561	북제의 효소제 사망. 고담 즉위(무성제)	문제, 후량과 북주의 군대를 격파하고 장사 획득
565	북제의 무성제, 고위(후주)에게 양위하고 태상황제를 칭함	
566		문제 사망. 진백종 즉위(폐제) 진욱이 실권 장악
567		진욱, 화교의 반란 진압
568	북제의 무성제 사망 북주의 무제, 돌궐의 목간가한의 딸을 황후로 맞이함	진욱, 진백종을 폐위시키고 즉위(선제)
571	북제의 고엄, 화사개를 살해	
572	북주의 무제, 우문호를 주살하고 친정 시작. 돌궐의 목간가한이 사망, 타발가한 즉위	
573	북제의 후주, 고장공과 한인 관료를 숙청	오명철의 북벌로 회남 획득

574	북주의 무제, 폐불을 감행	
576	북주의 무제, 북제를 공격하여 진양 점령	
577	북주의 무제, 업 점령. 북제의 후주를 사로잡음. 북주에 의한 화북 통일	
578	북주의 무제 사망. 우문빈 즉위(선제)	오명철, 북주 군대에 대패함
579	북주의 선제, 우문연(정제)에게 양위하고 천원황제를 칭함	북주의 공격으로 회남 상실
580	북주의 선제 사망. 보육여(양)견이 북주의 실권을 장악하고, 위지형의 반란을 진압 북주, 한성의 부활 인정 양견, 수왕이 됨	
581	양견, 정제로부터 선양을 받아 황제에 즉위(문제) = **수 건국**	
582		선제 사망. 진숙보 즉위(후주)
587		
588	수, 후량을 병합	
589	수, 진으로 진격	수의 공격으로 건강 함락 = **진 멸망**

역자는 대학교 학부생들을 대상으로 중국사 통사 강의를 진행하고 있다. 강의 준비를 하면서 학위논문을 쓰던 때와는 성격이 다른 공부를 하게 되었고, 자연스럽게 관심이 가는 국가, 시대, 인물 등의 범주가 넓어졌다. 중국사 통사 공부로 인한 관심의 확대는 역자가 『중국의 역사』라는 책을 2022년에 번역하여 출간하는 계기가 되었는데, 사실 이 책의 번역만으로는 만족하지 못했던 것 같다. 중국사 전체의 흐름을 파악하기 위해서 시작했던 번역 작업이 끝나면 충분할 것으로 생각했는데, 작업이 끝나니 오히려 중국사의 여러 시대들을 더 자세히 알고 싶어지게 된 것이다. 그 중에서 제일 먼저 시선이 갔던 시대는 '남북조시대'였다.

'위진남북조시대'는 역자의 머릿속에서 늘 가장 혼란했던 시대였고, 공부하기 어려운 시대이기도 했다. 많은 수의 민족과 국가가 한꺼번에 등장하고, 또 북조와 남조의 성격과 특징이 다른 탓에 2배 이상으로 공부를 해야 되는 것으로 생각했기 때문이다. 그러다보니 중국사 통사 강의에서 이 시대에 대한 설명이 통일 제국들을 다루는 내용보다 빈약하다는 느낌을 받게 되었다. 그렇다고 해서 역자의 전공이 아닌 남북조시대 여러 국가들의 역사를 상세하게 일일이 확인하는 것도 결코 쉬운 일은 아니었다. 결국 관련 서적들을 찾는 작업이 다시 시작되었다.

이 시대의 역사에 관해서는 한국학계에서 내놓은 훌륭한 연구 성과들이 많다. 아마도 연구자들에 의해 가장 많이 활용되는 개념은 서울대학교 박한제 명예교수님이 제기한 '호한체제'(胡漢體制) 그리고 '교구체제'(僑舊體制)일 것이라고 생각한다. 북조에서는 북방의 유목민(호)과 한족이 중원이라는 무대에서 뒤섞이면서 중국사의 새로운 흐름과 경향을 만들어냈고, 남조에서는 강남 지역의 토착민과 북쪽에서 밀려 내려온 한족들이 융합하면서 또 다른 역사상을 만들어냈던 것이다. 이러한 역사적 개념을 바탕으로 박한제 명예교수님이 저술한 책들은 공부에 큰 도움이 되었다. 내용의 측면에서 도움을 받았음은 물론이고, 참고문헌 목록을 통해 공부에 필요한 서적들을 비교적 어렵지 않게 찾아낼 수 있었기 때문이다.

그런 와중에 발견한 책이 바로 아이다 다이스케가 저술한 『남북조시대 - 오호십육국부터 수의 통일까지』였다. 저자인 아이다 다이스케는 1981년생이니 학계에서는 젊은 학자에 속하는데, 연구의 연륜이 엄청나게 쌓인 학자들이 아닌 소장 학자가 쓴 남북조시대 개설서는 어떤 내용으로 구성되어 있을지가 궁금해진 것이다. 그리고 이 복잡한 시대를 통사적 서술로 1권의 책에 정리한 것이었기 때문에 역자의 공부와 앞으로의 강의 준비 등 여러 방면에서 도움이 될 것이라고 생각했다. 물론, 이 책에서는 한국학계의 연구 성과가 전혀 언급되어 있지 않아서 아쉬움이 남기는 했지만 그럼에도 일본 학자의 관점에서 본 중국의 남북조시대 역사 개설서라는 점에 흥미를 가지면서 번역에 착수했다.

한국학계의 수준이 이미 높아졌기 때문에 일본학계의 책을 번역하는 것에 그리 큰 가치를 두지 않는 분들이 있고, 역자도 몇 년 전에는 그렇게 생각했다. 그런데 중국사 관련 서적을 찾는 과정에서 일본학계의 중국사 관련 연구서 혹은 개설서가 여전히 중요한 가치가 있다는 쪽으로 생각에 변화가 생겼다. 아주 냉정하게 말해서 우리가 거의 관심을 가지지 않는 중앙아시아, 서아시아, 아프리카, 인도, 동남아시아 등 지역의 역사에 대한 책들을 일본에서는 두꺼운 연구서부터 비교적 얇은 문고본까지 어렵지 않게 찾을 수 있고, 중국사의 경우에도 일본의 출간이 한국보다 더욱 활발하다는 느낌을 지울 수가 없다. 물론, 이러한 현상이 나타난 요인에는 학계 밖의 여러 가지 사정들이 함께 작용하고 있을 것이다. 일본에 대한 우리의 복잡하고도 미묘한 감정, 관점 등으로 인해 역자도 사실 질투가 나지만, 공부를 위해서는 우선 개인적 감정은 잠시 접어두고 일본학계의 좋은 책들을 찾아서 읽어보고 번역하기로 결심한 것이다.

아마 이 책에서 언급된 남북조시대에 관한 내용에서 새로운 것들은 그리 많지 않을 것이다. 이 복잡한 시대를 1권의 개설서로 정리하려다보니 생길 수밖에 없는 당연한 현상이다. 그러나 이는 연구자의 시각이고, 대중들의 시각에서 보면 그렇지 않을 수 있다. 학부 강의에서 '수, 당 제국은 100% 한족의 제국이 아니고, 선비족의 혈통과 특징이 다분히 섞여 있는 융합적 제국'이라는 말을 할 때마다 깜짝 놀라는 반응을 보이는 학생들이 계속 나오는 것을 보면, 연구자들의 인식 속에서는 이제 상식으로 자리잡고 있는 역사적 현상과 개념들이 아직 사회 전반으로 더 널리 퍼지지는 못한 것이 아닐까 의문이 든다. 그래서 기회가 닿는다면, 대중들이 쉽게 접할 수 있는 관련 서적을 번역해 볼 마음을 품고 있었고 이를 실행에 비로소 옮긴 결과가 바로 이 번역서이다.

저자 아이다 다이스케는 이 책을 통해서 '남북조시대와 함께 남북조사 연구가 지닌 매력의 일단이 전달'되기를 바란다고 했다. 이 시대를 전문적으로 연구하는 연구자의 숫자가 매우 적고, 통일된 제국에 비해서 분열된 시기의 역사에 대한 관심이 상대적으로 적은 것도 있어서 그 '매력'이 아직까지 여러 사람들의 눈에 띄지 못한 것 같다. 이 책의 번역 출간을 계기로 남북조시대의 매력이 한국 독자들에게도 인지되었으면 하는 바람을 역자도 가지고 있다. 그 매력부터 인식되어야 이 책에서 미처 다루지 못했던 사회 경제, 고고학, 종교, 문학, 미술 등의 방면에까지도 두루 관심이 퍼지면서 이 시대 연구에 활력을 불어넣을 수 있게 되지 않을까? 그런 날이 될 수 있으면 빨리 오기를 기대한다.

이 책의 번역에 도움을 주신 여러분들에게 감사의 인사를 드릴 차례이다. 늘 그렇듯이 한국학계의 선행 연구 성과가 없었다면, 역자가 이 책을 혼자서 번역한다는 것은 정말 어려운 작업이었으리라 생각한다. 남북조시대에 관한 전문 서적과 논문들을 포함하여 각종 중국사 개설서에 서술되어 있는 남북조시대에 대한 설명 부분도 정말 큰 도움이 되었다. 이 모든 성과에 기여하신 선생님들께 진심으로 감사의 말씀을 드린다. 그리고 이 책을 번역하게 된 또 하나의 계기는 학부생들을 대상으로 진행하는 강의이다. 농담 반, 진담 반으로 강의를 듣는 사람보다 강의를 준비하는 사람이 더욱 많이 공부를 하게 된다는 이야기를 나누곤 하는데 지금 생각해보면 농담은 아닌 것 같다. 경기대학교, 고려대학교, 이화여자대학교에서 역자의 중국사 강의를 듣고 여러 질문을 제기해주신 학생들께 또 다시 감사의 말씀을 드리고 싶다.

번역 원고는 다 준비를 해 놓았지만, 정작 출판을 도와줄 출판사를 찾는 일이 쉽지 않았다. 남북조시대의 '매력'이 정말 이렇게 드러나지 않은 것인가라고 절망했을 때에 마르코폴로 출판사의 김효진 대표님께서 이 책의 번역 출간을 흔쾌히 수락해주셨다. 다양한 분야의 좋은 책들을 최근에 왕성하게 출판하고 있는 마르코폴로 출판사에서 이 책을 출간할 수 있게 되어 영광이다. 김효진 대표님께 감사를 드리는 바이다. 그리고 번역서 출간 때마다 항상 적어놓는 이야기이지만, 그렇다고 빠뜨릴 수 없는 내용은 바로 부모님에 대한 감사이다. 인문학 공부를 하겠다고 머리를 싸매고 노트북 자판을 두드리고 있는 아들을 항상 걱정해주시고,

그러면서 늘 응원해주시는 부모님이 계시지 않았다면 역자의 모든 작업은 시작조차 하지 못했을 것이기 때문이다. 다시 한 번 부모님께 감사드린다.

2024년 4월
광교 연구실에서
옮긴이 권용철

1판 1쇄 2024년 8월 17일
ISBN 979-11-92667-57-7 (92910)

저자   아이다 다이스케
번역   권용철
편집   김효진
교정   이수지
제작   재영 P&B
디자인 우주상자
펴낸곳 마르코폴로
등록   제2021-000005호
주소   세종시 다솜1로9
이메일 laissez@gmail.com
페이스북 www.facebook.com/marco.polo.livre